최고 의사 예수의 10가지 처방

The Jesus Prescription for a Healthy Life

레오날드 스위트 저
릭 워랜(새들백 교회) 추천

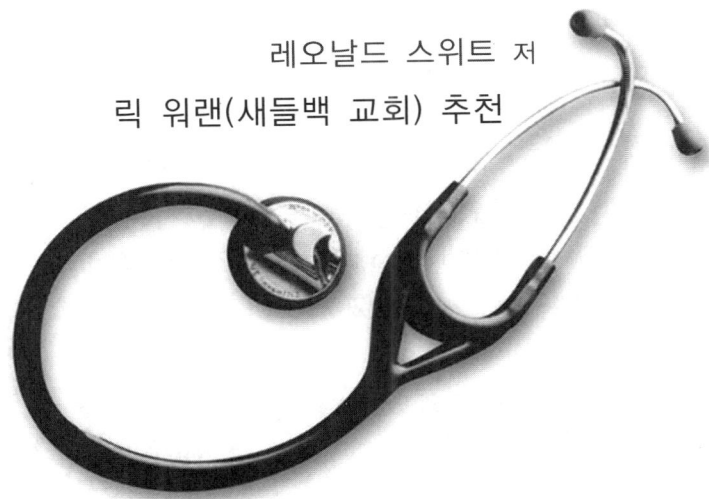

도서출판 예향

The Jesus Prescription for Healthy Life

Loenard Sweet

copyright©1996 by Abingdon Press
All rights reserved.
P. O. Box 801, 201 Eighth Avenue South, Nashville.
TN 37202-0801

copyright © 1998 by Ye-Hyang Publishing
190-8 Ju-An-Dong, Nam-gu, Inchon, Korea

최고 의사 예수의 10가지 처방

Contents
차 례

들어가는 말 · · · 7

1 많이 웃어라 예수님께서 웃으셨다는 것은 복음서 어디서나 찾을 수 있다. 다만 우리들이 예수님의 가르침 속에 깔려있는 유머를 찾지 못했을 뿐이다. · · · 19

2 친구를 사귀어라 예수님은 친구를 사귀는 일에 많은 시간을 투자하셨다. 예수님은 사람들이 그분을 보았을 때 친밀감이 생기게 하는 카리스마를 갖고 계셨다. 예수님의 영성은 공동체적이었다. · · · 41

3 동심의 세계로 돌아가라 예수님은 이웃에 사는 어린이들과 친구로 지냈다. 예수님은 아이들과 노는 것을 좋아하셨다. · · · 63

4 매일 조금씩 걸어라 예수님은 산책을 즐겨하셨다. 예수님과 가장 가까운 친구들은 힘들고 거친 인생 길을 예수님과 함께 간 사람들이다. · · · 85

5 좋은 생각을 하라 예수님은 생각을 조심하셨다. 마음 속의 생각이 큰 영향력을 갖고 있다는 것을 아셨다. 예수님은 "네 안에 있는 것이 네 밖으로 나온다"고 말씀하셨다. · · · 107

최고 의사 예수의 10가지 처방

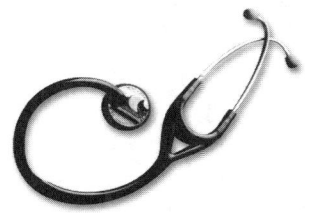

6 식탁으로 초대하라   예수님은 먹는 것을 좋아하셨다. 혼자서 드시지 않고 여러 사람들과 식탁에 함께 둘러 앉으셨다. 때로는 식탁을 손수 차리기도 하셨다. ···139

7 하루하루를 축제처럼   예수님은 잔치를 좋아하셨다. 가는 곳마다 잔치를 베푸셨다. 예수님은 세상을 진지하면서도 즐겁게 사셨다. ···163

8 가끔씩 일상을 벗어나라   예수님은 자신의 내면세계를 위해 사람들로부터 벗어나곤 하셨다. 자기 삶에 충실하기 위해 사람들을 일부러 피하셨던 것이다. ···183

9 기적을 믿어라   예수님은 미지의 것에 대한 위험을 감수하고 새로운 생각과 예측할 수 없는 일이 삶 속에 들어오는 것을 허용하셨다. ···207

10 한가한 시간을 가져라   예수님은 백합을 보거나, 지는 해를 가만히 바라보셨다. 그분은 기도하기 위해 광야로 들어가 휴식하셨고 제자들과 휴가를 보내기도 했다. ···223

참고문헌 ···241

들어가는 말

우리는 매사에 완벽함을 추구하는 철두철미한 사람들이다. "우리는 '더 빨리'를 숭배하는 국가로 변하고 있으며 그것 때문에 완전히 녹초가 되었다." 이는 「뉴스위크」지 표지에 실린 기사 제목이다.

루이스 해리스(Louis Harris)는 한 여론 조사를 인용하여 다음과 같은 결과를 보고했다. "미국인의 86%가 만성 스트레스에 시달리고 있다. 더구나 60%의 사람들은 이에 대해서 아무런 조치도 취하지 못하고 있고, 미국인 4명 중 1명은 스트레스와 긴장감을 느낀다. 그리고 이들은 서서히 지쳐가고 있다."[1]

현재 우리는 걱정거리들을 가득 안고 살고 있으며 과도한 압박감에 시달리고 있다. 사람들은 스트레스와 근심에 시달리며 항상 불안해 하고 있다.

사람들은 마치 '가장 많은 스트레스를 받는 사람'의 명단에 먼저 올라가기 위해서 목숨을 걸고 경쟁하는 듯하다. 우리들은 '과'중 업무, '과'소비 등 '과' 부하에 걸렸다. 국제노동기구(International Labor Organization)는 업무상 받는 스트레스를 '21세기의 질병'으로 분류하고 있다. 미국에서만 업무상 스트레스로 야기된 질환을 치료하기 위해 드는 비용이 약 200조 달러에 육박하는 것으로 추산되며, 업무에서 받는 스트레스 때문에 발생하는 질환의 수가 놀랍게 증가하고 있다. 매년 5%씩 직업병이 증가하고 있다. 최근 또 다른 보고에 따르면 약 38%의 미국인이 항상 압박감을 느끼고 있다고 한다.

스트레스 전문의인 로버트 앤더슨(Robert Anderson)은 질병의 30~40%가 스트레스 때문이라고 생각했다. 하지만 지금은 질병의 90%가 스트레스와 관련이 있다고 확신하고 있다.[2] 이제 피로는 사람들이 병원을 가는 5대 요소 중에 하나가 되었다.

현재 가장 많이 처방되는 20여 가지의 약품 중에서 11가지는 고혈압과 궤양 약으로 이 질병의 주원인은 모두 스트레스이다. 줄리엣 B. 쇼(Juliet B. Schor)는 「과로하는 미국인」(The Overworked American)이라는 책에서 최근 들어 부쩍 많은 사람들이 좌절하는 이유를 설명하고 있다. 그녀는 "노동 시간면에서 1987년의 노동자들이 1969년의 노동자들보다 163시간이나 더 일한다"고 보고했다.[4] 또 다른 연구자는 "미국인 노동자들이 유럽의 노동자들 보다 일주일에 5% 더 많은 시간을 일한다"고 보고했다.

아무튼 '스트레스 과다' 현상은 전 세계적인 문제가 되었다. 최근 일본에서도 가장 많은 스트레스를 받은 그룹에게 '가로시'(karaoshi)라는 이름을 붙여 주었는데 이것은 '과로사' 라는 뜻을 가지고 있다. 매년 3천 명의 일본인이 가로시로 사망하고 있다.

그렇다면 어떤 일에 종사하는 사람들이 가장 많은 스트레스를 받고 있을까? 바로 '직장생활을 하는 주부들' 이다. 항공기 조종사보다도, 응급실의 의사보다도, 도시 학교의 교사들보다도 직장생활하는 주부들이 스트레스를 가장 많이 받는다. 학교 다니는 자녀를 둔 40대 여자는 1주일에 11시간을 아이들을 등·하교 시키는 운전에 할애하고 있다.

> 그리스도, 모든 것을
> 완전케 하시는 이
> -독일의 시인
> 리카르다 후

일이 스트레스를 주는 유일한 원인은 아니다. 교회나 회당도 성직자나 성도들에게 과중한 교회 일로 스트레스를 제공하고 있다. 교회는 예수님께서 말씀하신 "내게로 오라. 내가 너희를 쉬게 하리라"고 약속하신 휴식 시간을 "내게로 오라, 내가 너희로 일하게 하리라"로 바꾸어 버렸다. 종교적 행사로 변질된 주일을 보면 주님은 "내 마음이 답답하구나"(눅 12 : 50)라고 말씀하실 것이다.

스트레스를 없애는 예수님의 방법 중에 하나를 다음의 말씀에서 찾아 볼 수 있다. "만일 네 오른쪽 눈이 너를 실족케 하거든 뽑아 버리라"(마 18 : 9). 다른 말로 하면, "스트레스를 제거하고 싶은가? 그러면 스트레스의 원인을 제거하라"이다.

이 책의 목적은 스트레스를 없애는 방법을 제시하여 궁극적으로 건강한 삶을 유지하도록 하는 데 있다. 따라서 전체적인 내용은 '스트레스를 다스리는 십계명' 혹은 '어떻게 스트레스를 없앨 수 있나'로 요약할 수 있다. 다음은 스트레스를 가중시키는 십계명으로 현대를 지배하고 있는 사고들이다.

1. 언제나 엄격한 언어만을 사용하시오. 자세는 항상 바르게 유지하시오. 당신의 근육은 가급적 조금씩 움직이시오.
2. 어떤 이유에서든지 다른 사람에게 너무 가깝게 접근하지 않도록 하시오.
3. 당신의 감정이 요구하는 대로 욕망을 충족시키시오.

4. 놀이는 언제나 이차적인 것으로 취급하시오.
5. 언제든지 분석적이고 논리적인 사람이 되시오.
6. 먹을 수 있는 대로 많이 먹으시오.
7. 절대로 잔치하지 마시오.
8. 휴가는 절대로 가지 마시오.
9. 언제나 최악의 상황을 가정하시오. 당신 주변에 있는 사람들과 모든 것들에게 비난을 퍼부으시오. 타인의 연약함과 실수를 용서하지 마시오.
10. 무엇을 하든지 언제나 냉정함을 유지하시오.[5]

이 책은 건강한 삶을 영위하기 위해서 필요한 것을 성경에서 살펴보고 나사렛 예수의 생활과 사역을 토대로 10가지 처방을 한 책이다. 서른 살의 젊은 나이로 사역을 감당하기 위해서 먼저 예수님은 정신적으로, 영적으로 건강해야 하셨다. 그분께서는 영적인 건강을 얻기 위하여 먼저 단조롭고 고된 일상을 벗어 버리셨다. 예수님에 관한 역사가들의 일치되는 견해는 예수님이 치료자였다는 것이다.[6] 그리고 예수님의 치료 능력은 건강에서 나왔다.[7] 예수님을 소재로 한 고대 회화(繪畵)에 관한 비평에서, 특히 살만(Sallman)의 작품인 「그리스도의 머리」(Head of Christ)에 대해서 자연주의자 알란 드보(Alan Devoe)는 "그 그림에는 그리스도의 건강함과 힘, 간결함이 존재한다"고 비평하였다.[8] 예수님은 영적으로나 육적으로 균형잡힌 건강을 소유하신 분이셨다. 자신이 건강하지 않고 남에게 영적인 혹은 육적인 건강을 줄 수 없기 때문이다.

예수님께서는 건강에 관해서 직접적으로 가르치지는 않으셨지만 그분의 가르침 속에는 이미 훌륭하게 처방된 건강법이 녹아 있다. 산상수훈은 건강한 생활양식을 위한 최고의 처방전이다.[9] 예수님은 자신을 따

> 낡은 잡동사니로
> 뭉쳐진
> 커다란 꾸러미이다.
> - 올리버 웬델 홈메즈

르는 사람들에게 '성장'이 아니라 '제자도'를 제시하셨다. '교회 성장 운동'도 건강에 대한 신학적인 견해로부터 도움을 받을 수는 있다. 그러나 복음의 궁극적인 약속은 성장이 아니라 건강 그 자체이다. 곧 믿음은 하나님과 건강한 관계를 유지하는 것이며, 전반적으로 모든 생활에서 건강한 생활양식을 유지하는 것이다. 그것은 영, 혼, 육의 총체적인 건강을 말하는 것이다. 건강문제는 육적이거나 지적인 문제일 뿐만 아니라 영적인 문제인 것이다. 포스트모던 시대의 무질서와 건강하지 않은 생활습관이 사람들에게 굉장한 영적 비용을 치르도록 하고 있다. 현대인은 무질서 속에 살고 있다. 자기 관리의 무질서, 식습관의 무질서, 욕망의 무질서(강제적이거나 난폭한 성생활), 중독적인 무질서 등이다.

최근 "교회는 성인들을 위한 박물관이 아니라, 죄인들을 위한 병원이다" 혹은 "교회는 시대의 엠뷸런스가 되어야 한다"는 견해가 있다. 그러나 이것은 참된 명제가 아니다. 교회는 여기에 머물러서는 안 된다. 교회는 이를 뛰어 넘어야 한다. 병든 사람을 건강하게 하는 것은 교회가 아니라 최고 의사인 예수님이시다. 교회는 다만 병 고침을 받은 사람들의 건강을 지켜주는 곳일 뿐이다. 교회는 고침을 받은 사람들이나 건강한 사람들이 세상의 힘과 주권을 누릴 수 있도록 설계된 헬스 클럽이요, 건강 교실이다.

성경학자들은 예수님의 사역을 '식사 사역'(먹이심)과 '건강사

> 예수께서 온 갈릴리를 두루 다니사
> 그들의 회당에서 가르치시며 천국
> 복음을 전파하시며 백성 중의 모든
> 병과 모든 약한 것을 고치시니
> ─ 마태복음 4장 23절

역'(치료하심)으로 크게 두 가지로 분류한다.[10] 예수님의 삼중 사역인 선포하심-가르치심-치유하심은 각각 육체-마음-영혼에 연관된 사역이었다.

예수님께서 건강을 주제로 직접 가르쳤다는 사례는 성경의 어디에도 없다. 그럼에도 예수님의 사역은 선조들로부터 내려온 전통적인 치유방법과 밀접하게 결합되어 있다. 치유와 사역, 곧 건강과 사역이 너무 밀접하게 연결되어 있어서 예수님께서는 굳이 설명할 필요를 느끼지 못하셨을지도 모른다. 히브리어에서 라파엘(Raphael)이라는 이름은 '하나님께서 고치셨다'는 뜻을 갖고 있다.

토비드서를 보면 천사 라파엘은 영광의 하나님 앞으로 나아가서 봉사하는 일곱 천사 중에 하나다(토비드 12 : 15). 또 라파엘은 가톨릭 성서에서 가장 에로틱한 구절로 알려진 토비트 8장에서 어린 토비아스가 사라를 만날 수 있도록 인도해준 천사로 때때로 행복한 만남의 천사로 불리기도 한다. 그레고리(Gregory)는 라파엘을 가리켜 치료와 건강의 임무를 띠고 온 '하나님의 치료자'라고 불렀다.[11] 성경은 생명과 건강의 하나님, 곧 행복과 우리의 전인격적인 건강을 위하여 라파엘과 같은 천사들을 보내시는 하나님에 대하여 말하고 있다.

이제 교회도 치유사역을 할 때가 되었다.[12] 과거에는 건강과 치유가 개인적인 문제로 취급되었지만 이제는 공동체의 중심 문제로 부각되어야 한다.[13]

건강은 이제 사회생활에서도 가장 필수적인 요소로 취급되고 있다. 미국의 기업체에서는 98%가 건강검진을 하고 승진을 승인하고 있다.14) 이제는 병원에서 조차 치료팀에 목회자를 합류시키고 있는데, 이는 육체적 병을 치료하는 데 있어서 영적인 부분도 고려해야 한다는 것을 인정하는 것이다.15)

> 십자가에 못박히신 모습은
> 진리의 기준을
> 이룩할 수 있다고
> 믿는 모든 사상을
> 무가치하게 하였다.
> —디트리히 본훼퍼

하나님이 우리에게 주기로 약속한 것은 영, 혼, 육의 건강함이다. 하나님을 믿는 것은 당신에게 육체적으로 이로운 것이고, 하나님을 부정하는 것은 육체적으로 해로운 것이다. 성경에는 질병에 대한 다음과 같은 구절이 명백하게 포함되어 있다. "나는 너희를 치료하는 하나님이니라"(출 15 : 26).

하나님은 오늘날에도 당신을 치료할 수 있다. 하나님의 눈이 당신의 고통을 보지 못하실 만큼 어둡지 않다. 하나님의 귀가 듣지 못하실 만큼 어둡지 않다. 하나님의 손이 구제를 못하실 만큼 불구가 아니다. 하나님의 마음이 당신의 치료를 거부할 만큼 굳어지지 않았다. 복음에 있어서 치유에 대한 책임은 우리에게 있다. 사실 성경적인 견지에서 보면, 건강과 구원은 동일한 차원의 현상으로 취급되고 있다. 건강과 구원은 그 어원이 같다. 헬라어 '소테르'(soter)는 '구세주'(savior)와 '치료자'(healer)라는 뜻을 동시에 가지고 있다.16) 윌리엄 틴들(William Tyndale)도 1525년 그의 위대한 업적인, 성경을 헬라어에서 영어로 번역하는 과정에서 건강과 구원을 동의어로 번역하였다. "그의 부친 사가랴가 성령 충만함을 받아 예언하여 이르기를 찬송하리로다 주 이스라엘의 하

> 내 영혼아 여호와를 송축하며
> 그 모든 은택을 잊지 말지어다
> 저가 네 모든 죄악을 사하시며
> 네 모든 병을 고치시며
> ─시편 103편 2~3절

나님이여, 그 백성을 찾아와 용서하시며, 우리를 위하여 건강(구원)의 뿔을 그 종 다윗의 집에 일으키셨으니… 주의 백성에게 그 죄 사함으로 말미암는 건강(구원)을 알게 하리니"

(눅 1 : 67~77, 이 구절은 틴데일 성경을 한역한 것임).[17]

참된 치료란 우리 자신과 하나님과 자연과 이웃과의 관계를 회복하는 것이다. 그러므로 모든 믿는 사람들에게 "너희는 왜 아픈 사람을 위해 기도하지 않느냐?" 혹은 목회자들에게 "목사님이 성도를 전인격적으로 치료하지 않으면 누가 하겠습니까?"라고 질문할 수 있다.

모던 시대의 교회는 치료와 건강관리 사역을 의사나 건강관리사들에게 양보했었다. 랑(R. D. Laing)은 교회가 치료의 사역과 가난한 사람들을 다른 기관이나 치료 시스템에 맡기고 미루는 현상을 '미루기신드롬'(defer and refer syndrome)이라고 비난했다.

치료를 필요로 한 사람들이 목사를 찾아가면 목사는 아마도 그들을 정신과 의사에게 보낼 것이다. 그리고 정신과 의사는 그들을 정신병원으로 보낼 것이다. 그리고 정신병원은 그들을 또 다시 전기충격기계로 보낼 것이다. 이러한 현상이 예수 그리스도를 다시 십자가에 못박는 현대인의 방식이 아니고 무엇이겠는가?[18]

이제 안수 받은 목회자는 치유의식의 역할을 되찾아야 할 때다. 그들은 의식의 집행자로서 자신들의 위치를 확인해야 한다. 또 모

> 사람은 건강을 회복하고 자신의 생명을 구하기 위해서 무엇이든 한다. 사람은 건강을 위해서라면 물 속에서 어느 정도 잠겨 있는 것, 절반쯤 익힌 음식을 먹는 것, 땅 속에 몸을 묻고 목만 내놓고 있는 것, 뜨거운 철로 그을리는 것, 칼로 대구같은 물고기에 칼집을 내는 것, 고기를 모닥불로 익히는 것, 모든 혐오스러운 것들을 먹는 것까지도 감수한다. 그리고 이 모든 것에 비용을 기꺼이 치른다.
> ─올리버 웬델 홈스

든 의식에는 반드시 치유사역을 포함해야 한다.[19]

참된 건강은 개인적인 노력이 아닌 공동체 속에서 이루어진다는 사실에 대해서 교회는 산 증인이 되어야 한다. 건강(어떤 사람이 '참된 쉼'을 잠시 누리는 것)은 개인적인 노력으로 이루어지는 것이 아니고 하나님께서 모든 창조물에게 보여주신 사랑의 선물이다. 그것이 바로 성경에 나타난 치유과정에 다양한 방법과 절차가 있는 이유이다. 이를테면 기도(대상 21 : 9~27), 일주일간의 격리(민 12 : 13~15), 몸과 몸을 포개어 댄 부활의식(왕상 17 : 21~22, 왕하 4 : 32~37), 강이나 우물에 들어가기(왕하 5 : 14~19, 요 9 : 7), 진흙을 침에 개어 붙이기(요 9 : 6), 기름부음(막 6 : 13), 손수건 사용(행 19 : 12), 안수(눅 13 : 13, 행 9 : 17~18) 등이다. 믿음이 예수님의 치료에 꼭 필요한 사항은 아니었다(눅 22 : 51, 마 12 : 22). 더러는 예수님이 누구인지 모른 상태에서 고침을 받기도 했다(요 5 : 1~16, 요 9). 참된 믿음이나 올바른 치료 절차가 예수님의 치료에 필수사항은 아니었다. 치료는 다만 선물일 뿐이다.

무엇이 건강한 생활방식이며 건강한 인격인가? 포스트모던 시대의 사람들은 건강을 지나치게 추구하고 있지만 그 방법이 지나치게 개인적이고 편협되어 있다.[20] 오염된 물에 대한 걱정, 살충제로 오염된 토양에 대한 걱정, 악취 나는 공기에 대한 걱정, 오염물질에 중독된 음식물에 대한 걱정들을 오로지 비싼 돈을 주고 개인적인 차원에서 자신의 건강을 관리하고 있다.[21] 복음서는 건강을 유지할 수 있는 방법을 제시하고 있다.

교회는 '건강한 공동체'가 되어야 하고 더 나아가 치료사역을 감당하는 공동체가 되어야 한다. 과거에는 병을 치료하고 회복하는데 초점이 맞추어졌다면 현재는 건강과 온전함이 그 무엇보다도 중요하게 여겨지고 있다. 우리는 너무 많은 시간과 관심을 질병에 쏟는 반면에 건강에는 너무 적은 시간을 투자하고 있다. 이는 때를 놓치고 난 뒤에 기울이는 헛된 노력에 불과하다. 하나님께서 "나는 너희를 치료하는 여호와로라"고 자신을 드러내시기 전에 이미, "나는 너희 중에 아무에게도(애굽사람에게 내린) 질병을 내리지 아니하리라"(출 15 : 26)고 약속하신 하나님이시다. 태초에 하나님은 치료 이전에 건강을 허락하셨다.

이 책은 우리의 관심을 상처에서 건강으로 돌려야 한다는 것에 초점을 맞추었다. 건강관리시스템에서 중심에 있는 것은 무엇일까? 그 중심은 병원의 의사가 아니라 건강한 사람들과 건강한 공동체이다. 현재의 건강관리시스템은 질병의 치료에만 관심을 두고 있다. 그러나 미래의 건강관리시스템은 예방적인 차원을 뛰어넘어 건강을 유지하는 원리에 바탕을 두고 개인과 공동체의 건강을 창조해 주고 전인격적인 차원의 건강관리 쪽으로 전환될 것이다.

어떤 의사가 한 환자의 사망 원인에 대해서 차트에 이렇게 기록하였다. "그는 건강해질 수 있는 가능성을 포기했다." 「21세기의 그리스도인의 가정」에 대하여 기술한 독일 감리교도 구스타부스 임마뉴엘 힐러(Gustavus Emanuel Hiller)는 "그리스도인 의사는 치료와 마찬가지로 예방에도 신경을 써야 한다. 아픈 사람이 없을 때에도 적어도 한 달에 한 번씩은 건강을 유지하는 데 혹시 부족한 부분이 있는가를 살피고, 지침을 주고, 꾸짖고, 격려하기 위해서 가정을 방문해야 한다"고 주장하였다.[22] 의사는 가족의 육적, 정신적, 영적 안녕을 가져다 주어야 한다.

7세기 영국의 성직자인 히어발드가 경마 도중 낙마하여 두개골에 금이 가서 거의 죽게 되었다. 그때 비버리의 성 요한고- 한 의사가 함께 수술을 하였다. 한 사람은 중보기도를 하였고, 다른 사람은 접골술이라는 의술을 이용하여 수술하였다. 부주교 베데는 두 절차들을 이루는 요소들과 각각의 한계를 주의 깊게 기술했다.[23] 이 사건이 당시의 공동체의 역사에 기록되었고 사람들에게 알려졌다. 종교계에서는 성도의 기도에 하나님께서 응답하셔서 치료의 기적으로 히어발드가 나았다고 주장했고, 의학계에서는 의사의 뛰어난 솜씨 때문이라고 주장했다.

이 책 「최고 의사 예수의 10가지 처방」은 위와 같이 따로 떨어진 둘을 다시 연결하려는 시도이다.

1 많이 웃어라

　예수님께서 웃으시자 온 우주는 옛 기쁨과 새 희망의 노래로 춤을 추며 웃었다. 성경에는 "예수님께서 웃으셨다"라는 달이 없다. 다만 "예수님께서 우셨다"는 말만 있다. 예레미야나 다른 선지자들이 그랬던 것처럼 예수님께서는 감정에 복받쳐 눈물을 흘리셨다.
　성경에서 가장 짧지만 중요한 구절인 "예수님께서 우셨다"는 말씀은 예수님께서 건강을 유지하고 스트레스를 해소하기 위해 스스로 행하셨던 열 가지 처방 중의 하나이다.
　우리는 노래에서 슬픈 가사를 지워버리기 전에 "예수님께서 왜 우셨을까?"를 생각해야 한다. 성경은 이렇게 말한다. "저는 그 앞에 있는 즐거움을 위하여 십자가를 참으사 부끄러움을 개의치 아니하시더니" (히 12 : 2). 사람들은 '무엇 때문에?' 라고 생각할지 모르지만 예수님은 분명히 우신 적이 있다.

> 그때 온 우주가 미소짓는 것처럼 보였다.
> 그리고 기쁨이 온몸으로 밀려들어 왔다.
> — 단테의 신곡 중 천국편에서

> 하나님께서 나로 웃게 하시니
> 듣는 자가 다 나와 함께
> 웃으리로다
> - 창세기 21장 6절

성경에서 두 번째로 짧은 구절은 "항상 기뻐하라"(살전 5 : 16)이다. 예수님께서 제자들에게 요구하는 최종 목적은 무엇인가? 그것은 눈물에 젖은 눈으로 떠나는 것이 아니라, 반짝이는 눈을 크게 뜨고 "여호와의 기쁨"(느 8 : 10) 안으로, 하나님 안에서 찾을 수 있는 "충만한 기쁨"(시 43 : 4) 안으로 들어가는 것이다. 이 때문에 신약성경은 울고 통곡하고 분노하고 슬퍼하고 낙담하는 내용보다 기쁨에 대한 얘기를 더 많이 담고 있다.[1] 천사들도 예수님의 초림(初臨)을 이렇게 예언했다. "보라 내가 온 백성에게 미칠 큰 기쁨의 좋은 소식을 너희에게 전하노라"(눅 2 : 10). 백성을 위한 '큰 기쁨의 좋은 소식'이란 예수님이 잘 웃는 사람이셨다는 뜻이 아닐까?

자비에르 대학의 성경학자인 아더 듀이(Arthur Dewey) 교수는 예수님의 유머를 연구하는 사람이다. 그는 "역사 속의 예수님은 금세기 최고의 코미디언인 패트 로버트슨을 뛰어 넘은 데이빗 레터맨까지도 능가할 정도다"라고 말하고 했다(역자주 : 패트 로버트슨과 데이빗 레터맨은 미국에서 우열을 다투는 아주 유명한 코미디언)[2].

성경에 예수님께서 웃으셨다는 증거가 있을까? 예수님께서 많이 웃으셨다는 것은 복음서 어디서나 볼 수 있다. 다만 우리들이 예수님의 가르침 속에 깔려있는 유머를 찾아내지 못했을 뿐이다. 어린이들은 어른들이 하는 농담을 듣고도 어디서, 왜 웃어야 할지 모르는 것과 마찬가지다. 게다가 예수님은 우리가 사는 시대와 2

천 년이나 떨어져 있다. 1976년에 제리 루빈(Jerry Rubin)이 토크쇼에서 "나는 유명합니다. 그것이 나의 직업입니다"라고 말한 유머를 베이비 붐 시대에 태어난 어린 아이가 들었다면 과연 그 뜻을 이해할 수 있을까?[3] 어떤 학자들은 셰익스피어(Shakespeare) 초기 작품인 「티토스 안드로니커스」(Titus Andronicus)라는 유혈 비극 작품에서 흩어져 있는 말유희들(pun, 역자주 : pun은 주로 동음이의어나 비슷한 발음 사이에서 이루어지는 말장난으로 한국어에는 그다지 발달되어 있지 않다. 여기서 pun은 '말유희'로 번역한다) 곧, 괴상한 두음 맞추기 놀이, 구어체로 된 말꼬리 잡기 등을 분석하는 데 평생을 보내기도 한다.

예수님의 유머는 사람들을 잔디 위에서 배를 잡고 뒹굴게 하는 유머는 아니었다. 또한 혼자 서서 입담을 늘어놓는 희극 배우의 유머도 아니었다. 그럼에도 예수님의 말씀을 듣던 청중들은 종종 웃음을 터뜨렸을 것이다. 어떤 사람들은 무엇인가를 공감한다는 듯이 빙그레 웃기도 했을 것이다. 학자들의 연구물을 보면 예수님이 살던 당시의 시대적 배경에 대하여 알게 될수록, 예수님의 세상을 풍자하는 위트, 따끔한 경구, 신랄한 반어, 곳곳에 깔려 있는 유머를 발견하고서 경탄을 금치 못하게 된다.[4]

예수님이 유머로 가르쳤기 때문에 아마 당시 종교계에서는 예수님을 종교적 기반에 펑크를 내는 경솔한 풍자가로 불렀을 것이다. 예수님은 언어유희를 즐겼고 정곡을 찌르는 농담을 좋아했다. 그분은 극단적인 의(義)를 주장하는 사람들의 영성이, 허영으로 풍선처럼 부풀어 있는 것을 알고 정곡을 찌르는 유머로 거기에 구멍을 내는 것을 좋아하셨다. 특히 자신을 최고라고 생각하는 사람

> 기쁨은 그리스도인의 엄청난
> 비밀이다.
> -G.K. 체스터톤

들, 그리고 영적으로 충분히 자립할 수 있다고 생각하는 사람들을 신랄하게 비꼬왔다. 바리새파 운동은 사실 유대교의 '평신도 개혁운동'이었다. 그러나 예수님은 그들의 매끈한 영성이, 유머 감각이 너무 부족하여서 경직된 신앙심을 가지고 있다고 여기셨다. 사실 예수님도 평신도 개혁운동을 지지했지만, 무덤처럼 굳어버린 것은 타파하고 영성에는 기쁨과 은혜가 있어야 한다고 하셨다.

예수님께서는 만일 우리가 삶에 대하여 진실하다면, 삶 자체를 즐길 수 있으며 구체적으로 맛볼 수 있는 즐거움이 삶 속에서 저절로 우러나와야 한다고 가르쳤다.

예수님께서는 만일 우리가 궁핍한 자들에 대하여 진실로 동정심을 느낀다면, 그들이 가벼운 마음을 갖도록 해야 한다고 말씀하셨다.

예수님께서는 만일 우리가 불의에 대하여 철저하게 저항한다면, 손톱만한 불의도 눈감아 주어서는 안 된다고 하셨다.

예수님께서는 만일 우리가 현재에 대하여 진실로 진지하다면, 미래에 대하여 걱정하지 않을 것이라고 하셨다.

예수님께서는 만일 우리가 가난한 자들에 대하여 진실로 진지하다면, 우리는 그들과 함께 진정한 춤을 출 것이며, 그냥 donner-and-blitzing(역자주 : 미국의 슬랭으로 징글벨이라는 크리스마스 캐롤 가사의 한 부분이다. '함께 어울려 흥청댄다' 정도의 뜻으로 해석할 수 있는데 여기서는 진정한 기쁨의 춤을 추는 것이 아닌 위로해 준다는 핑계로 한데 어울리는 형식적인 위로를 비꼬는 말)

하지는 않을 것이라고 하셨다. 또한 우리가 악에 대해 진지하다면 따끔한 조언을 들었을 때 그렇게 냉담하지는 않을 것이라고 하셨다.

예수님께서는 만일 우리가 하나님께서 사랑하시는 세상을 구원하는 데 보다 진지하다면, 그처럼 엉망진창의 모습을 하지 않을 것이라고 하셨다.

떼야르 드 샤르뎅(Teilhard de Chardin)도 말했듯이, 예수님에게 "기쁨이 충만하다"(시 16 : 11)는 말은 하나님이 살아 계시다는 것을 구체적으로 증거하는 말과 마찬가지였다.[5] 예수님에게 있어서 삶이란 웃지도 않고, 농담도 하지 않을 만큼 심각한 것은 아니었다. 유머는 사람들이 진리를 부드럽게 깨닫고 삶 속에서 하나님의 말씀을 쉽게 깨닫도록 도와주는 예수님의 방법이었다.

예수님은 말유희를 즐겨 사용하셨다. 예수님은 말유희, 해학, 조크를 종교적 교육 방법의 일부로 활용하셨다. 조크는 번역을 하면 그 단어가 갖고 있는 본래의 참맛이 떨어진다. 그래서 조크의 참맛을 조금이라고 느끼게 하기 위해서 누가복음 13장 32절의 원어적 의미를 살펴보면 거기에는 y̌rs와 šlm라는 히브리어 어근을 갖는 단어로 이루어진 최고의 말유희가 있다. 이 구절은 재미있는 말유희로 가득차 있다.[7]

> 자신의 일에 대하여 노래하지도,
> 웃지도 않고 진리를 가르치는
> 선생은 자신의 일을 반밖에
> 이해하지 못하는 자이다.
> — 코벤트리 패트몰[6]

한 가지 예를 더 들어 보면, 예수님과 제자들이 세리장인 레위의 집에서 세리들 뿐만 아니라 죄인들과 함께 식탁에 앉아있는 장

> 배가 고플 때는 노래를 하고
> 상처를 입었을 때는 웃어라
> - 유대 격언

면이 나오는 마가복음을 살펴보자. 예수님께서 사람들이 자신을 비난하는 것을 들으시고, 모든 사람이 들을 수 있도록 재빨리 다음과 같은 말로 되받아 치셨다. "나는 의인을 부르러 온 것이 아니라 죄인을 부르러 왔노라"(막 2 : 17). 여기에서 '부르다'(kaleo)라는 말 역시 말유희로 사용되었다. 레위는 예수님을 손님으로서 대접하였다. 그러나 예수님은 자신을 초대 받은 손님이 아니라 잔치의 주인이요, 초대한 자로 묘사함으로써 참석한 사람들을 놀렸다.[8]

이번에는 요한복음 1장 45~51절에서 나다나엘을 부르시는 장면을 보도록 하자. "보라 이는 참 이스라엘 사람이라 그 속에 간사한 것이 없도다"라는 구절에서 이스라엘 즉 야곱의 원래 뜻은 '교활함, 간사함'이라는 뜻이다.[9] 즉 이 말에는 간사한 곳에 간사함이 없다는 말유희가 숨겨져 있다.

유명한 겨자씨 비유에도 예수님의 말유희와 익살이 풍부하다. 겨자나무가 자라나는 크기를 에스겔 서의 백향목의 이미지를 인용하여 비유한 진지한 풍자이다(겔 17, 단 4). 이스라엘은 수백 자 높이로 하늘까지 닿을 듯이 자라는 육중한 백향목을 닮아야 했다. 그러나 실상은 이스라엘은 백향목이 아니라 기껏해야 8~10자(尺) 가량 자라는 키 작은 정원의 약초처럼 커다랗게(?) 자란다는 것이다. 그래서 예수님은 비유를 통하여 미묘한 방법으로 그의 말을 듣는 이스라엘 사람들을 꾸짖고 있다. 예수님은 기분을 전환할 수 있는 말들을 코믹하게 사용하여, 에스겔의 백향목 교훈의 참된 의미를 가르치고 있다. "여호와는 높은 나무는 낮게 할 것이며, 낮은 나무는 높게 하실 것이다."¹⁰⁾ 한 성경 학자는 예수님의 비유 중에 일부를 1세기의 코미디 극의 일종으로 분류하고 있다. '탕자의 비유'도 일종의 '코미디 극'으로 간주하고 있다.¹¹⁾

예수님께서 사용하신 격언(aphorism)도 유머가 풍부하다. 복음서를 통하여 잘 알려진 격언 하나를 외경인 도마복음 3장 1절에 나오는 내용과 비교하여 보자. "만일 너희의 지도자가 가로되 '보라, 천국은 하늘에 있다'고 한다면, 하늘의 새들이 이를 먼저 차지할 것이요. 또 이르되 '천국이 바다에 있다'고 한다면 '물고기들이 이를 먼저 차지할 것이니라' 진실로 천국은 너희 안에 있고, 너희 밖에 있는 게 아니니라"(눅 17 : 20~21과 비교)¹²⁾.

이 내용은 최근에 복음서에서 새롭게 의미가 밝혀진 예수님의 유머이다.¹³⁾ 대부분의 이런 유머들이 오늘날에는 아이러니하게 느껴질 것이다. 그러나 낙타가 바늘귀로 들어가려고 애를 쓴다든지, 사람들의 눈에서 들보를 빼내려 한

> 태초에 말유희가 있었다.
> - 나무엘 버킨¹⁴⁾

다든지 하는 비유는 오늘날의 지적인 해학과 매우 흡사하다. 마귀들은 절대로 웃지 않는다. 그러므로 유머 감각은 마귀를 감금하는 예수님의 주요한 무기 중의 하나이다.

스티븐 D. 모어(Stephen D. Moore)에 따르면, 예수님은 하나님과 함께 최초의 남자와 여자의 이름을 말유희를 통하여 지으신 아들이신 하나님(창 2 : 7, 23, 3 : 20. 비교 4 : 1 역자주 : 히브리어로 사람을 'Adam'이라고 부르고 흙을 'Adama'라고 한다. 따라서 이 구절은 Adama에서 Adam을 만들고 다시 Adama로 돌아간다는 의미에서 아주 재미있는 말유희다)이시다. 하나님도 모세에게 말유희

> 유앙겔리온(복음)은 헬라어로 좋다, 즐겁다, 기쁘다, 희락이 넘친다라는 뜻을 가지고 있다. 복음은 상처 입은 자를 기쁘게 하고, 찬송하게 하고, 춤추게 하고, 기쁨으로 뛰놀게 만든다.
> -1525년판 윌리엄 틴데일 신약의 서문

로 자신을 밝히고 계신다(출 3 : 14).[15] 예수님은 자신의 교회를 또한 말유희를 통하여 세우셨다. 즉, 마태복음 16장 18절은 "너는 베드로(Petros)라, 이 반석(Petra) 위에 내 교회를 세우리니"라는 대구법으로 이루어진 말유희다.[16] 웃음과 유머가 가득한 말유희의 토대 위에 세워진 교회에 유머가 없다면 이는 실로 아이러니한 것이다.[17]

흐트러지지 않으려고 허리가 아플 정도로 척추를 곧추 세우고 앉아 있는 성도들, 너무도 냉철하여 늘 이지적인 표정을 짓고 있는 성도들, 언제나 신발끈과 옷깃을 단단히 여민 성도들, 경직되고 근엄한 얼굴을 한 성도들, 늘 이마를 훤히 드러내어 경건하게 보이려고 하는 많은 성도들에게 구원 받은 기쁨을 어떻게 되찾아 줄 수 있을까? 만일 인생의 등뼈가 일반 척추, 희망의 척추, 웃음의 척추 이렇게 세 부분으로 이루어졌다면, 예수님은 얼마나 많은 사람들에게 웃음의 척추 골수 조직을 이식해주셔야 할까? 껍질이 단단한 비타협적인 사람들은 원시 침례교도(역자주 : 원시 침례교도들을 hard-shell Baptist라 불렀는데, 그들이 '비타협적'이라는 데서 유래된 영어의 관용구임)들만이 아니다. 종교개혁 이전에는 '예배소동'이나 '광대놀이' [바보들의 축제(Feast of Fools), 실수투성이의 주인(Lord of Misrule), 거룩한 바보들(Holy Fools)] 등의 해학이 전통 속에서 중요한 부분이었다. 그러나 그 사실을 우리에게 일깨워줄 기억의 수호천사는 어디로 갔는가?[18]

웃음이 건강에 미치는 이점에 관한 탁월한 연구가인 윌리엄 프라이(William Fry)는 "건강한 영혼을 간직하고 있는 사람들은 적어도 하루에 100~400번 가량은 웃는다"라고 말한다. 예수님의 제자로 자처하는 사람들이-최소한 공적인 장소에서라도- 이렇게 많이 웃는 것을 본 적이 있는가?

아프리카계 미국 시인이며 소설가인 이스마엘 리드(Ishmael Reed)는 미국에서 찰리 파커(Charlie Parker)만큼이나 많은 갈채를 받았다. 그는 1978년 미국 시민권리운동(the Civil Rights Movement - 역자주 : 일종의 흑인 인권 운동)에 참여한 유머를 모르는 투사(데모대)들에게 한 편의 시로 극도로 보수적인 그리스도인들의 정곡을 찔렀다.

> 너희들의 세상에서(백인들만의 세상을 가르킴)
> 유머는 옥에 갇혀 버렸고
> 그 열쇠마저 멀리 버려졌다.
> 대중 설교는
> 하루종일
> 두통거리만 생산해 낼 것이다.[19]

교회를 가볍게 하자! "마음을 가볍게 하는 것[lighthearted]이 머리를 가볍게 하는 것(lightheaded)은 (역자주 : 이 영어 원문 자체가 lighthearted라는 단어와 lightheaded를 이용한 말유희(puns)임] 아니다"라

> 웃음이란 아기 기저귀를 갈아주는 것과 같다. 그것은 문제를 완전히 해결해주지는 못하지만 잠시동안 기쁨을 가져다 준다.
> - 무명인

고 장로교의 데이비드 스틸(David Steel) 목사는 말한다. 내 동료인 로벳 웜스(Rovett Weems)는 윌리엄 포크너(Whillaim Faulkner)의 소설의 한 구절을 인용하여 "우리가 교회의 종을 종탑 밖으로 가지고 나왔다"는 것을 오늘날 교회가 갖고 있는 문제점으로 든다.[21] 지금까지 신앙과 웃음은 별개로 간주해왔다. 그래서 그리스도께서 우리 마음 속에 오셨을 때, 우리의 얼굴에서 미소가 사라졌다.

우리 모두는 IQ나 TVQ(텔레비전 지수 또는 대중매체 지수)를 높이는 것보다 EQ(Enjoyment Quotient : 유쾌 지수)를 높이는 일을 훨씬 잘 할 수 있는 구조로 되어 있다. 코미디 작가인 조이 아담스(Joey Adams)는 자신의 결혼식의 한 부분에 EQ를 높이는 일을 마련하였다. 그는 아내 신디와 함께 혼인서약서를 고쳐 썼다. 그들은 '사랑, 존경, 순결'이라는 말대신 '사랑, 웃음, 손뼉'이라는 말로 서약했다.[22]

교회의 역사 속에서 가장 철저히 지켜진 비밀 중의 하나는 높은 EQ 없이는 어떤 그리스도인도 '성자의 신분'에 도달할 수 없다는 사실이다. 유쾌함은 성자들이 필수적으로 알아야 하는 것(sine quanon)이 되었는데-주목받던 시므온 스틸리테스(Simeon Stylites)가 '성 시므온'이라고 불려지지 못한 이유이기도 하다.- 그는 스스로를 채찍질하는 영성을 갖고 있었다. 죽은 기쁨, 죽은 농담, 찡그린 영성 때문에 성자로 불릴 기회를 잃어버린 것이다. 움베르토 에코(Umberto Eco)의 「장미의 이름」에서 강조하고자 한 것은 예수님과 아리스토텔레스(Aritotles)는 '웃었다'는 것이다. 에코가 보는 성령을 거스르는 죄는 유머 감각이 없는 것이었다.[23]

당신은 하나님께서 얼마나 유머 감각이 풍부하신 분인지 알고 있는가? 프랑스 철학자 볼테르(Voltaire)는 구약성경을 싫어했다 (그는 반유대 감정을 가진 것으로 유명하다). 그는 어느날 제네바에 있는 자신의 집에서 확신에 찬 어조로 백 년 안에 성경은 오직 박물관에서나 찾아 볼 수 있는 잊혀지는 책이 될 것이라고 단언했다. 그러나 아이러니컬하게도 백년 후 볼테르의 집이 제네바 성서공회에 의해 점령되었다.

당신은 하나님께서 유머감각이나, 서정적인 시적 감각을 가지고 있다고 생각하지 않는가?

그러면 왜 하나님은 나를 만드셨는가?

왜 하나님은 당신을 만드셨는가?

왜 하나님은 인간에게 이렇게 우스꽝스러운 일을 하게 하고 이를 통하여 근육을 강화하는 훈련을 하셨을까?

쿠르트 보네굿(Kurt Vonnegut)의 책 「푸른빵」에 나오는 등장인물의 말처럼, 전능하신 하나님도 인간이 쇠와 물과 불을 섞어서 철도와 기차를 만들었을 때 분명히 즐거워 하셨을 것이다.[24]

우리들 각자 각자는 나름대로의 '깔깔목록'(giggliography) 곧 자기 스스로를 웃게 만드는 일련의 목록들을 가지고 있어야 한다. 아이들을 웃기는 사람(baby buster)들은 이해하기 힘들 정도로 썰렁한 진지하지 않은 농담을 진지하게 하는 것으로 유명하다.

아무리 화목한 가정이라고 할지라도 벽의 한쪽 구석이나 냉장고의 벽에 독특하게 만들어진 가족들의 깔깔목록을 붙인 웃음게시판이 없으면 완전한 가정이라고 볼 수 없다.

우리들의 깔깔목록은 우리가 출생한 지역뿐만 아니라 우리의 삶의 환경에 따라서 달라질 수도 있다. 웃을 수 있는 원인은 우연히 만들어지는 것이 아니다. 오히려 노력에 의해서 만들어진다. 그러므로 깔깔목록이 모든 사람의 생활 속에서 점점 더 요구되는 것이다. 만일 윌리엄 제임스(Whilliam James)와 칼 레인지(Carl Lange)가 옳다면, 웃을 때의 몸의 동작이 곧 인체에 기쁨과 즐거움을 유발하는 동작이라는 것이다. 바꿔 말하면 우리는 즐거울 때 웃는 것만이 아니라, 웃으면 즐거워진다는 것이다.[25] 깔깔목록을 만들어 잘 보이는 곳에 걸어 놓으면 우리는 웃게 될 것이고 기쁨은 넘칠 것이다.

미국의 유명한 코미디언인 젤라거(Gallagher)는 정기적으로 비행기 여행을 해야 했기 때문에 탑승시 긴장을 풀어주고 신경을 안정시키는 깔깔목록을 가지고 다녔다.

"나는 많은 시간을 비행기에서 보내기 때문에 긴장하기가 쉽다. 그래서 긴장을 풀기 위하여 웃을 수 있는 방법들을 생각하며 다닌다. 아래의 내용은 나의 깔깔목록 중의 일부이다."

- 나는 공항에 들어 설 때, 나가는 문을 알려주는 간판을 쳐다보면서, 삐걱거리는 너트와 볼트 뭉치(비행기)에 나의 모든 것을 맡겨야 할 준비를 하는 장소의 이름을 '터미널'(영어 terminal은 '종점'이라는 뜻 말고도 '종말'이라는 뜻이 있음. 따라서 터미널에 들어가는 것을 종말의 장소에 들어가는 것으로 이해할 수도 있음)이라고 명명한 사람은 가학성 이상 성격 소유자일 것이라고 생각한다.
- 나는 기내로 들어가기 전에 머리를 쑥 디밀어 넣고 얼마나 많은 사람들이 비행기 좌석을 예약했는지를 살펴본 후에 어김없이 미소를 짓는다. 왜냐하면 나 역시도 8명의 다른 승객들이나 혹은 288명의

다른 승객들과 함께 비행기에 올랐기 때문이다(역자주 : 경비행기나 대형 여객기를 탈 때 다른 승객들을 보면서 '너희들도 나처럼 안전하지 못한 비행기를 탓구나'라고 생각하면서 웃는다는 뜻).
- 나는 지정된 비상탈출 좌석으로 수그리고 들어가면서, 승무원이 비상구 옆에 앉은 승객들에게 비상시에는 어떤 이유든지간에 누군가 비상구 여는 것을 방해하지 못하게 해달라는 승무원의 부탁을 들으면 깔깔거리며 웃는다. 나는 이를 실제의 상황으로 상상해 본다. 비행기는 추락했고, 이곳 저곳에서 불길이 치솟고 있다. 그때 문 옆에 앉아서 "나는 저 문을 열고 싶지 않아요. 나는 차라리 여기에 남아 있기 원합니다"라고 말하는 사람이 어디 있겠는가?
- 착륙할 시간이 되었다. 나는 다시 조종사가 착륙을 알리는 방송을 듣고 깔깔거리기 시작한다. "우리는 이제 최종 접근을 시도할 것입니다." 또 최신형 비행기에 안에서도 승무원이 승객들을 안심 시키기 위한 방송을 듣는다. "잠시 후 비행기는 지상에 있게 될 것입니다"(We'll be in the ground very shortly). 이 방송을 듣고 모든 사람은 아마 그녀가 지상에(in the ground)라는 말을 지상 위로(on the ground)라는 의미로 사용하길 희망할 것이다.
- 승무원이 비행기가 '완전히 멈추기' 전에는 이동하지 갈라고 주의를 준다. 그때 나는 '불완전한 멈춤'은 무엇일까 하고 생각해본다.

나는 애팔래치안의 유머를 좋아해서 이것들도 내 깔깔목록 속에 포함시켰다.

한 사람이 웨스트 버지니아 주에서 켄터키 주까지 걸어 왔다. 그런데 신발을 한 짝만 신고 있는 게 아닌가! 켄터키 주에서 어떤 사람이 그에게 물어왔다. "아니 어디서 신발 한 짝을 잃어버렸나

> 조크(농담)은 당신이 생
> 각한 것보다 요크(명예)
> 에 훨씬 가깝다
> -쿠바의 소설가인 구일레모 카브레라 왕자

요?" 웨스트 버지니아에서 온 사람이 말했다. "아닙니다. 한 짝을 주웠는 걸요."

혹시 오하이오 주 사람이 켄터키 주를 가다가 웨스트 버지니아 주에서 길을 잃어버린 얘기를 들어 보았는가? 한 농부가 언덕배기 밭에서 일을 하는 것을 보고는 길가로 바짝 다가가서 물었다. "루이스빌을 어떻게 갈 수 있나요?" 웨스트 버지니아 농부가 대꾸했다. "글쎄요, 나도 여길 내 마누라가 데려왔어요"(역자주 : 그의 부인이 자신을 그곳에 데려왔기 때문에 자신도 길을 잘 모르겠다는 뜻).

애팔래치안 유머와 비행기 유머를 함께 엮은 것과 비슷한 얘기가 있다. 감기에 걸려 죽은 웨스트 버지니아 사람이 천국에 간 얘기가 있다. 베드로가 그를 진주문 앞에서 만났다. 그리고 어떻게 이곳에 왔느냐고 물었다. "감기요"(Flu)(역자주 : 'flu' 곧 '감기로요.'라고 말한 것을 베드로는 같은 발음의 단어인 'fly'의 과거 'flew' 곧 '비행기를 타고서요'라는 뜻으로 알아 들었다. 천국을 비행기를 타고서 갈 수만 있다면? 또 거기까지 데려다 주는 항공사만 있다면…)라고 남자가 대답하자 "어떤 항공사 편이었소?"라고 베드로가 되물었다.

나의 깔깔목록에 머리를 써야하는 재치문답을 넣는다. 나는 재치문답을 마치 사람들이 우표를 수집하듯 한다. 재치문답이란 그 질문과 해답이 말유희로 이루어진 수수께끼를 말한다.

날씨 예보를 잘못해서 해고 당한 텔레비전 기상 통보관이 있다. 그는 다른 지방 기상대로 가서 일자리를 구하려고 이력서를 제출했다. 면접관은 "일을 왜 그만 두셨나요?"라고 질문했다. 그 기상 통보관은 말했다. "그곳의 기후가 나에게 맞지 않았습니다."
 또는 재치문답은 다소 전통적이며 직접적인 것일 수도 있다. 다음은 내가 제일 좋아하는 재치문답이다.

 문 : 날개 하나를 가진 새와 날개 두 개를 가진 새의 차이가 무엇인가?
 답 : 그것은 날개 한 개 차이지요(역자주 : 질문, What is difference between a bird with one wing and a bird with two? 대답, It is a matter of a pinion. pinion은 '한 쪽 날개'라는 뜻으로 주로 한 쪽 날개 깃만을 그려 넣은 문양이나 장식 등을 가르킨다. 여기에서 a pinion이란 말은 opinion(견해)이라는 말과 발음이 같다. 따라서 '그것은 견해의 차이죠'라는 뜻으로 해석할 수도 있다).

 배를 잡고 웃는 것은 윗몸 일으키기를 한 번 한것과 맞먹을 정도의 복근운동 효과가 있다. 하루에 윗몸 일으키기를 백 번하는 것과 하루에 백 번 배를 잡고 웃는 것 중에 당신은 어떤 것을 선택하겠는가?
 노만이라는 이름을 가진 환자는 배를 잡고 약간 웃었을 뿐인데 두 시간 동안 고통 없이 잠을 잘 수 있었다고 한다. 이것은 진통제 한 알의 효과와 동일한 것이었다. 그가 진통제와 웃는 것 중 어떤 것을 선택했을까? 당연히 그는 웃는 쪽을 선택했다.

 웃음은 실제로 신체 내의 모든 기관에 자극을 주는 육체적 현상이다. 웃음은 건강에 좋은 호흡작용이다.[26] 인체 물리학적으로 웃음은 자연적 진통제를 방출하고 인체 내에서 이로운 화학물질로 변화를 시킨다. 인체물리학적으로 웃음은 사람들이 슬픔과 모순에 부딪칠 때 윤활제 역할을 해주며, 스트레스를 풀어주고, 심지어 면역 체계를 강화시켜 준다.[27]

육체적으로 웃음은 신체에 '작은 운동효과'를 주며, 그것이 근골조직에 미치는 효과는 꾸준한 조깅을 했을 때에 얻을 수 있는 효과와 맞먹는다.[28] 실제로 한 연구는 웃음이 종종 삶을 연장시키기도 한다고 말한다.[29] 지그문트 프로이드(Sigmund Freud)를 포함하여 많은 정신분석 학자들은 건강한 유머 감각이 균형 잡힌 정신건강을 측정하는데 가장 좋은 척도라고 말하고 있다. 실제로 몇몇 연구가들은 웃음은 두뇌의 양쪽 반구를 모두 사용하기 때문에 유머는 가장 중요한 인간의 두뇌 활동이라고 말하고 있다.

이 사실을 빨리 이해한 민족이 있다. 유대인 마임극인 '사무엘 아비탈'(Samuel Avital)은 웃음이 신체의 모든 세포를 자극한다는 내용이다. "당신이 웃을 때, 모든 조직이 진동합니다. 횡경막도 춤을 추며, 세포조직도 춤을 춥니다. 모든 세포는 행복해 하죠. 당신이 행복해지면, 보다 장수하게 되죠. 만일 당신이 세포들에게 이러한 진동의 춤을-지적으로는 이 춤을 웃음이라고 부르지만요- 선사하지 않으면, 당신이 세포들의 생명을 빼앗는 것이지요. 그래서 웃음이 명약입니다."[30]

나바호 족(역자주 : 미국 뉴멕시코, 아리조나 지역의 원주민)의 문화에서는 아이가 태어나면 그 아이가 언제 처음으로 웃는지 관찰을 한다. 처음 웃는 순간에 비로소 어린 아이는 사회적 존재로서 태어나는 것이라고 생각한다. 그래서 아이를 처음 웃게 한 사람이 아이가 사회적 존재로 태어났음을 축하하며 복을 빈다.[31]

심각한 질병이 걸렸을 때 스스로 웃으려는 노력(노만 쿠진(Norman Cousin)의 연구 덕택에 모든 의학 연구자들이 아는 것이지만)은 곧 교착성 척추염이나 중풍 또는 불치의 병과 혼자서 대항하려는 중요한 노력이다.[32] 유머가 치료에 미치는 효능이 아직 의학계에서 확신할 만한 충분한 과학적 타당성을 얻지 못하고 있다. 확실한 것은 '내적 조깅'인 웃음은 아픔을 없애는 카타콜아미민의 생성, 칼로리의 연소, 동맥긴장완화, 소화효소 분비촉진, 내분비 계통의 자극에 영향을 준다는 것이다. 쿠진이 환자를 진찰한 후에 얻은 '진단은 받아들이지만 병의 결과에 대한 예상을 받아들이지 않은 것'은 유머 덕택이었다.

이와 같은 이유 때문에 유머 요법은 의학계에서 유망한 산업이 되었다.[33] '유머프로그램'은 치료 과학에서 점점 인기가 상승하고 있다. 환자의 진찰기록에는 반드시 '웃음척추의 기록'이 첨가되어야 한다고 많은 의학 전문가들이 주장하고 있다. 몇몇 병원들, 양로원, 요양소 등에서는 현재 '유머방' '유머요법' '유머서비스'의 일환으로 게임, 텔레비전의 코미디 프로, 웃음클리닉, 코미디 잡지나 비디오 테이프, 회보 등을 제공하고 있다. 약 20쪽 분량의 계간지인「웃음 처방지」(Laughter Prescription Newsletter)는 병원, 요양소, 환자 대기실이나 그밖에 건강 전문소에 배달되고 있다.

최근 '웃음지표'를 제공하고 있는 회사들은 심지어 인터뷰 할 때 지원자들의 웃는 횟수를 조사하여 직급의 참고자료로 사용하고 있다.[34] 직업도 잘 웃는 사람이 구할 수 있는 것이다. 웃는 사람이 찡그린 사람보다 일을 더 잘 수행할 수 있기 때문이다.

예수님은 사람들을 웃기셨다. 우리도 다른 사람들을 웃겨야 할 의무가 있다. "당신은 정말 재미있는 사람이군요"라는 말은 당신이 다른 사람에게 해줄 수 있는 혹은 당신이 다른 사람으로부터 들을 수 있는 최대의 찬사이다. 우리의 삶에 웃음을 가져오는 사람은 하나님의 선물이다. 웃을 때, 우리 곁에 계시는 예수 그리스도를 만날 수 있다.

만일 영원한 것에 끊임없이 도전하는 사람이 근엄한 얼굴을 유지해야 한다면, 나의 어머니는 심각한 고민에 빠졌을 것이다. 나는 손때 묻은 낡은 성경과 떨어져 있는 어머니의 모습을 상상할 수가 없다. 성경은 어머니 몸의 일부였다. 내가 어머니를 바라볼 때면 언제 어디서나 어김없이 마술을 하는 것처럼 불쑥 성경이 튀어나오곤 했다. 성경은 어머니의 분신 같았다. 나는 어머니와 성경책과 관련하여 베니 굿맨(Benny Goodman)의 이야기를 하고 싶다.

베니 굿맨은 클라리넷 연주자였다. 그가 클라리넷을 불고 있지 않을 때는 항상 정상적인 상태가 아니었다. 1978년 굿맨의 집주인이 그가 똑바로 앉아 있는 뒷 모습을 보았을 때 굿맨이 이미 죽었다는 것을 알았다. 왜냐하면 클라리넷이 그의 곁에 떨어져 있었기 때문이다.

어머니는 성경을 손에 쥐고 돌아가셨다. 어머니는 임종을 불과 몇 시간 앞두고 무의식 상태로 병원으로 실려 가셨다. 나는 성경을 쥐고 있지 않은 다른 한 손을 잡고 어머니의 머리를 쓰다듬었다. 나는 어머니께 말씀을 드렸다. "어머니, 지금 말씀드릴 것이 있어요. 어머니

> 여호와를 기뻐하라
> -시편 37편 4절

가 좋아하시던 아틀란타 출신의 목사님 있잖아요. 내일 그를 위해 설교 하기로 되어 있어요. 나도 어머니 곁을 떠나고 싶진 않아요. 하지만 그를 실망시키고 싶지도 않아요. 특히 내일 저녁은 그의 박사과정 수료 기념 파티거든요. 딱 24시간만 떠나 있을 거예요. 어머니께서 허락하셔야만 그 약속을 지킬 수 있어요."

그때 어머니는 손가락을 가볍게 부딪치셨다. 마치 모든 상황을 이해했고 그렇게 해도 좋다는 신호를 보내는 것 같았다. 나는 어머니에게 인사를 했다. 그리고 어머니의 귀에 대고 짧은 기도를 드렸다. 그리고 어머니의 이마를 몇 번 쓰다듬고 자리를 더났다.

내가 간호사 대기실 앞을 지나올 때쯤, 무엇인가가 등 뒤에서 끈을 매어 끌듯이 잡아당기는 것을 느꼈다. 그래서 어머니가 누워 계신 병실로 돌아왔을 때, 간호사가 어머니를 돌보기 위하여 걸어오고 있었다. 나는 내가 누구인지를 말한 다음 내가 처해있는 곤란한 상황을 이야기했다. 그리고 변명조로 내 결정에 대해서 동조를 구했다. 그리고 내가 2시간마다 간호사 실로 전화를 해서 어머니의 상태를 물어도 괜찮은지 물었다.

"그럼요. 괜찮고 말고요. 그것을 나에게 부탁하는 게 어때요. 나는 내일 아침부터 저녁까지 근무를 하거든요. 아마 당신이 떠나 있는 동안 대부분의 시간을 당신 어머니와 보낼 수 있겠는데요."

> 그때에 우리 입에는 웃음이 가득하고 우리 혀에는 찬양이 찼었도다
> -시편 126편 2절

"아이구, 이거 하나님께서 준비해주신 분이군요. 이런 분이 계시다니. 누구한테 이런 부탁을 할까 고민을 했어요."

"그런 것은 죠이(Joy)(역자주 : Joy는 간호사의 이름으로 기쁨이

라는 뜻)에게 부탁하세요."

"당신 이름이 죠이인가요?" 나는 의아해 하며 물었다.

"어머니 들으셨어요? 하나님께서 밤새도록 어머니를 돌보아 줄 간호사 선생님을 보내주셨어요. 이 말은 어머니와 제가 모두 당장에 꼭 듣고 싶어하던 얘기잖아요. 우리 둘 모두 지금 기쁨(joy)을 느껴야 하잖아요."

"어머니, 하나님께서 밤새워 어머니를 지켜줄 기쁨(Joy)이라는 이름을 가진 천사를 보내주시다니 놀랍지요? 정말 하나님이 도우셨어요. 하나님을 찬양할 수밖에 없어요? 어머니 기억하시죠. 우리 세 형제에게 '느헤미야의 원칙'을 가르쳐 준 것이 어머니잖아요. 어머니는 저에게 절대로 느헤미야의 원칙을 잊지 말라고 하셨죠. 여호와를 기뻐하는 것이 너희의…."

> 하늘에 계신 이가
> 웃으심이여
> -시편 2편 4절

여기까지 외우고서 나는 잠시 멈추었다. 어머니는 갑자기 수십 만 와트의 보이지 않은 에너지 원에 플러그를 꽂은 것처럼 눈을 깜빡이더니 크리스탈 컵에서 나는 소리처럼 깨끗하게 마지막 구절을 암송하셨다. "힘이니라." 어머니는 미소를 지으셨다. 나는 어머니께 입을 맞추고서 잠시 후 병원문을 걸어 나왔다. 이것이 어머니께서 마지막으로 남기신 말씀이다. 내가 병원으로 가는 도중, 어머니는 혼수상태에 빠졌던 것일까? 어머니는 다음 날 돌아가셨다.

어머니는 문자 그대로 말씀의 날개를 타시고 영원 속으로 가셨다. "여호와를 기뻐하는 것이 너희의 힘이니라"(느 8:10). 어머니는 다른 모든 것들이 떠날지라도 평생을 하나님의 말씀 속에 푹 잠겨서 사셨다. 올해가 몇 년도 인지를 헤아리지 못하고, 연필을 보고도 이름을 기억하지 못하고, 심지어 큰아들의 이름이 무엇인지 기억하지 못해도, 어머니는 오직 한 가지만은 기억하고 계셨다. '여호와를 기뻐하는 것'.

아마 내가 위에서 실수를 한 것 같다. 성경이 어머니의 몸의 일부가 아니었다. 오히려 어머니가 성경의 일부이셨다. 어머니는 첫 번째 성경인 구약과 두 번째 성경인 신약의 말씀 안에서 살아 오셨기 때문에, 결국 어머니의 삶이 세 번째 성경이 되신 것이다.

지금 어머니는 기쁨의 노래를 부르며 천국에서 주님을 만나고 계실 것이다. 어머니는 예수님으로부터 '기쁨의 세균'에 감염되어 열병을 얻으셨다. 예수님은 마음을 여는 사람들에게 이 평화와 기쁨을 주신다.

친구를 사귀어라 2

  예수님은 불의를 보았을 때 얼굴이 붉어지는 감정을 결코 감추려 하지 않으셨다. 오히려 불의를 당하는 사람들에게 가서 그들과 관계를 맺으며 감정을 공유하며 사셨다. 그것이 고통이건 기쁨이건, 고뇌이건 축복이건, 하찮은 문제이건 중요한 문제이건 상관하지 않으셨다. 예수님은 사람들의 문제를 볼 수 있는 눈과 들을 수 있는 귀가 있었고 아파할 줄 아는 마음이 있었다.

  예수님은 친구를 사귀는 일에 많은 시간을 투자하셨다. 예수님은 사람들이 예수님을 보았을 때 친밀감이 생기게 하는 대단한 카리스마를 갖고 계셨다. 예수님의 영성은 공동체적이었다. 예수님은 사람들과의 관계를 통하여 자신의 내면에 있는 신성을 자각하셨으며, 그러한 과정을 통하여 영적으로 풍부해 지셨다. 또 사람들과의 만남을 통하여 힘을 얻으셨다.[1] 특히 여성을 통하여 또 여성들과 함께 할 때 그러하셨다. 예수님은 우리들을 종이나 제자나 심지어 그분의 혈연적인 친척 관계로서가 아니라 친구로 부르시길 좋아하셨다. "내가 너희를 친구라 부르노라"(요 15 : 15).

  고대 영어에서 '친구'(friend)라는 말을 '프레온드'(freond)라고 한다.[2] 그것은 사랑스럽고 부담 없는 사람이라는 의미를 가지고 있다. 예수님은 우리가 얼마나 많은 사랑을 받고 사는 존재인지를 깨닫게 하고 자유함을 얻도록 하기 위하여 이 땅에 오신 친구이시다. 하나님은 우리가 하나님을 얼마나 잘 이해하고 있는가로 구원하는 분이 아니라 관계를 통하여 구원하신다. 하나님께서는 관계를 통해서 우리에게 오신다. 예수님은 말씀과 행동을 통하여 우리에게 관계가 얼마나 신성한 것인지를 가르쳐 주셨다. 예수님은 교리의 체계를 가르치시거나 삶의 문제를 상담하고 답변하심으로써 우리의 인생 길에 동행하신 것이 아니라 어느 형제나 자매보다도 가까운 친구요, 동료가 되어 우리와 함께 하신 것이다.

예수님은 하나님과 깊은 사랑의 관계를 맺고 계신다. 사도 요한이 "하나님은 사랑이시라"(요일 4:8)고 한 것은 하나님은 관계와 우정을 통해서 대화하신다는 뜻이다. 복음이란 도덕적인 삶이 무엇인지만을 말하지 않는다. 복음은 또 행복한 삶을 사는 법에 대해서만 말하지도 않는다. 복음은 살아 계신 하나님과 함께 사는 삶에 대해서 말한다.[3] 성경적 의미에서 순종은 '네가 들은 바를 행하라'는 것이 아니다. 순종은 거룩하신 분과 관계를 맺어 떨어질 수 없는 상태로 하나님의 모든 것을 받아들이며 존경하고 따르는 것이다.[4]

이반 일리히(Ivan Illich)의 우정이 지속되는 핵심적인 요소는 자신을 억제하는 것이라는 말도 옳지만,[5] 우리들에 대한 하나님의 우정은, 억제하는 것을 훨씬 넘어서 성육신(incarnation)하심으로 거룩하신 속성까지 비우신 바탕 위에 쌓은 것이다. 곧 하나님의 우정은 성육신의 우정이다. 예수님은 우리와 친구가 되기 위해서 육신을 입으신 것이다. 우리에 대한 하나님의 사랑이 얼마나 고귀

한 것인지를 알려주고, 우리가 하나님을 느끼고 그 신성을 맛보는 것을 쉽게 즐길 수 있는 방법을 보여주시고 완성하시기 위하여 예수님께서 오신 것이다. "사람이 친구를 위하여 자기 목숨을 버리면 이에서 더 큰 사랑이 없나니"(요 15 : 13).

우리는 왜 하나님, 사람들, 나아가서 자기 자신과도 관계 맺기를 주저할까? 인간의 모든 관계는 완전할 수 없고 다스 삐그덕거린다. 그럼에도 불구하고 예수님께서는 사람은 관계의 그물망을 떠나서는 살 수 없다고 가르치셨다. 비록 그 관계의 그물망 중 몇몇 가닥이 우리가 바로 서는 것을 시기하고 헐뜯는 것들이라 해도 사람은 관계를 떠나서 살 수 없다. 성경의 사고방식은 친구를 사귀지 않고는 당신이 누구인지도, 무엇이 되어야 하는지도 알 수 없다고 한다.

예수님은 당신을 따르는 많은 사람들을 향해서 다소 구멍이 넓은 그물을, 가까이에 있는 제자들에게는 촘촘한 그물을 쳐 놓고 계신다. 예수님은 언제나 주위에 한 그룹의 친구들을 불러 모으셨다. 그리고 그것이 하나의 '팀네트'(Teamnet)가 되었다. 마가는 예수님께서 "이에 열 둘을 세우셨으니 이는 자기와 함께 있게 하시고"라고 기록하고 있다(막 3 : 14). 예수님과 제자들이 오직 직업적 목적 때문에 모인 동료적 관계일 뿐이라고 생각할 사람이 있겠는가? 예수님 시대의 사람들도 그렇게 생각하지 않았다. 오히려 그들은 예수님이 친구들과 너무 어울려 다니면서 시간을 보낸다고 비난을 했다.

예수님은 가장 가까운 친구들을 조심스럽게 선택했다. 때로는 예수님과 가까운 친구들 사이에 다른 사람이 들어오는 것을 거절하기조차 했다. 거라사의 귀신 들렸던 사람도 치료를 받고 난 후 주님의 팀 속에 끼어서 제자들과 함께 여행하게 해줄 것을 요청했다(눅 8 : 26~39). 그러나 예수님은 "안 돼"라고 말씀하셨다. "당신의 집으로 돌아가시오. 가서 하나님께서 당신에게 하신 일이 무엇인지를 많은 사람들에게 전파하시오."

> 내가 지치고 배가 고플 때 주여
> 내 곁에 머무소서.
> 내가 길을 잃고 슬퍼서 외로울 때
> 예수여,
> 내 곁에 머무소서.
> 내가 전쟁 속에 있을 때
> 오 전쟁에 지지 않는 주님이시여,
> 내 곁에 머무소서.
> 내가 늙고 백발이 되어 연약해 졌을 때,
> 오 샤론의 백합화이신 주님이시여,
> 내 곁에 머무소서.[6]

　예수님의 팀네트 역사에서 살펴볼 수 있는 것처럼, 예수님은 친구간의 사랑을 확인하는 의식을 중요시하셨다. 이 의식은 우정을 육체적 감각으로 느낄 수 있게 표현하는 특징이 있다. 의식이 중요한 이유는 사람이란 친구를 필요로 한다거나, 사랑을 받아야 하는 것이기 때문만이 아니라, 삶이라는 것은 반드시 관계 속에서 영위되어야 하고, 예배의식도 관계를 통하여 살아있는 예배가 되기 때문이다.

　제자들과 함께 하는 예수님의 예배의식 생활은 각자 각자가 다른 나머지 사람들과 그물망처럼 관계되는 속에서 이루어졌다. 우정 속에서 이루어지는 예배야말로 우리의 정체성을 표현하는 것

이며 우리의 삶의 이야기를 이해하게
해주는 것이다.

> 친구 사이에는
> 다년 간째 우려낸 차가
> 제일 좋은 법이다.
> -중국 속담

  몇몇 학자들은 요한복음 5장 1~14
절의 베데스다 연못가에서 38년 동안
누워 있던 사람을 고친 장면이 다음과 같은 이유 때문에 예수님의
감춰진 생애를 재구성할 수 있는 좋은 자료가 된다고 주장한다.
예수님은 이상하게도 베데스다 연못에서는 어떤 제자와도 함께
계시지 않았다. 이 이유를 근거로 해서, 이 사건은 예수님께서 공
생애를 시작하기 전에 사건이었다고 주장하는 학자들도 있다. 그
후 예수님은 제자들에게 이 이야기를 해주었고 제자들은 이 이야
기를 설교적인 형태로 개작을 하였다는 것이다.

  당시 사람들은 예수님이 친구들과 많은 시간을 보내는 것과 친
구를 선택하는 방법에 대해서 비난을 하였다. 오늘날 사람들과 마
찬가지로 당시 사람들도 예수님의 인격을 그분이 사구는 사람들
곧 천한 사람들, 부랑자들, 소외된 사람들, 불구자들을 통해서 판
단하려 하였다(막 2 : 15~17). 사귀는 친구를 보면 그 사람의 됨됨
이를 알 수 있다는 속담처럼.

  예수님의 식습관 또한 고약하다고 비난을 받았다. 예수님은 언
제나 세관원들이나 죄인들뿐만 아니라, 가난한 사람, 중풍병자,
소경, 절름발이, 심지어 누군가의 집에서 저녁을 잡수시는 도중
그분의 발을 만지던 이름 모를 한 여인과도 식사를 하셨다(눅 7 :
36~50). 또 예수님은 통상적인 사회적 관계에서 벗어난다고 비난
을 받았다. 그러나 예수님은 자신이 옳다는 것을 증명하셨다. 죽
음의 순간에도 예수님은 십자가 우편에 있던 한 죄인의 친구가 되
어 주셨다.[7]

예수님의 그물과 같이 얽힌 친구 관계는 지금까지 예수님의 생애를 연구하는 것 중에서 가장 적게 연구된 분야이다. 예수님은 친구들, 예를 들면 나사로, 마리아, 마르다 등을 여러 번 방문하였다. 마리아와 마르다의 이야기를 다룬 성경구절을 보면 예수님께서 평소 그들과 자주 이야기를 나누고, 말씨름을 하고, 접시를 닦으면서 지냈을거라는 생각을 할 수 있다. 분명히, 예수님은 '먹고 마시고, 사고 팔고, 심고 기르는 일들로 가득한' 일상생활을 결코 피하지는 않으셨을 것이다(눅 17 : 28). 예수님은 결코 일상적인 만남을 회피하지 않았으며, 일상적인 생활과 떨어지려고 하지도 않으셨다.

산헤드린으로부터 "예수가 유대 땅에 다시 나타나면 체포하라"는 명령이 떨어졌을 때도, 예수님은 벳세다를 떠나서 베다니로 돌아오셨다. 왜 그랬을까? 왜 예수님은 유대의 거친 광야 길을 30마일이나 걷고, 가장 가파르고 거치른 동에서 서로 올라가는 여리고와 예루살렘 길을 걸어 가셨을까? 왜 예수님은 체포와 고소의 위험에도 불구하고, 또 갈릴리의 성공적인 사역까지 그만두고, 처형의 위험을 무릅쓰고 예루살렘으로 올라가셨을까? 왜 예수님은 제자들이 유대로 돌아가지 말자고, 만일 가게 되면 죽을지도 모른다는 충고와 간청을 무시하고 길을 떠나셨을까?

이유는 친구인 나사로가 병이 났으며 나사로는 예수님을 필요로 했기 때문이다(요 11 : 1~44). 나사로는 아마도 예수님의 가장 친한 친구였을 것이다. 그래서 예수님은 나사로가 죽었을 때 우셨다(요 11 : 35). 친구에 대한 신실함과 사랑이 예수님을 죽음으로 몰아 넣는 사건의 시발점이 되었던 것이다.

예수님은 친구들에게 그들이 자신에게 얼마나 중요한 존재인지를 다음과 같이 조심스럽게 말씀하고 계신다. "너희는 나의 모든 시험 중에 항상 나와 함께 한 자들인즉"(눅 22 : 28). 예수님과 제자들 사이의 우정의 길이 항상

> 군자에게 도(道)란
> 남녀간의 예에서 비롯되지만
> 그 끝은 우주의
> 무한한 광대함이다.
> - 고대 현인 쯔슈(Tzu Su)

평탄대로는 아니었다. 예수님의 제자들은 자기들끼리 모욕적인 말로 싸우기도 하였고, 예수님께서 그들을 가장 필요로 할 때 예수님을 버리기까지 했다. 그러나 친구들이 예수님을 버렸을 때도, 예수님은 친구들을 버리지 않으셨고 하나님도 예수님을 버리지 않으셨다.

레이몬드 브라운(Raymond Brown)은 십자가 상의 죽음이라는 사건 자체만으로 볼 때 하나님께서 예수님의 죽음을 허락하신 것이 아니라는 것을 강조하기 위하여 누가가 얼마나 많은 노력을 기울였는지를 잘 설명하고 있다. 예수님은 십자가의 길 위에서 다음 세 부류의 친구들로부터 힘을 빌렸다. 구레네 시몬, 예루살렘의 딸들, 그들의 가슴을 치고 통곡하며 따라오던 한 무리의 군중들이었다(눅 23 : 27).[8] 예수님은 친구들의 태도와 관심에 따라 영향을 받는 '하나님 중에 한 분'(a God)인 것을 보여주셨다. 자녀들이 간청할 때 부모들의 마음이 동요되는 것처럼, 하나님 역시 친구들의 간청에 움직일 수 밖에 없다는 것을 제자들에게 보여주신 것이다.

나는 요한복음 20장 24절이 성경에서 가장 슬픈 구절이라고 생각한다. 그 구절은 "도마는 예수님께서 오셨을 때에 함께 있지 아니한지라"이다. 나사로가 예수님의 가장 친한 친구였다면, 도마는 예수님과 가장 서먹한 친구였을 것이다. 예수님께서 부활하신 후에 처음으로 제자들에게 보이시던 날 밤에 도마는 도대체 어디

에 있었을까? 그것은 아무도 모른다. 아마도 도마는 예수님을 버린 뒤에 얼굴 보이기가 부끄러웠는지도 모른다. 한 가지 추측할 수 있는 것은 도마는 예수님이 돌아가셨다는 사실을 참을 수가 없어 구석에 틀어박혀 안절부절 못하고 있었을 것이다. 도마가 예수님을 만나기 전까지 예수님이 부활하신 것을 믿을 수 없었던 까닭은 예수님이 죽은 사실에 대하여 너무 화가 나 있었기 때문이었을 것이다.

무엇 때문에 도마가 다른 사도들과 함께 있는 것을 포기하였는지 모르지만 이것은 커다란 실수였다. 도마는 제자들이 가장 신비로운 경험을 하던 그 순간 즉 예수님께서 부활하신 후 처음으로 모습을 나타내신 그곳에 함께 있지 않았다.

다른 제자들은 이제 더이상 도마처럼 의심에 쌓여있거나 두려워할 필요가 없었다. 그들은 문을 걸어 잠그고 함께 몰려 있었다. 성경은 제자들이 공포 때문에 문을 잠궜고, 두려워서 모여 있었다(요 20 : 19)고 말한다. 그러나 예수님을 만난 후로는 더이상 두려워할 필요가 없어졌다.

'힘을 내라'(Cheers) '당신에게 빠졌어요'(Mad About You) 같은 텔레비전 쇼 프로그램이 왜 인기가 높은 것일까? 그것은 등장인물들이 다른 모든 것은 제쳐두고 우정을 중요시하는 공동생활을 하며 지내기 때문이다. 이 프로들은 소위 '시간의 포르노'를 통하여 우리를 유혹한다.[9] 시간의 포르노란 충분한 시간과 여가가 있는 생활을 하게 되자 우리가 부러워하고, 필요는 하면서도 그것을 얻는 것에 우선권은 두지 않는 바로 그 우정을 얻기 위하여 애태우는 것이다. 바로 이런 우정을 텔레비전 프로그램이 대신 줄 수 있다고 유혹하는 것이다.

왜 그렇게 인터넷이 폭발적으로 인기를 끌고 있는가? 그것은 고대 그리스의 시장이었던 아고라와 같은 이유에서다. 에이즈가 염려되고, 폭동이 난무하고, 총기 사건에 노출되어 종족간에 교류가 점점 위험해져 가는 이 세상에, 네트워크화 되어 있는 컴퓨터 환경은, 사람들이 어디든지 마음대로 드나들며 어울릴 수 있는 안전한 세상이다.

이 사실은 아래의 '누군가와 같은 친구'라는 말로 정의되는 축하인사 카드의 인기를 통해서도 설명이 가능하다. 곧 축하카드는 바로 당신의 비밀을 지켜주는 누군가와 같은 친구, 결코 비밀을 누설하지 않을 친구, 고문을 당해도 뇌물의 유혹을 당해도 절대로 비밀을 지켜 줄 수 있는 친구, 또 당신이 해변가로 떠밀려 온 고래처럼 흉물스러운 모습으로 나온 사진을 보면 얼른 찢어 없애 줄 수 있는 친구, 당신이 말하고 있는 것을 사실은 당신도 모른다는 것을 알고 있지만 독자적으로 결론을 내리도록 내버려 둘 수 있는 친구, 당신과 똑같은 식단으로 식사를 하고 똑같이 그단둘 수 있는 친구라는 것이다.

오늘날 포스트모던 문화는 컴퓨터의 발달로 인하여 빠른 속도로 진행되고 있다. 이 문화는 전통의 가족 질서와는 어울리지 않는다. 프랑스 학자 삐에르 바뱅(Pierre Babin)은 "포스트모던 문화가 극에 달하면 '우정'만이 가장 안전한 진실이라고 여기게 되며 미래의 관계는 우정과 소그룹의 관계로 발전한다"고 말했다.[10]

현재 성인의 40%가 독신이다. 이 비율은 금세기의 어느 때보다도 높은 수치이다. 예수님은 결혼을 사회적 관계의 기초적 토대(막 10 : 2~12)라고 했고 결혼하지 않은 삶에 관해서도 말씀하고 있다

(눅 10 : 4, 막 10 : 29). 사실, 참 가족에 대한 예수님의 이야기(마 12 : 46~50, 막 3 : 19~21, 31~35, 눅 8 : 19~21)[11]는 "누구든지 하나님의 뜻대로 하는 자는 내 형제요, 자매요, 모친이니라"(막 3 : 35)라는 말씀에서 찾아 볼 수 있다. 미래에는 결혼하지 않고 우정으로 맺어지는 관계가 훨씬 더 중요하게 생각될지도 모른다.

시편 기자는 냉소적이고 조소적인 사람들은 '혼자서' 오만한 자의 자리에 앉게 된다고 암시하고 있다(시 1). 이러한 사람들에 대해서, 프란시스 베이컨(Francis Bacon)은 자신의 심장을 갈아 먹으며 축제를 즐기는 어리석은 사람들이라고 실감나게 묘사했다.[12] 모세가 혼자서 모든 것을 처리하고 친구들의 도움을 구하지 않았을 때, 장인 이드로가 "그대와 그대와 함께 한 이 백성이 필연 기력이 쇠하리니"(출 18 : 18)라고 충고한 것처럼 친구 없이 혼자 일을 하는 사람은 지칠 수밖에 없다.

실제로 친구들이 당신의 생명을 구할 수 있다. 세계 도처에서 행한 다양한 실험 보고서에 따르면 사회적으로 따뜻한 유대관계를 갖고 있거나 안정된 인간관계를 맺고 있으면 면역기능이 강화되고, 삶의 질이 향상되며, 암과 관상동맥 질병으로 사망할 확률이 낮아지고, 나이에 비해서 육체적, 정신적으로 건강하게 된다고 한다.[13] 한 연구에 의하면 사람이 소그룹 활동에 참여할 때, 생명이 연장되고 질병에 대한 면역성이 강해진다고 한다.[14]

사람은 우정을 필요로 하는 존재다. 그래서 남녀를 불문하고 사회적으로 인정을 받지 못하고 사교적 관계의 빈약이 곧 죽음과 질병의 부분적인 원인이 될 수도 있다.

중년 남자들을 대상으로 다음과 같은 여론조사를 해보라. 먼저 가장 가까운 친구들이 누구인지를 물어보라. 많은 사람들이 자신의 삶을 깊게 회고할 때 결국 "나에게는 가까운 친구가 하나도 없는 것 같아요"라고 말할 것이다.

> 친구가 없는 사람은 비록 다른 좋은 것을 다 가졌다 하더라도 생명이 없는 것이다.
> — 아리스토텔레스

법조계에서 가장 높은 지위까지 출세한 사람들이라면 아마 모든 것을 소유하고 있을 것이다. 넓은 집, 비싼 차, 상류 클럽, 무료로 제공되는 교제비 등등. 그러나 대개 높은 지위까지 올라간 사람들은 훗날 자신들의 인간관계에 대해서는 비싼 대가를 치루어야 한다. 처음에 그들은 우정을 뒷전으로 여겼을 것이다. 그들에게 있어서 우정이란 전략적인 사업관계일 뿐이다. 마침내 우정은 부자연스럽고 인위적인 것이 된다. 물질적인 것에 치중하고 관계적인 것이 약해질수록, 우정이나 유대감을 강화하는 일들을 소홀히 여기게 되며, 결국 우정을 만드는 감정이 약화되어, 끝내 수명을 단축시키는 데까지 영향을 줄 수도 있다.

어느 대학의 총장이 우정을 주제로 강연해줄 것을 부탁 받았다. 그 총장은 머뭇거리다가 더듬더듬 말을 했다. "나에게는 우정에 대해서 말할 것이 하나도 없어요."[15] 가입한 단체도 많고 아는 사람이 많음에도 불구하고 우정에 있어서는 보잘 것 없는 사람이었다.

한 연구에 의하면 많은 사람들이 애정을 주고받는 것에 익숙하지 않다고 한다. 또 사람들은 서로에게 호감을 갖게 하는 말을 나누는 것도 꺼려한다고 한다. 사람들은 서로에게 진실로 도움이 되는 얘기는 잘 하질 않는다. 사람들은 완전한 우정을 만들려고 하지 않는다. 많은 사람들이 진정으로 가깝다고 느낄만한 우정을 갖고 있지 않다.[16] 평생을 같이하는 우정, 진정한 우정은 드물다. 그래서 많은 사람들이 최고로 높은 자리에 올랐을 때 갑자기 외로워지고 좌절하는 것이다. 그러므로 예수님께서 말씀하신다.

세상을 다 얻고도 영혼을 잃으면, 무슨 유익이 있는가?

세상을 다 얻고도 평생을 사무실에서만 보낸다면 무슨 유익이 있는가?

세상을 다 얻고도 매일매일을 골프장에서만 보낸다면 무슨 유익이 있는가?

세상을 다 얻어도 좋은 친구 하나 얻지 못한다면 무슨 유익이 있는가?

세상을 다 얻고도 기쁨을 얻지 못하면 무슨 유익이 있는가?

세상을 다 얻고도 백합이 장미보다 향기롭지 않다고 생각한다면 무슨 유익이 있는가?

세상을 다 얻고도 영혼을 잃으면 무슨 유익이 있는가?

여자들과 비교해 볼 때 중년의 남자들은 사교적인 말이나 관계를 부드럽게 하는 말재주가 현저하게 떨어진다.[17] 최근 남성들이 남성 유대성과 '지위찾기운동'이나 '약속지키기운동' 등에 몰두하는 것은 관계성의 결여와 정서적으로 부족하고 무능력하다는 것을 깨닫기 시작했기 때문이다. 남자들도 친밀감을 형성하는 능력을 개발하기 위하여 노력하고 있고 민감하다는 것을 정직하게 보여줄 필요가 있다는 것을 알게 된 것이다.

아틀란타의 어떤 기업가도 한때 인간관계를 맺는 것에 실패했지만 현재는 이것을 극복하고 성공적인 삶을 살고 있다. 친밀한 관계의 기쁨을 맛본 그는, 사업에 너무 몰두한 나머지 친구를 사귈 시간조차 없는 사람들에게 1,200달러를 받고 친구를 찾아주는

일을 하고 있다.[18]

사회적 고립은 면역 체계에 부정적인 영향을 미친다. 우정의 폭이 넓은 사람은 질병이나 정신적 충격을 이겨내는 능력이 보통 사람보다 훨씬 우수하다. "여러 나라에 사는 수백 명을 대상으로 10년간에 걸쳐 연구한 결과에 의하면 개인적인 인간관계가 돈독한 사람일수록, 면역기능이 훨씬 뛰어나다." 이것은 오하이오 주립대학의 정신과 의사 쟈니스 키콜트 글래서(Janice Kiecolt-Glaser)의 주장이다. 면역체계 연구가인 그녀의 남편 로날드 글레서(Ronald Glaser)는 사람이 육체적 질병에 걸릴 때 스트레스가 면역체계에 얼마나 영향을 주고 있는 지를 연구하고 있다.[19]

동물이 장기간의 스트레스나 사회적 충격에 노출되었을 때에 면역체계가 어떻게 변하는가를 관찰하는 최초의 실험이 있었다. 이 실험에서 사회적 행동이 우호적이고 털 고르기를 잘하는 개방적인 원숭이가 그렇지 않은 원숭이에 비해서 면역 시스템 손상이 훨씬 적은 것으로 밝혀졌다.[20]

친구가 거의 없거나, 이혼으로 인해서 외로움을 느끼는 유방암 환자들은 면역활동의 수준이 현저히 떨어진다는 사실도 증명되었다.[21] 스탠포드 대학 의료센터의 데이비드 쉬피겔(David Spiegel)은 암에 대한 치료의 한 방법으로 환자들에게 사회적으로 인정받게 하는 방법을 권하고 있다. 이는 생존율과 건강회복을 가장 빠르게 하는 것으로 나타났다고 밝히고 있다.[22] 가장 성공적인 체중 감량 프로그램과 식이요법은 친구들이나 가족들이 파트너로 함께 등록한 경우였다고 보고하는 연구 결과도 있다.[23]

한마디로 말해서 우정이나 사회적 결속감은 실제적으로 환경이 어려워질 때 면역 체계의 약화나 파괴를 미리 막아주는 일종의 예방 접종이다.

　문제가 있을 때 어떤 사람들은 정신건강센터에 등록을 한다. 정신건강센터에 등록하는 이유 중에 한 가지는 그들이 위기를 느꼈을 때 혼자였기 때문이다.

　아미쉬 신앙 공동체(미국의 기독교 공동체로서 현대의 산업 및 기계 문명을 버리고 자연을 가까이 하며 살아가는 공동체. 사람들이 순박하고 신앙심이 깊고 공동체 의식이 높아 지대한 관심을 받고 있다)의 신도들은 공동체 의식이 매우 강해서 사회적으로 새로운 혁신을 하자는 제안에 한결같이 다음과 같은 질문만 한다. "그것이 우리 공동체에 어떤 유익이 있습니까?" 그들은 다른 미국인들에 비해서 우울증에 시달리는 사람이 단지 1/5 정도인 것으로 조사되었다.

　다른 사람과 관계를 맺고 사는 삶은 유익하고 건강한 삶이다. 많은 사람과 건강한 관계를 맺고 있는 '인간 그물망'은 우울증, 질병 심지어 사망을 치료하는 가장 좋은 약이다. 하나님은 '디도와의 만남'을 통해서 치료를 계획하고 계신다. "그러나 비천한 자들을 위로하시는 하나님이 디도의 옴(접촉)으로 우리를 위로하셨으니"(고후 7 : 6).[24]

　바울이 아팠을 때 치료해 주었던 디도는 누구인가? 디도는 그리스 출신의 신사적인 그리스도인이었다. 그는 바울의 여행길에서 선택받은 동료였고 신뢰받는 동역자였다. 고린도 교회에 문제가 발생했을 때, 바울은 디도를 보냈고, 디도는 모든 어려운 문제를 원만히 해결함으로써 그의 목회 능력을 보여주었다. 바울의 치료는 디도가 돌아오고 나서야 비롯되었다. 바울은 누구에게나 디도와의 만남을 허락했기 때문에, 사람들은 디도를 통해서 우정을 통한 치료 능력을 경험할 수 있었다.

당신과 나에게도 디도가 필요하다. 때로는 당신과 내가 디도가 되어야 한다. "사람들은 어떤 한 가지 이유 때문에 당신의 인생으로 들어온다. 그것도 잠시 동안만 들어온다. 길다고 해도 당신이 살아있는 동안만 당신의 인생으로 들어온다. 그러므로 당신이 지쳐 있을 때, 당신은 무엇을 해야 할지를 분명히 알고 있다"[25]고 마이클 벤터(Michelle Ventor)는 말했다. 당신도 누군가에게 디도로서 다가갈 수 있겠는가? 또 누군가가 디도로서 당신에게 다가오는 것을 받아들이겠는가?

어느날 노스캐롤라이나 주, 윌링톤 시에 있는 연합신학교 총장이 끔찍한 광경을 목격하였다. 경미한 자동차 접촉 사그가 나서 차에서 내려 상대편 차로 다가가는 순간 그 차의 젊은이가 자신의 자동차 좌석 밑으로 손을 가져갔다. 그리고 좌석 밑 종이 쇼핑백에서 총을 꺼내 자살을 했다. 총을 쏘기 직전에 그 청년은 총장에게 이렇게 말했다고 한다. "나는 친구가 한 명도 없어."

예수님은 친구들하고만 지내지 않으셨다. 그 시대의 모든 사람과 함께 하셨다. 예수님의 생애에서 얼마나 많은 우연한 만남이 일어났던가를 생각해보라. 예를 들어 한낮에 사마리아 우물가에서 만났던 여인을 생각해보라(요 4 : 6~26).

요한복음의 파피루스 사본 중에 하나는 예수님과 제자들이 성전에서 어슬렁거리는 광경을 보여주고 있다. 예수님께서 제자들과 함께 성전 마당을 가로질러 정결케 하는 장소로 들어오셨다. 레위라는 이름의 바리새파 대제사장 하나가 주님과 제자들 속으로 끼어 들어와 이렇게 말하였다. "누가 당신에게 이 정결한 장소를 밟을 권리를 주었소? 이 물로 목욕해서 정결케 되지도 않았을 뿐만 아니라 발조차 씻지 않은 당신과 당신의 제자들에게 누가 이 신성한 집기들을 바라보라고 하였소?" 이때 예수님께서 대답하셨다. "나는 깨끗하다. 나는 이미 다윗의 우물에서 목욕을 했다." 사실 그 바리새파 대제사장이 목욕했던 물은 개나 돼지가 누워 놀던 물이다. 그리고 창녀들과 부정한 여인들이 씻고 목욕했던 물이었다.

예수님은 한가롭게 배회하시면서 예루살렘에서 반복되는 모순된 일을 지켜보셨다. 시인들은 이것을 가르쳐 '거룩한 배회'라고 불렀다. 사실, 찰스 바우더라이레(Charles Baudelaire)는 한가롭게 배회하는 배회자만이 오늘날의 삶을 제대로 경험할 수 있다고 말했다. 이것을 빈둥거림, 어슬렁거림, 게으름 피우기라고 비난해도 우리들은 때때로 그렇게 할 필요가 있다.

예수님은 인간이 인과관계로 이루어진 우주 속에 살아가고 있지 않음을 아셨다. 우리는 복잡하게 연결된 우주 안에 살고 있다. 그 연결은 모든 장소가 연결되어 있는 전기선 같은 것이 아니다. 그것은 어린이 스타가 텔레비전 이미지 광고에서 "미래를 향한 길이 있습니다. 이 길은 두 지점만이 연결된 길이 아닙니다. 이 길은 모든 곳으로 갈 수 있도록 연결되어 있습니다. 그럼에도 이 길은 지금 이 시간 '이곳'에서 '그곳'까지 갈 수 있는 길도 아닙니다. 이 길은 거기에는 없기 때문입니다. 이 길은 다만 지금 이곳에만 있을 뿐입니다"라고 한 말과 같다.

'이곳'의 연결구조와 '그곳'의 연결구조는 같다. 이 연결구조에는 아무 것도 우연히 일어나지 않는다. 거기에는 우연이란 없다. 모든 것은 다른 것들과 연결되어 있다. 사실 삶에는 우연이란 없다. 우리가 도착하게 될 미래는 우연히 도착한 것이 아니다.

예수님께서 말씀하신 '한밤에 찾아 온 친구의 비유'(눅11 : 5~8 : 그의 강청함을 인하여 일어나 문을 열어주리니 두드리라 그러면 열릴 것이라)는 베토벤의 놀라운 고백이 되었다.

하루는 베토벤이 누군가가 이웃집 문을 세차게 두드리는 바람에 잠에서 깨었다. 그 사람은 '쾅쾅쾅쾅!' 하고 네 번 문을 두드렸다. 그리고는 잠시 멈췄다. 그리고 다시 네 번를 쾅쾅거리며 두드렸다. 그리고 멈췄다. 그리고 두드리고… 멈추고…. 마침내 그 사람은 문 두드리는 것을 포기했다.

그러나 베토벤은 그 소리에 벗어날 수 없었다. 이 네 번의 두드림이 그의 머리 속에서 계속되고 있었다. 그는 잠을 잘 수가 없었다. 그 소리를 머리 속에서 몰아낼 수 있는 유일한 방법은 5번 교향곡을 쓰는 길 밖에 없었다. 그래서 5번 운명 교향곡에서는 그 사람이 두드린 것과 같은 두드림이 계속해서 반복되는 것이다. 계속적으로 반복해서, 그러나 그때마다 새로운 색채로 두드리는 것이다.

물리학자들은 우리의 내적 존재를 우주 자체로부터 분리시키는 모든 울타리들을 실제적으로 해체시키고 있다. 당신이 호흡하는 공기를 소유할 수 없는 것처럼 당신 신체의 어느 한 부분도 소유할 수 없다. 우리는 우주의 일부분이고 우주는 우리의 일부분이기 때문이다.

우리와 연결된 우주 속에 우리가 살고 있다는 것은 역설적이다. 우리가 우주에 대해서 더 많이 알게 될수록 우리 앞에는 더 넓은 우주가 나타나며, 하나님은 더욱 위대하게 보이게 된다. 그와 동시에 우리의 존재가 얼마나 미약한지를 알게 된다.

우리는 이와 같이 신비스러운 우주 속에 살고 있다. 천체 물리학자들도 이 우주의 신비함에 머리를 숙인다. 과학은 우주 공간에서 블랙홀의 크기를 측정할 때 무용지물이 된다. 여기에 대하여 워싱톤 대학의 천문학자 브루스 H. 마곤(Bruce H. Margon)은 "우리는 우리가 우주에 대해서 90%는 모른다는 것을 인정할 수밖에 없습니다"라고 말한다.[26]

우리는 빛을 타고 10만 년을 날아가야 한 끝에서 다른 끝을 여행하는 광활한 은하계 속에 살고 있다. 빛의 속도는 1초에 30만 킬로미터이다. 우주 안에는 이와 같은 은하계가 얼마나 많이 있는지 아무도 모른다. 이것을 하나님께서 만드셨다.

우리는 적어도 최소한 200조에 조를 곱한 만큼의 많은 별들이 있는 우주 속에 살고 있다. 해변가에 있는 모래 알갱이들의 숫자와 맞먹는다.

우리가 살고 있는 행성의 신비는 엄청나다. 한 티스푼의 물이 가지고 있는 원자의 수는 대서양이 가지고 있는 소금의 양을 같은 티스푼으로 세었을 때보다 세 배가 많다.

물리학자 찰스 미너(Charles Misner)는 우주가 너무 신비롭기 때문에 아인슈타인(Einstein)이 근본적으로는 가장 종교적인 사람이면서도 기존의 종교형식을 거의 필요로 하지 않았다고 한다. 아인슈타인은 설교자들이 하나님에 대해서 말하는 것을 직접 보았을 뿐만 아니라 오히려 설교가들이 신성모독을 하고 있다고 느꼈을 것이다. 그는 우주를 보면서 설교자들이 상상하는 것보다 훨씬 더 큰 우주의 위엄을 느꼈다.[27]

우리가 우주에 대해 탐구하면 할수록, 우리 주변에서 일어나는 일이 무엇이며 우리가 누구인지를 더 잘 알게 되며, 하나님께서 얼마나 두렵고 탁월하신 분이신지를 깨닫고 놀라게 된다. 동시에 하나님은 우리 안에 계시고, 우리를 보호하고 계심을 알게 된다. 이 광활한 우주에서 한 개인이 왜소하게 느껴지면 질수록, 인간인 우리가 얼마나 위대한 것을 품고 있는지를 깨닫게 될 것이다.

모든 것은 다른 것들과 연결되어 있다. 에이즈(AIDS)의 출현조차도, 몇몇 사람들의 주장처럼 열대지방의 생물계의 파괴와 관련되어 있다. "알려지지 않은 바이러스가 지구의 적도지방 광야에서 나와서, 인류에게 나타났다. 그것은 아마도 열대 생태계의 파괴에서 비롯된 듯하다. 에이즈를 '비 내리는 숲의 복수'라고 불러도 좋을 것이다."[28]

우간다 나미렘베 앵그리칸 교구의 보건 공무원인 아가사 수임바(Agatha Seuimba)는 에이즈라는 재앙에서 이 대륙을 지키기 위해서 노력하는데 "아마 우리 모두가 에이즈에 감염되지는 않을 것이다. 우리는 서로의 건강을 살펴야 한다"라고 말한다.[29]

많은 사람들은 대기실에서 오래 기다리는 것을 싫어한다. 그러나 예수님은 그분의 사역기간을 기다리면서 보냈다.[30] 이 기간이 외견상으로는 아무 것도 일어나지 않는 것처럼 보이는 순간이었지만 가능성으로 가득찼던 때였다.

마르다와 마리아가 요리를 하고 청소할 때도 예수님은 그들과 어울리셨다. 저녁식사에 초대 받으면 일찍 도착해서 늦게까지 계셨다. 예수님은 목적지까지 나귀나 배를 타고 갈 수도 있었지만 천천히 걸어가는 쪽을 택하셨다.

찰스 핸디(Charles Handy)가 그의 글에서 다음과 같은 말을 한 것은 역설적이긴 하지만 어느 정도 공감이 간다. "어떤 사람들은

> 우리가 시간을 허비하는 것에 대하여 도덕적으로 생각한들 아무런 유익이 없다. 허비된 시간은 영혼을 위해 좋은 시간이 된다.
> —토마스 모어[32]

일과 돈은 갖고 있으면서도, 여가 시간은 거의 없다. 반면에 어떤 사람들은 일거리도 돈도 없으나 모든 시간을 여유롭게 즐긴다. 게으른 사람들은 전자의 상황을 특권으로 보기보다는 저주로 생각한다. 왜냐하면 그들은 패자의 길을 선택하는 경향이 있기 때문이다."[31]

X세대는 돈 대신에 시간을 선택하기 때문에 '게으름뱅이' 라는 말을 듣고 있다. 「게으름뱅이들의 지침서」(The Official Slacker Handbook)는 "만일 당신이 우리 경제 사회에서 톱니바퀴같은 일원이 되기를 거절한다면 당신은 아마도 굉장히 많은 시간을 손에 쥐고 있는 구경꾼이 될 것이다"라고 말한다.[33]

오늘날 나타나는 긍정적인 사회 변화 중 하나는 연령이나 지위, 빈부격차를 막론하고 사람들이 다람쥐 쳇바퀴 도는 듯한 무의미하고 지루한 삶을 버리고, 적게 벌더라도 스트레스를 덜 받고 한가한 생활방식을 선택하고 나아가 온갖 종류의 영성 탐구를 하는 일에 관심을 갖기 시작했다는 것이다.[34] 예수님처럼 영적인 여행을 하기 위하여 숙련된 직업을 버린 사람들이 점점 더 늘어나고 있다. 그들은 돈을 적게 벌더라도 노동시간을 줄일 수 있는 직업을 선택하며, 집 밖에서 하는 일이나 단순히 일만 하는 생활을 포기하고 보다 많은 시간을 가족에게 투자하는 경향이 있다. 또한 사회적 목적이나 시민의 권리를 찾는 가치있는 일 등에 시간을 투자하고 있다.[35]

「과로하는 미국인」(The Overworked American)이란 논문을 발표했던 줄리에트(Juliet B. Schor) 박사도, 지난 날 일에만 매달렸던 일 중독자들이 이제는 점점 가족이나 친구들과 어울리고 보다 질 높은 인생을 선택하는 방향으로 미국인의 정서가 바뀐다고 했다.36)

> 수십 년의 인생도
> 한 뼘으로 잴 수 있는
> 순간적인 사건과 같다.
> -존 마네 피트

　아이들처럼 즐길 수 있는 열려 있는 시간과 공간의 필요성이 건강 발달에 점점 더 중요하다고 여겨지고 있다.37) 여가 시간조차 한가롭게 보내지 못하고 각종 활동과 현안 문제로 가득찬 세상에서 받는 압박감이 사람들의 상상력을 빼앗아 왔다. 가족이나 이웃들과 어울릴줄 모르고, 때로는 여유롭게 사랑방같은 곳에서 시간을 보내지 않는다면 우리는 우리의 공동체나 우리의 삶 속에서 상상을 위한 자리를 가질 수 없게 된다. 하나님과 어울릴 줄 모른다면 하나님의 영성을 부어 받는 경험은 없다. 우리들의 삶에서 현재에 봉사할 줄 모른다면 영원히 봉사할 수 없는 것과 마찬가지이다.

　전기문명과 전기불은 대합실(waiting room)을 작업실(work room)로 바꾸어 버렸다. '미래의 사무실'의 분위기는 지난 날 노동을 착취하던 공장의 분위기와 유사하게 될 것이다. 앞으로는 관리감시체계를 훨씬 넘어선 고도의 감시체계가 사무직 노동자들을 위협할 것이다.

　커트 써플리(Curt Supplee)는 1990년 1월 「워싱톤 포스트」지의 사설에서 "우리는 상처 입은 미래를 보았다"라고 말했다. 정보화 시대는 산업화 시대보다 훨씬 더 사람들을 일터에서 뿐만 아니라 가정에서도 속박할 것이다. 이제 당신은 공항에서 호출기를 차고, 모뎀과 핸드폰과 휴대용 팩스와 PCS 등을 신체의 각 부위에 주렁주렁 매달고 다니는 관광객들을 볼 것이다. 전자칼라(Electronic Collars)들은 쇠사슬보다 훨씬 강력한 것으로 우리를 노예로 만들 것이다.

시인 테드 휴지스(Ted Hughes)는 잔디 위의 개똥지바퀴를 묘사한다. "개똥지바퀴의 가느다란 다리가 부러져서 흔들리게 되었다. 개똥지바퀴는 그 순간을 잡았다. 그리고 갑자기 부리로 상처를 물고 그 귀찮은 물건을 뽑아버렸다."[38]

예수님은 현재의 순간을 붙잡을 수 있는 주인이시다. 예수님은 가장 좁고 막혀 있는 장소를 가장 광활하고 조망이 좋아서 현세와 내세까지 볼 수 있는 장소로 열어주신다. 예수님은 영생의 우물을 팔 수 있으며 그곳에서 영적인 진리의 샘물을 퍼주실 수도 있다. 예수님은 어디서든지 또는 무엇을 가지고서든지 그 형편과 처지에서 출발하실 수 있었다. 결국 그곳으로부터 궁극적이고 보편적인 진리에 도달하신 예수님은 부활하신 후에 엠마오로 천천히 걸어 가시다가 길에서 두 제자를 만났다. 그들은 예수님이 누구인지 알아보지 못했지만 예수님은 오래도록 그들과 함께 영적인 대화를 나누었고, 저녁식사를 하셨다. 그리고 그들의 미래를 변화시키셨다. 제자들은 길 위를 함께 걸었던 사람이 누구인지를 알았을 때 비로소 참다운 변화가 일어났다.

인생에 있어서 중요하지 않은 순간은 없다. 모든 순간은 미래와 어떤 긴 선으로 연결되어 있다. 어떤 것은 '인생'이라는 선에 어떤 것은 '영원'이라는 선에.

동심의 세계로 3
돌아가라

「뉴요커」지에 아래의 내용이 담긴 만화가 실린 적이 있다.

사람들이 지나다니는 길에 산타클로스가 모형으로 단든 굴뚝 옆에서 작은 종을 울리며 서 있었다. 그 옆을 지나가던 한 소녀가 산타클로스를 보고 "나는 더이상 산타클로스를 믿지 않아요"라고 말했다. 산타클로스는 "아무래도 괜찮다. 나도 더이상 아이들을 믿지 않으니까"라고 대답하는 내용이었다.

다른 만화에는 이런 장면도 나온다. 미국인들이 지키는 기독교 전통 중에는 일 년에 한 번, 온 가족들이 말구유 둘레로 모이는 행사가 있었다. 어느 크리스마스 이브에 한 화목한 가족이 이 전통에 따라서 말구유에서 예배를 드렸다. 밝게 빛나는 촛불과 아기 예수를 위한 생일 케이크와 크리스마스 트리 등 화려하게 장식된 것들에 넋을 잃은 세 살짜리 꼬마는 예배가 끝날 때까지 참을 수 없어서 어른들에게 가서 옷자락을 붙잡고 "메리 크리스마스! 메리 크리스마스! 메리 크리스마스!"라고 말했다.

나는 어른들의 대답을 듣고 깜짝 놀랐다. 그들은 한결같이 "응, 그래. 착하지, 좀 얌전히 있을래?"라고 말했을뿐 진정으로 "메리

> 아이들을 저버리는
> 사람은 나를 쓰기엔
> 너무 늙어 버렸다.
> - 스탠리 쿤츠

크리스마스!"라고 대답하지 않았다. 어느 누구도 이 어린 아이의 "메리 크리스마스!" 인사의 가치를 모르는 것 같았다.

우리는 어린이들을 무시하는 경향이 있다. 교회생활을 연구하는 학자들은 어린이 전도보다 더 쉬운 전도방법은 없다고 한다. "어린 아이가 내게 오는 것을 막지 말라." 우리는 이 성경구절을 암송을 한다. 그러나 그 뒤에 단서를 붙인다. "그러나 주일 아침 11시 만큼은 삼가도록 하라. 그 이후 다른 시간은 약속해도 좋다."

어른 중심의 교회는 "천국은 어린이들에게 허락되었다"는 예수님의 선포를 '어린이' 라는 말을 '어린이와 같은 사람' 으로 바꿔 버렸다.

나는 어느 주일날 아침 예배에 있었던 일을 잊을 수가 없다. 목사님이 기도해줄테니 기도제목이 있는 사람은 말하라고 성도들에게 묻자 초등학교 3학년 학생이 큰 소리로 "내 동생이 급성인후염에 걸렸어요"라고 말했다. 이 말을 들은 성도들은 모두 큰소리로 웃었다. 어린이의 기도제목은 다른 사람들의 기도와 달리 거룩하지도 정직하지도 않은가? 그럼 누가 기도를 요청할 수 있겠는가?

어린이는 그 시대의 문화에서 가장 좋은 것과 가장 나쁜 것을 꾸밈없이 말할 수 있다. 자기 자신의 일에 너무나 열중해 있어서 자녀들이 죽음에 이르도록 방치했던 어머니들에게 물어보라. 어린이들은 포스트모던 문화의 가장 나쁜 점을 알려 주기도 하는데 포스트모던 문화 자체가 어린이들에게는 적대적이다. 프린스톤 대학의 사회학자 로버트 부스나우(Robert Wuthnow)는 중류 계층의 한 어머니와 자녀 사이에 오고간 대화를 그 예로 제시한다.

어느 날 저녁 줄리 바인스가 워드프로세서를 치고 있을 때, 아홉 살 된 아들이 "엄마!" 하고 불렀다. "만일 강아지가 한 마리 있고 엄마가 그 강아지를 정말로 사랑한다면, 돈을 벌어 강아지에게 예쁜 집과 최고로 맛있는 음식을 사주려고 열심히 일만 하는 것이, 강아지랑 한 번 놀아주는 것보다 더 좋은 것이라고 생각하지는 않으시겠죠?"[2]

이 이야기는 우리의 아이들이 얼마나 고통스런 세상 속에서 살고 있는지를 대변해 주고 있다. 「우트네 리더」(Utne Reader) 지는 '1993년에 가장 많이 검색된 이야기' 중에 한 가지로 '아이처럼 지내는 것은 당신의 건강에 해롭다'를 선택하였다. UN아동기금의 1993년 보고를 인용한 관련 기사에 따르면 선진산업국가의 유아 살해 희생자 10명 중 9명은 미국인이라고 한다.

「성, 경제, 자유와 공동체」라는 책은 오늘날 우리의 교육제도를 이해하는 방법으로 16개 항목을 제시하고 있다. 그중 이번에 소개하는 14~16항은 오늘날 우리가 자녀들을 다루고 있는 방법을 직접적으로 보여주고 있다.

14. 가장 중요한 문제는, 아이들에게 좋은 것을 교육하는 것을 방해하지 않도록 하라. 어린이들은 우리들의 미래다. 그들에게 많은 돈을 투자하라. 그러나 어린이들과 함께 집에 머무르지 말고 그들의 일에 너무 많이 관여치 말라. 어린이들에게 과제를 주지 말라. 그들은 영리하여 스스로 무엇을 해야 할지 생각할줄 안다. 그들을 끔찍하고 어리석고 억압적인 교훈으로 가르치려 하지 말라. 텔레비전을 많이 보게 하고 전자레인지로 요리한 음식을 먹게 하고 낮에는 탁아소에 맡기고, 컴퓨터와 오락게임을 많이 하게 하고, 자동차까지 사주어라. 이렇게 하면 아이들은 우

리들을 사랑하고 존경하며, 어른이 되면 기꺼이 우리에게 진 빚을 갚을 것이다.

15. 큰 학교가 좋은 학교다.
16. 그들이 집에 들어오기 전에 그들의 기분을 달래 주어라.[3]

'연간 어린이 회계보고'는 미국의 어린이들 중에 얼마나 많은 아이들이 비참한 상황에 놓여있는지를 보고하고 있다. 그들 중의 6%(총 4백만 명으로 이들 중에서 84%는 흑인이나 라틴 아메리카계의 아이들이다)는 황폐해진 사회와 경제적 불평등 속에서 자라나고 있고 대부분의 이웃이 가난, 폭력, 실업, 퇴학을 경험한 사람들이라고 한다.

미국 어린이의 빈곤율은 다른 선진국보다 2배 이상 높다. 터프츠 대학이 실시한 조사에 의하면 2천만 명의 미국 어린이가 매일 저녁을 굶는다고 한다.[4] '가족과 일자리 연구소'에서 1994년에 실시한 조사에 의하면 양육기관이나 보육원에 맡겨진 어린이 중에 35%가 정신과 육체적 발달에 치명적 손상을 주는 영양실조 증상을 보이고 있다고 한다. 8만여 개의 어린이 보호기관 중의 60%가 교회이다. 그러나 그중에서 15%만이 어린이들에게 집을 제공해주고 나머지는 예배당 안에서 재운다.[5]

비행기 여행시 승무원은 승객들이 탑승하기 전에 혼자 여행하는 어린이들을 태운다. 교회는 어린이들의 피난처가 되어 주어야 한다. 그렇게 하면 그들은 교회에서 받았던 친절을 평생동안 기억할 것이다.

앤드류 샌스트롬(Andrew Sandstrom)은 미네소타 주의 루터교회 고아원에서 일하는 목사인 그의 아버지를 늘 자랑스럽게 생각한다. 그가 어렸을 때 아버지는 예배를 마친 후에 사람들과 인사를 나누곤 했다. 그때 그는 아버지의 주름진 검은 사제복을 비틀거나 그의 머리를 부드러운 사제복 안에 묻곤 했었다. 아버지가 돌아가신 지금 앤드류는 "나는 그때 아버지의 사제복 안에 있는 것이 세상에서 가장 안전하다고 생각했어요"라고 눈물을 흘리며 고백한다.[6]

이처럼 안전한 피난처를 제공하는 것, 이것이 교회가 해야 할 일이다.

바울은 고린도 교회 교인들에게 어린 아이와 같은 것을 버리라(고전 13 : 11)고 가르쳤는데, 어떤 사람들은 이것을 문자적으로만 해석한다. 그래서 당시 고린도 교회 교인들과 어떤 초대 교회 교인들은 예수님의 어린 시절을 없애버렸고 예수님의 어린 시절은 헤롯의 아동학대정책에 의해 목숨의 위협을 받으면서도 마리아의 품에서 평화롭게 잠자는 아이로 아주 짧게 묘사했다. 그리고는 곧바로 예루살렘에서 랍비들과 철학적인 논제를 토론하는 소년으로 등장시킨다.

초대 교회는 예수님의 유년 시절보다도 탄생에 더 많은 관심을 보였다. 예수님의 탄생에서 세례받기까지의 기간, 즉 예루살렘에서 요단 강에 오시기까지는 복음서 기자가 관심을 가질 만한 일이 거의 일어나지 않았던 것처럼 느끼게 한다.

그러나 복음서가 예수님의 유년 시절에 대하여 적게 언급했을지라도 그 속에는 분명히 '아이들은 어른들의 아버지'라는 암시가 숨어 있다. 마태는 요셉이 예수라는 이름을 붙였다고 전한다(마 1 : 25). 유대 문화에서 아버지의 자격은 혈연에 의해서 자연스럽

> 실로 내가 내 심령으로
> 고요하고 평온케 하기를
> 젖 뗀 아이가
> 그 어미 품에 있음 같게 하였나니
> 내 중심이
> 젖 뗀 아이와 같도다.
> 이스라엘아 지금부터 영원까지
> 여호와를 바랄지어다.
> -시편 131편 2~3절

게 생기는 것이 아니라 법적으로 주어지는 것이다. 예수님께 이름을 부여함으로써 요셉은 예수의 아버지가 되었고 아이가 사생아라는 소문을 잠재워 버렸다. 비록 그 아이가 자신의 아이가 아니었으며 꿈 외에는 '성령으로 잉태한 아이'라는 증거가 없는데도 불구하고 요셉은 예수님을 자신의 아들로 받아들였다(마 1 : 20). 이런 요셉을 보고 마태는 '의로운' 사람이라고 했다(마 1 : 19).

어린 예수님의 자존감이나 자긍심은 요셉의 의로운 행동에 많은 영향을 받았을 것이다. 요셉이 선하고 예의 바른 사람이었기 때문에 어린 예수님은 자신이 선택되었고 사랑받는 사람이라고 느꼈을 것이다. 아마 요셉은 예수님께 별명을 지어 주었을 것이다. 마가복음 6장 3절에 의하면, 예수님은 랍비가 되기 이전에 한 사람의 '기능공'이었다. 요셉은 예수님을 한 사람의 목공으로 생각하였다. 아마 예수님은 가장 중요한 교훈들, 곧 하나님에 대한 교훈과 학습을 요셉에게 배웠을 수도 있다.

학자들은 예수님께서 하나님을 '아버지'(아바)라고 부른 것을 당시 문화에서는 아주 독특한 것으로 보고 있다. 여성 신학자들은 대체로 유년기에 아버지가 없었거나, 아버지가 아이에게 태만했거나 학대를 했다면 '하나님 아버지'라는 말에 긍정적인 이미지를 갖기가 어렵다고 한다. 이 의견에 의하면 예수님이 하나님을 아버지로 형상화한 것은 요셉과의 관계가 원만했다는 것을 말해주는 것이 된다.

　예수님은 십자가에 달려서 기도하셨다. "아버지여, 저들의 죄를 용서하소서!" 이 말 속에는 자신의 아이가 아니라는 것을 알면서도 자신을 아들로 받아준 요셉에 대한 기억이 영향을 주지 않았을까?

　한 인간으로서 예수님은 마리아의 풍성한 사랑으로 양육되었다. 마리아는 가난했으나 "아기를 조심스럽게 강보에 싸서 구유에 뉘였다"(눅 2 : 7).

　고대 중동지역에서는 여인이 금방 태어난 새 생명을 강보로 감싸는 것은 어머니로서 아기를 양육하겠다는 다짐을 나타내는 것으로 해석했다. 솔로몬도 그의 어머니가 자신을 강보로 싸준 것을 자랑하고 있는데 왕이라도 다른 방식을 통해서는 이 세상에 올 수 없기 때문이다(솔로몬의 지혜서 7 : 4~5).

　천사들은 예수님이 강보에 싸인 것을 구세주가 태어난 표적이라고 말하고 있다. "너희가 가서 강보에 싸여 구유에 누인 아기를 보리니 이것이 너희에게 표적이니라"(눅 2 : 12). 상황에 어울리지 않는 표적! 한 가난한 여인의 아이가 동물의 구유에 왕처럼 강보에 싸여 뉘여졌다는 것, 이 아이러니가 표적이었다.

　그러나 매년 크리스마스 때마다 그리스도인들은 표적을 찾고 있는 자기 자신은 왜 발견하지 못할까? 곧 가난한 아이도 자신의 어머니에게는 왕과 같이 대접을 받으며, 또 받아야 한다는 사실을……

　어린 시절에 박해를 받았음에도 불구하고 예수님은 이 세상에 사는 동안 세상을 결코 박해하지 않았다. 예수님은 세상을 어린 아이의 눈으로 보는 법이 무엇인지를 증명했다. 예수님은 비록 어린이에 대한 어떤 신학 이론을 수립한 적은 없지만 어린이에 대한 높은 존경을 몸소 보여주셨다. 예수님은 믿음의 척도로써 내일에 대해서 염려하지 않고 걱정하지 않는 순진한 믿음을 높이 평가하셨다(마 6 : 25~34).

예수님은 아이들을 가까이 나오게 하셨다.[7] 그분은 지루한 논쟁을 좋아하지 않으셨다. 예수님은 언제나 'CPT'(Can't Play Today) 증후군을 물리치셨다. 몇몇 성경 밖의 설명을 보면(예를 들면 도마의 어린이 복음), 어린 시절 예수님은 진흙으로 비둘기를 만든 후에 "날아가거라"라고 말씀하셨다고 한다. 수년 후 예수님은 여전히 진흙으로 빵을 만드셨다. 또 진흙을 눈먼 자와 병자들에게 바르고는 그들에게 "가라, 네가 나았느니라"고 말씀하셨다.

예수님은 이웃에 사는 어린이들과 친구로 지냈다. 그분은 아이들과 노는 것을 즐기셨다. 어느날은 어린이를 가운데 앉히고 제자들에게 어린이와 놀라고 명하시기도 했다. 예수님은 어린이들의 놀이를 통하여 비유로 말씀하셨고, 어린이들의 가락을 따라 부르셨다(마 11 : 16~19, 눅 7 : 31~35). 그분은 어린이들의 영적인 경험을 칭찬하셨고, 신뢰하고 사랑할줄 아는 어린이의 능력을 가질 것을 늘 권유하셨다.

어떤 성경학자는 '사랑하시는 제자'로 묘사되어 있는 사람을 요단 강에서 예수님이 세례받을 때 옆에 있던 사람이 어른이 아닌 어린 아이이며 예수님에게 떡 다섯 덩이와 물고기 두 마리를 가지고 온 그 어린이와 동일 인물로 본다. 예수님이 어린이에게 준 사랑은 제자들을 당황케 했을 뿐만 아니라 질투심까지 불러 일으켰다. 그들은 어린이들이 아닌 자신들이 예수님의 바로 옆에 앉아야 한다고 생각했기 때문이었다. 그러나 예수님은 어린이를 영적인 순수함의 모델로 권위있고 전형적인 인간에 반대되는 존재라고 말씀하였다.[8] 사랑하는 제자의 배경이 어떠하든지, 예수님이 어린이에게 베푸신 축복은 동시대를 살았던 사람들에게 당혹감과 더 나아가서는 분노까지 불러 일으켰다.

> 그들은 모두 왕을 찾고 있었네
> 적을 쳐부수고 그들을 영화롭게 하실 왕
> 그러나 그는 아주 작은 아이로 오셨네
> 그래서 여인들은 통곡을 하였네.[9]

어린이들은 예수님을 따뜻한 마음과 신뢰하는 마음으로 대한다. 또한 어린이들은 예수님을 사랑하고 함께 어울린다. 우리는 어린이들을 따라 찬양하지 않았던가(손에 종려나무 가지를 높이 흔들며 어린이들이 음악에 맞춰 성으로 향하면서). 그 어린이들은 예수님을 환영하였고 예수님을 가장 중요한 분으로 모셨다('모두 영광과 찬미와 존경을 그에게 드려라. 구속의 왕이시며 호산나 찬양 받으시기에 합당하신 분께'라고 노래하면서).

> 나는 이미 모든 걸 알아버릴 만큼 커버렸다.
> - 피터 팬의 저자인 제임스 베리 경

나사렛 예수님께서 예루살렘에 입성하실 때 제일 먼저 집에서 뛰쳐나와 종려나무 가지를 꺾어 들고 환호하며 융단을 깔던 자들이 아이들이 아니었던가? 예수님께서 "어린 아이들과 같이 되어라고 말씀하신 것은 내가 너희의 삶 속에 들어가서 너희 마음에 내재되어 있는 겁 많고 외로운 어린 아이의 성품을 섬기고 치료하리라'는 의미이다.

> 그날에는 노인들이
> 일곱 살 어린 아이에게
> 생명을 얻을 곳이 어디냐고
> 묻기를 주저하지 않을 것이다.
> 그러면 그는 살게 될 것이다.
> —옥시린쿠스 파피루스¹⁰⁾

예수님의 비유에 나오는 선한 사마리아인처럼 우리의 찢긴 상처를 싸매주고 멍든 자국을 치료할 수 있는 분이 예수님이라는 것을 어린이들은 누구보다 잘 알고 있었다.

사실 예수님에게도 등골을 오싹하게 하는 면이 있다. 환전상들을 채찍으로 휘두르며 내어 쫓은 것(마 21 : 12~13), 확고한 결심으로 돌같이 굳은 표정을 지은 것(눅 9 : 51), 어린이를 변호하는 대목에서 어린이나 약한 사람의 믿음을 떨어뜨리는 자들에게 "연자 맷돌을 달고 깊은 바다에 던져져 죽는 편이 오히려 나을 것이다"(마 18 : 6)라고 혹독하게 말씀하시는 대목이다.

예수님의 사역은 중단된 적이 없었다. 18세기 독일의 신비주의자 노발리스(Novalis)는 이렇게 기록하였다. "어린이는 어른보다 훨씬 영리하고 지혜롭다. 다만 그 아이는 반드시 '아이러니컬한 아이'여야 한다." 예수님께서 제자들에게 했던 "뱀같이 지혜롭고 비둘기같이 순결하라"는 훈계는 바로 아이러니컬한 어린이에 대한 다른 표현인 것이다.[11]

예수님은 어른들에게 어린 아이처럼 되어야 한다고 가르쳤다. 남아프리카 신학자 마이클 맥코이(Michael McCoy)는 예수님의 가르침의 핵심은 "아이처럼 되는 것과 어린 아이의 일을 버리는 것" 두 가지라고 했다. 즉 그리스도의 장성한 분량에 이르기까지 자라기를 추구하는 동시에 내적으로는 어린이다운 상태로 돌아가는 것을 추구해야 한다는 것이다. 만일 어떤 사람이 내적인 성찰은 하지 않고 외적인 성장만 추구한다면 거만한 독재자가 될 것이다. 반대로 어떤 사람이 외적인 성장은 제쳐두고 내적인 것만 추구한다면 그는 유치하고 무능한 어린이같은 사람이 되거나 무책임한 사람이 될 것이다.

그리스도의 장성한 분량에 이르면서, 동시에 어린이다운 상태를 유지해야 한다는 가르침은 발전적인 긴장감을 준다. 즉 자신이 성장하여 자립적인 사람이 되었고 정신적으로도 안정을 유지하게 되었다고 느끼는 그때가 자기 안에 있는 '어린이'를 재발견해야 하는 때이다(막 10 : 15).

그리고 그리스도인들이 가장 의존적이고 상처받기 쉽고 약하다고 느낄 때가 자신이 "그리스도의 장성한 분량에까지"(엡 4 : 13) 자랄 수 있음을 알게 되는 때이다.[12]

"어린이같은 태도로 인생을 바라 보라"고 예수님은 권고하신다. 자신을 사랑스런 어린 아이처럼 생각하고 만나는 모든 사람을 대하라. 어린 아이들은 어른보다 영적인 세계, 천사들과 징조들과 악마와 표적과 소리의 세계에 더 민감하다.

예수님께서 거듭 요구하고 계시는 데도 아직 어린 아이처럼 되지 못했는가? 예수님은 제자들에게 어른화된 성향을 벗는 과정을 겪어야 한다고 하셨다. 그 이유에 대해 안드레 멜라욱스(Andre Malraux)는 예수님이 어른으로서 받는 괴로움을 본능적으로 혐오하셨기 때문이라고 그의 책 「라 콘디션 휴마인」(La Condition Humaine)에서 다음과 같이 밝히고 있다.

> 초보자의 마음에는 여러가지 가능성이 숨어 있다. 그러나 숙련자의 마음에는 가능성이 적다. 예술의 참된 비밀은 언제나 초보자에게 있다.
> ─순류 스즈키 [13]

"당신은 다음 구절을 알고 있습니다. '사람이 되려면, 36주간 걸린다. 그러나 그를 죽이는 데는 단 하루면 족하다.' 그러나 들어 보십시오. 진실로 사람이 되기 위해서는 36주가 걸리는 것이 아니라 50년이 걸립니다. 희생하고 바라고 또 많은 것들을 경험하는 50년… 그리고 그 사람이 완성되었을 때는 거기는 아이다운 것이나 청년다운 것은 조금도 남아 있지 않게 되지요. 그가 어른이 되었을 때는 그에게는 죽는 일만 남게 됩니다."[14]

아일랜드 시인 조지 윌리암 러셀(Georg William Russell)은 다음과 같은 날카로운 관찰을 했다. "유다가 그리스도를 배신한 때는 소년다움을 잃었을 때이다."[15]

우리는 예수님께서 어떤 어린 시절을 보냈는지 잘 모른다. 또한 우리는 예수님의 아버지인 요셉이 어떤 사람인지도 잘 모른다. 마리아에 대한 묘사에도 예수님과 마리아에 관계된 것만이 나오고 요셉에 대해서는 거의 다루지 않고 있다. 아버지 요셉과 함께 있는 예수님의 그림은 거의 없다. 예수님께서 탄생하실 때 요셉이 산파 역할을 했을까? 요셉은 친절하고 사랑이 많았을까? 아니면 쌀쌀하고 애정이 없지는 않았을까?

성경은 이런 질문들에 대해 직접적으로 대답하고 있지 않다. 다만 약혼녀가 임신한 사실을 알고 조용히 파혼하고자 한 것으로 보아서 요셉은 신실한 유대인이요, 동정심이 많은 사람이라는 것을 알 수 있을 뿐이다. 요셉이 죽었을 때, 아마 갓 스무 살이 된 예수님은 네 명의 동생들과 여동생들을 먹여 살려야 하는 책임을 져야 했을 것이다. 예수님의 어머니와 동생들이 나사렛에서 예수님이 설교하시는 도시로 옮겨야 했던 것도 이 때문일 것이다. 아마 친척들과 나사렛 동네 사람들의 나쁜 평판을 없애고자 그렇게 했을 것이다.

"어린 아이 하나가 그들을 이끌게 될 것이다" 하고 예수님께서 말씀하셨다. 많은 미국 원주민들, 예를 들면 푸에블로 족은 그들 중에 가장 연장자와 연소자의 지혜에 의지하여 일을 결정한다. 이 둘의 생각이 하나님의 뜻에 가장 가까운 것이라고 여기기 때문이다.

"교회가 교회 행정회의에 어린이를 참여시킨 적이 있었는가?" 하고 어린이 사역 전문가인 필립스(Philip D. Schroeder)는 질문한다.[16] 우리는 어린이와 같은 이방인들을 내부 요원으로 받아들이기를 꺼리는 경향이 있다. 어린이들은 혁명의 원천일 뿐만 아니라 파괴의 원천이기도 하다. 왜냐하면 아이들의 이상이나 생각은 어른들과는 다르기 때문이다.

문화는 '놀이'라는 비생산적인 활동에서 출발한다. 또 이 놀이가 교회를 형성하는 법인데 놀이는 아이들의 자연스런 습관에서 유래된 것이다. 아이들의 놀이에 참여하는 것은 세상을 배우는 기쁨의 과정에 동참하는 것이다. "산문에 율동감을 주는 놀이가 시이다. 시는 우리 안에 있는 잃어버린 동심을 되찾아 준다"라고 아일랜드 시인 브랜든 커넬리(Brendan Kennelly)는 말했다.[17]

신학자 호레이스 부쉬넬(Horace Bushnell)은 진정한 예배는 노동보다 놀이에서 더 잘 발견된다고 주장했다.[18] "종교는 그 본질상 놀이의 한 형태가 되어야 한다. 예배 드리는 것, 헌신하는 것은 다른 목적을 위해서가 아니라 그 자체가 목적이 되고 기쁨이 되어야 한다." 아우슈비츠의 출입문에 새겨진 "노동이 너희를 자유케 하

> 진실로 너희에게 이르노니
> 천국에는 어른이
> 없느니라
> — 예수 [19]

리라"는 문구도 그럴듯 해 보이지만 사람을 진정 자유롭게 하며 창조성을 낳게 하는 것은 놀이다.

포스트모던 문화는 결혼생활이나 노동이나 목회사역이 놀이라는 패러다임('무엇이든지 즐기라'는 사고방식)에 바탕을 두고 있을 때 훨씬 더 진보적이라는 사실을 이해하기 시작했다.

과학자 데이비드 봄(David Bohm)과 데이비드 피이트(David Peat)는 그들의 공저 「과학, 질서, 창조성」(Science, Order, Creativity)에서 "위대한 사상은 일반적으로 냉정하고 진지한 것에서 비롯된다고 생각하기 쉽다. 그러나 창조적인 놀이야말로 새로운 가설과 아이디어를 창출하는 데 필수적인 것이다"라고 말하고 있다.[20] 로저(Roger von Oech)도 창조성에 관한 그의 훌륭한 저서인 「머리에 스치는 생각」(A Whack on the Side of the Head)이라는 책에서 "놀이는 창조적인 생각을 하는데 필수적이다"라고 결론 짓고 있다. 그는 또한 수천 명의 사람들을 대상으로 가장 창조적인 순간이 언제였는지에 대해서 조사 연구했다. 연구 결과 두 가지 중요한 공통점을 발견했다. 첫째는 문제에 집중하는 것이고, 둘째는 문제를 가지고 즐기며 노는 것이다.

필요는 발명의 어머니일지 모른다. 그러나 놀이는 분명히 그 아버지이다. 대부분의 인생은 당신에게 승패의 조건을 제시한다. 만일 당신이 이기지 못하면, 당신은 모든 것을 잃게 된다. 이것은 대부분의 게임이나 스포츠 경기, 선거, 동전 던지기, 놀음, 논쟁 등 그런 종류의 것에 적용되는 것이다. 그러나 당신이 놀이를 할 때는 또 다른 논리가 거기에 적용된다. 그것은 '승리하거나 승리하지 않는' 논리이다. 이러한 논리를 가지면 실패해서 벌칙을 받게 되는 것이 아니라 그것으로부터 새로운 것을 배울 수 있게 된다. 이 점은 전자의 논리와는 중요한 차이점이 있다. 그러므로 우리가 승리했을 경우에는 승리를 한 것이고, 승리하지 못한 경우에는 새롭게 배우는 것이다. 이것은 기분 좋은 법칙이다. 놀이의 대가로 치르는 유일한 비용은 놀이를 하는데 내야 하는 시간뿐이다.[21]

놀이는 또한 치료에 있어서 필수적인 수단이다. 도로시와 제롬은 「믿음을 만드는 집 : 놀이와 발전하는 상상력」(The House of Make-Believe : Play and the Developing Imagination)이라는 책에서 놀이치료에 대해 다루고 있다.[22] 40년간의 연구 결과를 요약한 이것은 한 권의 책 이상의 가치가 있다. 이 책은 또한 모더니즘에서 포스트모더니즘으로 변화하면서 생긴 현상에 초점을 맞추고 있다. 모던 시대에서 놀기를 좋아하는 것은 눈총을 받는 행위였으며 청소년기에는 부적절하고 기껏해야 유년기에나 적합한 것으로 여겼다. 그렇게 해서 사람의 상상력이나 놀기를 좋아하는 속성을 은근히 제거하였다.

그러나 포스트모던 시대에서는 놀이가 낭비적인 것이 아니라 오히려 투자가치가 있는 것으로 본다. 포스트모던 문화는 전 단계의 문화보다 훨씬 더 놀기를 좋아하는 문화로 변화되었다. 상상력을 이용한 놀이는 아이들이 접하는 혼란과 문제를 해결하는 데 도움이 되며, 또한 그들이 앞으로 인생에서 겪게 될 새로운 문제들(죽음, 탄생, 이혼 등)을 통합하도록 도와 준다. 성인들도 할 수 있는 놀이인 말장난, 수수께끼, 게임 등은 삶에 창조성과 독창성이 생기도록 도와준다.

> 원자물리학을
> 이해한다는 것은
> 어린이들의 놀이를
> 이해하는 것과 같다.
> - 데이비드 크래뉘

이와 같은 이유 때문에 사람이 함께 기도(pray)하는 것만큼 함께 놀이(play)를 하는 것도 중요하다. 그러므로 유희 신학은 매년 새롭게 발전되어야 하며, 교회는 놀이 공동체로 변화되어 친구와 운동장을 되찾아야 한다. 예수님께서 말씀하신 하나님의 나라는 '놀이의 나라'로 놀이를 위한 비싼 장비나 의복이나 기술이 없어도 생명과 웃음이 자연스럽게 흘러 나오는 곳이다.

놀이가 있는 하나님의 나라에는 놀이를 통한 기쁨이 끊임없이 넘치는데, 그 기쁨이 삶의 이유가 되는 것이다. 메릴랜드 주의 한 목사는 '나의 바닷가'라고 부르는 장소를 정해 주기적으로 방문할 필요가 있다고 말한다. 그곳은 본질적으로 놀이 자체가 목적인 곳으로 무엇을 하기 위한 장소가 아니다. 신학자 알베스(Rubem Azevedo Alves)는 "만일 너희가 어린 아이와 같지 않으면"이라는 예수님의 충고는 "삶은 놀이이며, 놀이는 곧 삶이다"라는 말을 다르게 표현한 것이라고 했다.[23]

예수님은 자신의 왕국을 놀이의 왕국으로 제시하셨다. 예수님은 자신의 왕국이 놀이의 왕국이라는 설명 중에도 유대인들과 말놀이로 논쟁을 하셨다. 유대인들에게 유전되어 온 모든 개념 곧 안식일에 대한 개념, 이방인에 대한 개념, 처음 된 자와 나중 된 자 등에 관한 비유 속에는 놀이적 요소가 있다. 예수님은 말유희나 은유로 하는 표현을 즐기셨다. '무엇은 무엇이다'라는 단정적이고 직접적인 표현보다 은유를 통하여, 예를 들면 "천국은 무엇 무엇과 같다"고 하셨다. 그러므로 예수님의 비유는 단 한 가지의 가르침이 있는 것이 아니라 한 가지 이상의 복합적인 의미가 있다. 비유도 놀이적 형태를 취한 일종의 의식적인 형식이었다(사실 여러 가지 방법을 통하여, 공동체 놀이가 의식의 많은 부분을 차지하고 있다). 예수님의 뛰어난 비유들은 대부분 역설적이다. 뒤죽박죽 된 것처럼 보이기 때문에 오히려 오늘날에까지 설득력을 지니고 있다.

나는 수마탕가 주둔지에서 설교를 한 적이 있었다. 거기서 나는 벤과 제리 사의 아이스크림 공장은 오래 전부터 미국에서 일하기 좋은 직장이 되었다고 말했다. 이렇게 말하는 한 가지 이유는 벤과 제리 사의 중역 간부 중의 한 명이 '기쁨의 전도사'라는 직책으로 일하고 있기 때문이다. 이 사람의 일은 직원들을 위한 잔치를 계획하고 노동환경 속에 놀이와 기쁨이 스며 있는지를 살피는 것이다. 설교를 마치고 돌아와서 방문을 열자마자, 나는 서명이 되어 있는 '놀이권 증명서'를 문 아래에서 발견하였다. 나는 이것을 지금까지 소중하게 보관하고 있다. 이 증명서의 전문은 다음과 같다.

증명서

레오날드 I.스위트는
어린 아이와 같이 사는 사람들의 모임에
평생 회원임을 증명합니다.
아울러 위 사람은 다음과 같은 일을
영원히 할 자격을 부여합니다.

◎ 빗 속을 걷기, 물 웅덩이에서 뛰어 놀기, 무지개 따라가기, 꽃 향기 맡기, 비누거품 불기, 길가다가 멈추기, 모래 두꺼비집 만들기, 달과 별이 뜨는 것 보기, 모든 사람에게 "안녕하세요"라고 인사하기.

◎ 연 날리기, 건강한 웃음과 건강한 울음을 잃지 않기, 공포와 슬픔과 열정과 행복한 기분을 느끼기, 걱정 근심 수치심은 그만두기, 순진하기, 예 또는 아니오라고 대답하기, 질문을 많이 하기, 자전거 타기, 그림 그리기, 사물을 다른 각도에서 바라보기, 넘어졌다 일어나기, 동물들과 얘기하기, 하늘 바라보기, 우주를 신뢰하기, 지각하기, 나무에 오르기, 낮잠 자기, 아무 것도 안하기, 공상하기.

◎ 장난감 갖고 놀기, 무엇이든지 간에 뒤집어 쓰고 놀기, 베개싸움하기, 새로운 것을 배우기, 모든 것에 흥미를 갖기, 광대놀이 하기, 음악감상 하기, 물체가 어떻게 움직이나 관찰하기, 새로운 규칙 세우기, 이야기 하기, 다른 구역에 사는 사람과 사귀기, 행복한 일은 무엇이나 하기, 축제하고 휴식하고 대화하고 사랑하고 창조하기.

◎ 건강, 기쁨, 자긍심 갖기.

◎ 용기, 균형, 자발성, 열정, 아름다움, 평화를 즐기기.

위 회원은 해변, 들판, 산, 수영장, 숲, 놀이터, 소풍, 여름 캠프, 생일 잔치, 서커스, 과자 가게, 아이스크림 가게, 잔치 등과 모든 어린이들이 놀 수 있는 다른 모든 장소를 자주 방문해야 함을 공식적으로 선언하며 어린 아이와 같이 사는 사람들의 모임이 가지고 있는 좌우명을 기억하시기 바랍니다.

행복한 동심의 세계로 돌아가기에
늦은 사람은 아무도 없다.

> 아이들은 순진하고
> 정의를 사랑한다.
> 반면에 어른들은
> 대부분 나약하고
> 자비를
> 더 좋아한다.
> -G.K. 체스터톤

「신성한 경치」(Landscapes of the Sacred)라는 책에서, 벨든(Belden C. Lane)은 신성한 장소란 이야기가 있는 곳이라고 말한다. 어린이와 이야기의 관계는 폐와 공기의 관계와 같다. 다행히 작가, 시인, 재담가, 가수, 소설가, 극작가, 배우, 자연 과학자, 음악가, 목사, 교사, 비서, 심리학자, 교수 등등을 포함한 이야기꾼들에 대해서 새롭게 관심을 갖는 덕분에, 어린이들은 보다 자유롭게 숨을 쉴 수 있게 되었다. 예수님은 말씀하시길 좋아하셨고 듣기도 좋아하셨다.

나는 작곡가 리차드(Richard Meale)처럼 지나치게 이야기의 중요성을 강요하고 싶지는 않다. 그는 개개인의 인격보다도 중요한 것이 이야기 자체라고 말한다. 그러나 이것은 계속되는 공허한 이야기일 뿐이다. 그의 오페라 보스(Voss)에는 "이야기는 끝나도 삶은 계속된다"고 말하는 부분이 나온다. 그러나 바이런(Byron)은 그 반대로 말했다. "삶은 끝나도 이야기는 영원히 계속된다."[24]

지옥은 영원한 불이 있는 구덩이만이 아닐 것이다. 하나님조차 지루해 하실 만큼 대화가 없는 곳일 것이다. 반대로 천국은 하나님의 얼굴에 깃든 미소와 그분의 신성한 눈이 반짝이는 것을 바라보면서, 그 성스러우신 분이 우리들의 이야기에 즐거워하는 모습을 볼 수 있는 곳일 것이다. "좋은 이야기야!"라고 하나님은 말씀하실 것이다. "좋은 이야기야, 훌륭하고 믿음이 있는 얘기꾼이군."[25]

니코스 카잔차키스(Nikos Kazantzakis)의 단편 소설 중에는 한 노인의 죽음에 관한 이야기가 있다. 이야기의 줄거리는 이렇다.
 죽음을 앞둔 한 노인이 자신의 죄와 타락한 삶을 수치스러워 했다. 죽은 후에 심판대 앞에 나아가서도 계속해서 두려움으로 떨었다. 예수님은 한마디 말도 없이 앞에 있는 향유 기름이 담긴 그릇에서 향유 한 스푼을 떠서 대야에 넣고 회개하는 노인의 죄와 부끄러움을 깨끗하게 씻겨주셨다. 그리고 예수님은 이렇게 말씀하셨다. "이런 것은 하찮은 일이다. 두려워하지 말아라. 그리고 이제 나가서 즐겁게 놀아라"[26]

매일 조금씩 4
걸어라

　예수님은 산책을 즐겨하셨다. 주님은 어디든지 갈 수 있는 자신의 튼튼한 다리를 신뢰하셨다. 예수님은 갈릴리 바닷가를 거니시다가 형제들을 부르셨다. 그후 그들과 함께 생활하셨고 함께 걸으셨다(눅 5 : 1~11). "나를 따라 오너라"라는 말은 함께 걸을 자를 불러내시는 말씀이다. 주님의 제자들은 발병이 날 정도로 많이 걸었지만 결국은 이렇게 말하고 있다. "예수님과 가장 가까운 친구들이란 힘들고 아프지만 행복한 인생의 길을 그분과 함께 걸어 간 자들이다."
　예수님은 '걷는 것'을 믿음의 '인생 길'을 걷는 것으로 비유하셨다. 수세기를 거듭하면서도 끊임없이 되풀이 되어온 영향력 있는 말 중에 하나를 사도행전 3장 1~10절에서 살펴 볼 수 있다. 바로 성전 미문에 앉아 있던 앉은뱅이가 말한 "나도 걸을 수 있다"이다.
　베드로서에 따르면 예수님께서 부활절 아침에 두 천사의 호위를 받으며 무덤에서 걸어나오시는 것을 보았다고 한다. 여기서는 부활은 다시 걷는 법을 배우는 일종의 물리요법으로 표현하고 있

> 만일 그대가
> 그대의 육신을
> 돌보지 않는다면
> 그대는
> 어떤 집으로
> 들어가서 살려는가?
> ― 마벨 보그스 스위트

는 것 같다. 어쨌든 주님에게 기쁨으로 걷는 것은 건강한 생활을 하는 데 필수적인 것이었다.

아무도 예수 그리스도가 어떤 길을 가실지 알 수 없다. 우리가 원하는 대로 걷는다면 곧 자신이 원하는 길이 아니었음을 알게 된다. 예수님은 넓은 문과 좁은 문을 대조하여 비유하셨다.[1] 당시 넓은 문이란 마차를 탄 사람이나 큰 짐을 실은 수레를 포함하여 도시로 들어 갈 수 있도록 마련해 놓은 중요하고 넓다란 성문이었다. 좁은 문은 보행자나 작은 동물들만 빠져나갈 수 있을 만큼 작았다. 예수님께서는 천국에 들어가고 싶은 사람은 반드시 좁은 문으로 걸어서 들어가야 한다고 가르쳐 주셨다.

아마도 예수님은 걷기 좋아하는 습관을 어머니로부터 배우셨을 것이다. 마리아는 예수님을 임신한 몸으로 인구조사 때문에 90마일이나 걸어야 했다. 마리아는 여성이었으므로 호적을 등록하러 베들레헴으로 가라는 통지를 받지 않았을 것이다. 그럼에도 불구하고 마리아는 요셉과 동행할 것을 자청하였음에 틀림없다.

이스라엘 고고학자들은 예루살렘 외곽 지역에서 초대 그리스도인들이 세웠을 것이라고 추정되는 팔각형 교회의 구조물을 발굴하였다. 이 교회는 마리아가 베들레헴으로 가는 도중에 기대고 쉬었다고 전해지는 바위를 보호하기 위해서 세워진 것이다.

요셉과 마리아는 아기 예수를 죽이려는 헤롯의 음모를 피해 이집트로 피난을 갔는데 예수님은 이런 경험을 통해 여행하는 법을 익힌 것 같다. 결국 예수님은 태어난 후 2~3년을 나사렛에서 베들레헴으로, 예루살렘으로, 이집트로 다시 나사렛으로 옮겨 다니시면서 유년 시절을 보냈다.

예수님은 위대한 도보자이셨다. 예수님은 세례 요한처럼 광야에서 은둔하면서 지내지 않으셨다. 또 당시의 랍비들처럼 특정한 장소에 본부를 차려놓고 사람들이 오기를 기다린 것이 아니라 주님이 먼저 사람들이 있는 곳으로 걸어 가셨다.

읍내, 마을, 혼합 문화가 존재하는 갈릴리의 도시들, 팔레스틴의 도시들, 이방 나라 등 어디든지 가셨다. 예수님은 당나귀, 낙타나 마차 또는 전차 등을 타고 다니시지 않으셨다. 그분은 온 유대를 배회하듯 다니셨다(행 10 : 37). 그분은 유대의 시골 지역과 예루살렘을 걸어다니면서 복음을 전하셨다(행 10 : 39).

예수님은 의학세계에서 'LSD'(Long, Slow, Distances)라고 부르는 처방의 전문가였던 셈이다. 그분은 예루살렘에서 가버나움까지 걸으셨다. 누가 역시 예수님의 걷기를 좋아하는 생활방식에 강한 인상을 받았음에 틀림없다. 그래서 누가는 자신이 쓴 복음서의 절반에 해당하는 분량을 예수님과 제자들의 예루살렘으로 향하는 여행에 할애하고 있다. 예수님은 어느 곳이나 걸어 다니셨다. 그분은 물 위에서 조차 걸으셨다.

예수님은 운동을 하셨다. 몸매를 유지하려고 헬스 클럽을 다니거나 특별한 운동을 하지는 않았지만 예수님에게는 튼튼한 다리가 있었다. 예수님과 아버지 요셉은 건축가였고, 장인이었다. 그들은 돌과 나무를 가지고 건축을 하였다. 아마 둘은 늘 함께 일했을 것이다. 어쩌면 세포리스에 새 도시를 만드는 일에 참여하였을 것이다. 예수님의 초상화에 나오는 그분의 손과는 다르게 실제로는 부드럽거나 매끄럽지가 않았을 것이다. 예수님의 손은 분명히 바람에 트고 못이 박힌 손이었을 것이다. 서른 살까지는 약속된 날짜까지 주문받은 일감을 처리하고, 3년의 공생애 기간에는 친구들의 고기 잡는 것을 도와 주셨다. 밤에는 거친 파도를 헤치며 노를 젖고 낮에는 그물을 기우셨다. 예수님의 손은 분명히 거칠었을 것이다.

예수님께서 가르치고, 치료하고, 선포하는 사역을 위하여 건축일을 그만두셨을 때, 예수님께서 어떤 체조와 운동을 특별히 좋아하셨는지에 대해서 알려져 있지는 않지만 그분은 건강한 육체를 소유하고 계셨다. 예수님은 운동의 중요성을 잘 알고 계셨다.

고대 그리스인들이 갖추어야 할 두 가지 교양 중에 한 가지는 스포츠나 운동 경기였다(다른 한 가지는 철학이었다). 그러나 예수님께서 특별한 운동을 했다는 기록은 없으며, 또 운동 경기를 소재로 비유한 적도 없으시다.[2] 그렇다고 성경에 운동경기 자체를 반대하는 구절이 있는 것도 아니다.

예수님은 고기잡이, 걷기, 춤, 노래, 게임 등에는 긍정적인 생각을 했던 반면에 스포츠에 대해서 침묵했던 것은 그것에 대한 경계를 암시해 주시기 위함인 듯하다.[3] 경쟁적이고 불건전한 스포츠의 남용은 오히려 건강에 해로울 수 있기 때문이다. 실제로 직업적인 운동선수는 보통 사람보다 평균 수명이 10년 이상 짧은 것으로 밝혀졌다.

예수님께서 경쟁적인 스포츠를 즐기셨다는 증거는 하나도 없다. 예수님께서 건강을 유지하기 위해 사용한 운동은 단 한 가지였다. 평생 동안 당신에게 가장 적합하고 건강을 위한 효과 만점인 운동, 그것은 바로 '걷기'였다.[4]

흡연이나 음주와 같이 운동부족도 질병을 일으키는 위험한 요인이라는 것은 상식이다. 당신은 흡연을 하는가? 그렇다면 당신은 10년 혹은 15년의 삶을 도둑 맞았다고 생각해도 좋다.[5] 혹시 음주도 하는가? 당신의 음주는 육체적인 문제를 만들 수도 있다. 그러면 당신은 운동을 하는가? 그렇지 않다면 당신은 수년 간의 삶을 이미 도둑 맞았다고 생각하면 된다. 운동은 질병에 대한 강한 저항력을 길러준다.

가장 추천할 만한 운동은 '걷기'이다. 걷는 것은 달리기나 에어로빅과 같이 강한 운동 보다 관절과 근육에 미치는 충격이 1/4 혹은 절반 밖에 되지 않는다. 걷기는 아이들을 유모차에 태우고도 할 수 있고, 점심 시간에 작업복을 입은 채로도 할 수 있다.

적당한 걷기의 양은 1킬로미터당 13분의 속도로, 약 5킬로미터를 일주일에 세 차례 정도하는 것이 좋다(다섯 차례가 가장 좋지만). 1킬로미터당 10분의 속도로 30분간의 걷기를 하는 것도 동일한 효과가 있다. 이렇게 1주일에 세 번을 하면 심장박동률이 안정된다. 최소한 1킬로미터당 10분씩 30분간 최소한 걸어야 한다. 최소한 걷는 것만으로도 앉아서 일만 하는 사람들보다 심장에 관련된 질병을 최소한 40~50%는 줄일 수 있다.[6]

뉴잉글랜드 의학 저널지에 실린 한 연구에 따르면, 1,500명의 중년 남자를 대상으로 심장병에 대하여 조사를 하였는데 육체운동을 고르게 하는 사람들, 곧 적어도 주당 2시간 20분 정도를 걷기, 달리기, 자전거 타기, 수영, 구기 운동이나 비슷한 운동을 하는 사람들이 앉아서 일만 하는 사람들보다 심장마비의 위험이 66%나 낮은 것으로 밝혀졌다고 한다. 비슷하게 심장과 폐의 기능이 좋은 것으로 측정된 사람 역시 65%정도 심장마비에 걸릴 위험

이 적은 것으로 보고되었다.[7]

걷기는 신체의 모든 부분에 좋은 영향을 미친다. 걷는 것은 다른 어떤 운동보다도 신체의 각 부분에 좋은 영향을 미치는데 특히 혈액순환 촉진, 근육이완 효과, 면역기능 강화, 원활한 산소 공급 등에 좋다. 사실 1시간에 8킬로미터 이상을 빠르게 걷는 사람이 실제적으로 같은 속도로 달리기를 하는 사람보다 두 배나 되는 칼로리를 소모한다.[8]

노화 현상과 관련된 대부분의 증상은 나이를 먹는 것이 아니라 질병이나 활동량의 저하에 있다. 거대한 유기체인 우리 몸은 꾸준히 운동을 하면, 나이를 먹어도 지능지수가 떨어지지 않고 오히려 높아진다. 노인들이 호소하는 기억력 저하 현상도 단순히 나이를 먹어감에 따라 생기는 것이 아니라는 연구결과가 나왔다.[9] 병약하고, 정신활동이 둔해지는 것은 나이가 먹어감에 따라 생기는 피할 수 없는 것이 아니라 운동부족 때문에 생기는 것이다.

힘과 정력을 되찾기에 늦은 나이는 없다. 뉴잉글랜드 의학 저널지에 보고된 연구들은 종종 양로원 거주자들을 조사 대상자로 선정하였는데 그들의 평균 연령은 87세(72세~98세까지 있음)였다. 10주간 근력강화 운동을 한 후에,

> 산책을 다니는 분열증 환자가
> 소파에 웅크리고 있는
> 신경증 환자보다 건강하다.
> – 길레스 & 펠릭스

그들의 근력은 2배 이상 강해졌다. 걷는 능력은 11.8%, 계단을 오르는 능력은 28.4% 강화되었다. 그러나 웨이트 트레이닝(역기 등을 이용한 근력강화 운동)을 하지 않은 자들은 오히려 같은 기간에 근력이 4% 저하되었다.

나이와 상관없이 하루에 30분씩 운동을 하면 체중은 줄어들고,

영적인 능력은 강화되며, 맑은 정신을 유지할 수 있을 것이다.[10] 처음 운동을 시작할 때는 효과도 없이 시간만 가는 듯하고 자녀들이 비웃을 수 있다. 그리할지라도 꾸준하게 운동을 해야한다. 어떤 소녀가 목사에게 말했다. "목사님, 만일 예수님이 신비하게 움직이는 것을 보고 싶다면 우리 엄마가 하는 에어로빅을 보면 될 거예요."

사실 걷는 것만으로도 에어로빅, 조깅, 라켓볼, 테니스 등을 하는 것과 같은 좋은 효과를 볼 수 있다.

물론 걷는 것(walking)이나 워깅[wogging : 걷는 것(walking)과 조깅(jogging)을 섞어서 하는 운동]과 마찬가지로 에어로빅도 자존감을 강화시켜 주며 동시에 스트레스도 해소시켜 준다. 또 땀을 흘리는 과정을 통하여 체중이 봄에 눈 녹듯이 녹아 내릴 것이다. 다만 걷는 것에 비하여 에어로빅이 갖고 있는 부정적인 요소도 있는데 칼럼니스트 데이브 배리(Dave Barry)가 에어로빅이라는 말의 어원을 근거로 다음과 같이 지적하고 있다.

> 그대가 걸을 때는
> 그대 곁에서, 뒤에서, 앞에서
> 걷는 사람들을 살펴보시오.
> 그들의 노력으로
> 당신이 지금 서 있는 것이오.
> 우리는 구름 떼 같은
> 증인들에게 둘러싸여 있소.
> —조안 펄스[11]

에어로빅(aerobics)은 두 개의 헬라어로 이루어진 합성어인데 '에어로'(aero)는 '~을 할 수 있는 능력'이라는 뜻이고 '빅스'(bics)는 지루한 것을 참고 견딤이라는 뜻이다. 즉 에어로빅은 지루한 것을 참고 견디는 능력이다.

육상보다 수중에서 하는 운동이 더 효과가 있다. 장애인이나 일곱 명 중에 한 명꼴로 고통받는 관절염 환자에게는 더욱 좋다. 또 도시에 사는 사람에게도 좋다. 공기 오염도가 수중이 더 낮기 때문이다. 아마 새로운 패러다임을 구상하는 교회는 교회 내에 수영장을 준비하는 것도 고려해볼 만하다. 수영장에서는 모든 사람들이 즐길 수 있고 자기 수준에 알맞은 수중 체조도 할 수 있으므로 스트레스는 감소하고 우정과 즐거움은 배가 될 것이다.

걷기 운동조차 할 수 없는 사람들이 많아지고 있다. 그러나 그들 중의 98%는 수중운동은 가능하다. 수중 걷기는 적어도 육상에서 달리는 것만큼 중요한 운동 프로그램인 것이다.

운동은 건강을 유지하는 가장 좋은 방법이며, 심장병, 당뇨병, 고혈압 등을 막는 좋은 예방이다. 그러나 미국인의 절반은 운동을 전혀 하지 않고 있다. 현재 어린이 비만은 심각한 수준이다. 그리스도인들은 '운동을 가장 하지 않는 사람들'에 속한다. 그중에서도 목사들이 운동을 가장 하지 않는 사람으로 분류된다. 에어로빅 운동의 창시자로 달라스 주에서 쿠퍼 에어로빅 센터의 회장으로 있는 캔 쿠퍼(Ken Cooper)는 전문가 그룹에서 목사들의 몸매가 가장 많이 무너져 있다고 말했다. 이제 집이나 교회에서 안락 의자에 퍼져 앉는 버릇을 바꿔야 한다.

오토바이를 포함하여 엔진이 달린 교통수단을 타고 다니는 사람보다 보행자가 부상당할 위험이 더 높은 것은 뭔가 이 사회가 잘못되었다는 증거이다. 자동차나 오토바이 사고와 관련된 사망자 중에 1/3이 아무런 죄가 없는 보행자였다는 것은 뭔가 이 사회가 잘못되었다는 증거이다. 두 대의 자동차가 충돌했을 때, 주위를 걷고 있는 보행자들이 피해야 한다는 것은 뭔가 이 사회가 잘못되었다는 증거이다.[12] 밖에서 운동을 하고 싶어도 자외선 노출과 공기오염 때문에 할 수 없다는 것은 뭔가 이 사회가 잘못되었다는 증거이다.

레크리에이션 사역은 포스트모던 시대의 교회에게 인기있는 프로그램이 될 것이다. 웨스트 버지니아 주의 찰스타운에 있는 애즈베리 교회는 커다란 창고를 사서 체육관으로 개조하였다. 그리고 그곳을 새로운 개념의 목회로 공동체를 위한 레크리에이션 사역을 하기 위해 활용하고 있다. 어떤 교회는 성전 건축을 포기하고 일주일 내내 사용할 수 있는 스포츠 센터가 있는 체육관을 짓기로 결정하였다. 이 장소는 에어로빅, 방과후 체육경기, 농구, 강연회 등으로 사용할 것이라고 한다. 이렇게 하면 예배당의 건물 활용도를 두 배 이상 높이는 효과가 있다.

새로운 믿음의 공동체들은 성도들에게 낚시나 항해, 스키나 그 밖에 육체적, 정신적으로 새로운 힘을 제공해 주는 운동에 참여하도록 고무해야 한다. 노르만 맥클린(Norman Maclean)의 원작을 로버트 레드포드 (Robert Redford)가 영화로 만든 「흐르는 강물처럼」(A River Runs Through It)에서는 서로 무관한 것처럼 보이는 '플라잉 낚시' 기술과 '믿음'의 기술 사이에도 상당한 관계가 있다는 것을 설득력 있게 보여주고 있다.

> 자전거를 탄 사람을 보면,
> 나는 인간의 앞날이 어둡지
> 않다고 느낀다.
> -H.G. 웰즈

라일 샬러(Lyle Shaller)는 스포츠 경기나 체력단련운동 등을 통한 체육 목회의 중요성을 강조해 왔다. 스포츠 목회는 성도들 간에 서먹서먹함을 극복하고, 새신자나 소극적인 신자들의 교회와의 거리감을 없애주고, 가족 관계를 돈독하게 하고, 성인 남자들

이 교회 활동에 적극적으로 동참할 기회를 열어준다.[13]

　목회사역에 전인격적인 사역자가 필요하다고 생각해온 교회는 음악 목회자, 노인 목회자, 교육 목회자, 신앙상담 목회자, 가정사역 목회자나 음식 목회자뿐만 아니라 레크리에이션 목회자까지 필요로 한다.

　포스트모던 시대의 교회는 사람들이 예배를 드리러 올 때 걸어오거나 자전거를 타고 오도록 권면하는 것이 필요하다. 소설가 존 베이리(John Bayley)는 1951년 대학시절 강의실 창 밖을 바라보다가 장래 그의 아내가 될 사람인 소설가 아이리스 머독(Iris Murdock)을 만났다. 그는 "그녀는 아주 평범해 보이는 소녀였어요. 그녀는 구식 자전거를 타고 있었는데, 어쩌면 그 자전거가 아니었으면 아내를 좋아하지 않았을지도 모르죠"라고 말한다.[14]

　소설가 헨리 밀러(Henry Miller)도 그의 자전거를 '총각'이라고 애칭하고 자전거를 둘도 없는 친구로 여겼다.[15] 하지만 오늘날 사람들은 자전거를 좋아하는가? 또 얼마나 많은 사람이 교회에 자전거를 타고 가는가? 자전거를 우호적으로 생각하는 교회는 또 얼마나 되는가?

　많은 나라에서 개인용 교통수단으로 가장 많이 이용되고 있는 것은 자전거이다. 중국은 차 한 대당 250대의 자전거가 있다. 세계의 자동차 판매가 증가하지 않았지만 중국은 1992년에 자동차가 한 대를 생산할 때 자전거를 3대 넘게 생산했다. 1970년대와 1990년대 사이에 자동차 생산량은 매년 1,400만 대 씩 증가하였다. 반면 자전거의 생산량은 매년 600만 대 밖에 늘어나지 않았었다.[16] 그러나 1993년의 전 세계 자전거의 판매량은 자동차보다 3배가 많았다. 1993년에는 1억 8백만 대의 자전거가 생산되었다.

북아메리카에서는 수백 명의 싸이클 애호가들이 연합하여 "아스팔트에서 내려라"(Get off Your Assphalt)라는 구호를 들고 도시의 거리를 달린다(역자주 : asphalt 대신 assphalt를 사용하는데 이 구호는 '더러운 당나귀 엉덩이 같다' 는 의미를 가지고 있는 비유다. 발음이 ass fault와 같은데, ass는 아주 지독한 욕설임).

전체 미국의 통근자 중에 절반은 5마일 이내의 거리를 왕복한다. 이 정도는 예배를 드리러 가기에도 적당한 거리이다. 미국에서는 자전거를 타고 직장을 출근하는 숫자가 해마다 늘어나고 있다. 특히 아이가 있는 대학생 부부에게 자전거는 인기가 많다. 자전거 통근자는 지난 10년간 해마다 3배씩 증가하였다. 1990년 3월 마지막 주에 실시한 통계에 따르면 약 50만 명의 미국인들이 자전거로 출·퇴근을 했다고 한다[17]

1996년에는 이미 3~4백만 명의 미국 통근자들이 자전거로 출근을 했다. 60명의 노동자 중의 한 명이 자전거로 출근하는 셈이다. 1992년「자전거 매거진」에서 실시한 여론조사에 따르면, 자전거에 대한 편의 시설만 늘어난다면 5명 중에 1명이 자전거로 통근할 것이라고 전망했다.[18]

시애틀과 워싱톤에서 자전거 편의시설이 개선된 예들을 찾아볼 수 있다. 그곳에는 스포츠 자전거 보관소가 있다. 보관소에는 100대의 노란색 자전거가 곳곳에 흩어져 있는데 이 자전거는 언제 누구든지 무료로 이용할 수 있다. 도착한 곳에 내려 놓기만 하면 된다. 이름하여 '무료 공동체 자전거' 이다. 이곳에는 "다른 사람이 다시 사용할 수 있도록 큰 도로변에 놓아 주세요. 단 사고 위험은 당신 책임입니다"라고 적혀 있다.[19]

캘리포니아 주의 팔로 앨토 지역은 자전거 타는 사람들의 천국이다. 도심 속에 40마일의 잘 닦여진 자전거 전용 도로와 전용 교량과 전용 보관소는 자전거를 가장 선호하는 교통수단이 되게 하였으며 자전거 여행을 편하고 즐겁게 했다. 팔로 앨토의 주민은 업무적인 일로 자전거를 이용하면 마일리지 혜택을 받을 수 있다.

현재 몇몇 주에서도 교통 수단으로 자전거의 이용을 높이려는 목적으로 교통 예산에 맞게 자전거 전용도로와 이용시설을 늘리고 있다. 사실 지역사회들은 1990년의 '맑은 공기 만들기 운동' 등 자전거를 교통수단으로 이용하자는 운동을 확대하고 있다. 비내연기관으로 출·퇴근 운동을 확대하기 위하여 매년 155조의 예산이 집행되고 있다.[20]

미래 사회에서 흔히 볼 수 있게 될 현상은 집에서 물건을 구입하는 사람들이 급증할 것이고 테니스 코트, 골프장, 야외 수영장이나 자전거 전용도로 혹은 하이킹 코스 등으로 사람들이 몰리게 될 것이다.[21] 또한 많은 경찰관들이 자건거를 타고 순찰할 것이다. 그동안 기마 순찰대를 의미하던 '마운티'(mounty)는 말에 올라탄 경찰만을 의미하지는 않을 것이다. 이미 많은 도시에서 마운티의 의미가 자전거를 탄 사람을 뜻하고, 미국 전국에 300개의 자전거 승차 순찰대가 존재하고 있다.[22] 달리기, 테니스, 농구나 에어로빅 운동화가 1980년대에 불티나게 팔렸던 것처럼 이제는 걷기 전용 운동화가 많이 팔릴 것이다.

걷기는 운동의 의미만을 갖고 있지는 않다. 걷기는 사역 그 자체를 위한 전략이다. 예수회의 신학자 케빈 와일즈(Kevin Wildes)는 교황 요한 바오르 2세의 신학을 '돌아 다니기' 신학으로 비유할 수 있다고 단적으로 말했다. 어떤 권위나 계시에 의지하여 공식대로 살기보다는, 나름대로 다양한 경험을 하면서 한평생을 순회하는 것, 곧 '인생은 돌아다니며 사는 것'이다.[23]

그리스도인은 외적으로만 걷는 것이 아니라 내적으로도 걸어야 한다. 걷기는 외적인 전략일 뿐만 아니라 내적인 전략이기도 하다. 포드 자동차 회사에는 다음과 같은 표어가 있다. "무엇을 해야 할지 모를 때는, 부지런히 걸으면서 생각하라." 내적으로 걷기, 곧 '내적인 순회'〔(circumambulating : 칼 융(C. G. Jung)이 한 말로 삶을 스스로 순회하고 되돌아 본다는 뜻)는 모든 신체조직을 건강하고 활발하게 할 수 있는 수단이다.[24]

그리스도인의 믿음은 걸어 다니는 복음이다. 만일 교회가 예수 그리스도의 '걷는 복음'을 구체적으로 실천하면, 성도들은 적어도 네 가지 형태로 걷는 학습을 할 수 있다. 그것은 '대화하며 걷기' '염소처럼 걷기' '기도하며 걷기' '자기 자리를 찾아가는 걷기'이다. 여러 가지 면에서 이 각각의 '걷는 복음'은 기도의 한 형태이다. 왜냐하면 기도의 자세는 각각 다를 수 있기 때문이다. 무릎꿇고 하는 기도, 걸으면서 하는 기도, 엎드려서 하는 기도, 얼굴을 감싸안고 하는 기도 등이 있다. 또 기도의 장소도 다를 수 있다. 교회에서, 학교에서, 도시의 거리에서, 회사에서 등 어디에서도 할 수 있다. 경건한 기도는 자세와 장소를 구애받지 않는다.

그렇다면 첫째, '대화하며 걷기'란 무엇인가? 오늘날 라틴계나, 아프리카계 미국인들 사이에서 걷기는 사람이 매일매일의 삶 속에서 무엇을 증거하며 살았는지를 상징하는 말이다. 그리스도인들이 새로운 밀레니엄이 시작되는 이 순간에 가장 큰 문제가 무엇인지를 거의 이해하고 있지 못하는 지금, "당신은 '대화하며 걷는 삶'을 사십니까?"라고 묻는 것은 그리스도인의 도덕적 약점의 정곡을 찌르는 말이다.

라틴계나 아프리카계 미국인들은 '걷는 복음'(walking gospel)이 스트레스를 피할 수 있는 좋은 방법이며, 그리스도인의 믿음을 이 세상에 구체적이고 실질적으로 보여주는 것이라고 한다. 걷는 복음은 공공 문제를 복음으로 연결시키는 길이다. 이것이야말로 우리가 하나님께 드릴 수 있는 가장 강력한 기도이다.

'예수님과 함께 대화하며 걷기'는 우리가 예수님 안에서 또는 예수님 뒤에서 걷는 것을 의미한다. 예수님은 사람들이 있는 곳이라면 어디든지 복음을 들고 가셨다. 오늘날에는 군중들이 어디에 있는가? 그들은 외부에서 일어나는 모든 소식을 전달해 주는 미디어로 구성된 전자 오두막 안에서 살고 있다.

다음 편지는 오하이오 주의 힐리아드 감리교회의 목사 맥스 윌리엄스(Max Williams)가 받은 편지이다. 편지의 내용을 그대로 인용하겠다.

존경하는 맥스에게

지난 밤 나는 흥미로운 경험을 하였습니다. 나는 가끔씩 예수님이 세상에서 일하시는 방법을 알고 싶어서 낯선 사람들에게 다가가곤 합니다. 어제는 방이 아주 많은 곳에 있었지요. 사람들은 여러 가지 목적으로 그곳에 모여 있었죠. '그리스도인들의 교제'라고 쓰여 있는 안내 표지가 붙어있는 방이 하나 있어서 나는 그곳으로 들어 갔습니다.

그 방은 많은 사람들로 북적거렸고 많은 대화가 오가고 있었습니다. 나는 심각하게 고민하고 있는 젊은 여자 한 명과 그 주위에 모인 사람들에게 마음이 끌렸습니다. 그녀는 놀랍게도 악마를 숭배하는 가족들과 살고 있었습니다. 그럼에도 불구하고 그리스도께서는 그녀를 사랑하시고 그녀에게 손길을 뻗으셨음이 틀림없다고 생각했어요. 그러니까 그녀가 빛으로 가는 길을 찾으려고 이 방에 온 것이 아니겠어요? 나는 뒤늦게 그곳에 도착했기 때문에, 그녀의 배경에 대해서 자세히 알 수 없었습니다. 두세 사람 정도가 그녀와 더 깊은 이야기를 하고 싶어했고 그녀를 도와주려 하고 있었습니다. 나는 그 그룹에 끼어들었어요. 잠시 후 "지금까지 나는 믿음을 너무 개인적인 것으로 여겼구나!"라는 생각이 들었습니다(당신도 아시다시피, 일반적으로 사람들은 '단추가 떨어진 옷을 입고 세상에 나가지 말라.' 즉 부족한 모습을 사람들에게 보이지 않지요).

그녀가 있던 방이 너무 붐볐기 때문에 그녀는 사람들에게 다락방으로 함께 올라갈 것을 청했습니다. 그런데 나는 조금 당황했습니다. 이런 문제에 대해서 성경은 어떻게 말하는지를 거의 몰랐으며 또 이 장소가 의미하는 것이 무엇인지도 미쳐 몰랐기 때문입니다(더구나 이곳은 내가 처음 온 곳이었으니까요). 하여튼, 그녀는 보다 사적인 얘기를 하고 싶어했어요. 그래서 나를 포함한 다른 네 명과 다락방으로 올라갔지요.

나는 그곳에서 무엇을 해야할지를 몰랐습니다. 나는 성경을 인용하는데는 소질이 없었지만 그리스도와 함께 한 내 경험을 나누는 일은 할 수 있었어요. 우리들 중에 한 사람은 이런 일에 경험이 있는 지도자 같았어요. 왜냐하면 그는 언제 나서야 되는지를 잘 알고 이끌었으니까요. 나머지 사람들은 계속해서 "아멘"을 하면서 가급적 자신에게 떠오르는 것은 무엇이든지 나누려고 노력했어요.

그 방안에는 사랑이 충만했고 예수님에 대한 믿음이 가득했어요. 우리는 서로의 손을 잡고, 큰소리로 감사하며 기도했어요. 마지막으로 우리는 이 소녀와 그곳에 찾아온 또 다른 한 사람이 하나님을 향한 삶을 살게 해달라고 돌아가며 간절히 기도를 했어요.

나는 지난 밤 그 방에 갔던 것을 감사했습니다. 나는 항상 사람들에게 "나는 이미 확고히 믿는 자이기 때문에 하나님께서 수고롭게 뜨거움이나 기적같은 것을 보여주시지 않는다"라고 말하곤 했습니다. 사실 나는 항상 내가 깨닫지는 못하지만 하나님은 종종 기적을 베푸신다고는 믿어왔지요. 어젯밤의 경험에서 무슨 의미를 찾아야 하는지 아직은 잘 모릅니다만 나는 더 강해졌으며, 예수님을 더 알고 싶고, 내가 지금까지 했던 것보다 더 많은 봉사를 하고 싶어졌습니다.

그분이 이 일을 통하여 그분의 마음 속에 뭔가 특별한 것을 계획하시든지·그렇지 않든지간에, 나는 이곳을 살펴보며, 기도하며, 그분이 안내하는 목소리를 들을 것입니다.

어제의 일에 대해서 내가 당신과 나누고 싶은 얘기는 이미 다했습니다. 나는 당신에게 '예수님은 가상 공간에도 살아계시다' 는 것을 알려주고 싶었습니다. 당신도 인정하리라고 생각합니다. 물론 내가 지금 말한 것은 모두 컴퓨터를 통해서 일어난 것입니다.

당신이 이곳에 흥미를 갖고 계시고 성령님께서 또한 당신의 마음을 감동시키신다면, 나는 더 많은 대화를 나누길 원합니다. 미래에 교회가 컴퓨터를 벗어나서 사역을 할 수 있으리라고 생각을 하시나요? 만일 그렇게 되면 틀림없이 굉장한 손실이 있을 것입니다. 컴퓨터에서 잃어버린 영혼을 찾으시길 바랍니다.

1995년 3월 20일
예수님 안에서 벳시[25]

복음은 문 밖의 사람들에게 찾아가야 한다. 또 복음은 사람들이 있는 곳에서 있어야 한다. 화면을 들여다보고 있는 곳이 그들의 소파라 할지라도 말이다. 전자 미디어를 사용하여 대중들에게 접근하지 못한 것이 아마 오늘날 복음주의자들과 신학 교육이 실패한 가장 큰 이유일 것이다.

전자 미디어는 포스트모던 시대에서 가장 중요한 교사가 될 것이다. 저작물들은 아직도 지적수준이 높은 특권 계층에만 전해지는 반면에, 문화적 경향은 통신의 전자 방식을 통하여 전달되는 빠른 변화를 보이고 있다.

교회는 신학적인 대화를 나눌 때 아직도 16세기 제네바에서 행하던 방식을 그대로 사용하고 있다. 인쇄방식에 얽매인 채 전자통신을 두려워하면서, 교회는 가장 진부하고 따분한 방법으로 학문에 접근하며, 전자통신을 가볍고 천박한 것으로 매도하고 있다.

우리의 단조롭고 지루한 방법으로 모던 시대에 책에 매료되었던 것을 막을 수 없었던 것처럼 포스트모던 시대의 아이들이 영상매체에 애정을 갖는 것을 막을 수 없다. 마찬가지로 포스트모던 시대의 엘리트들이 영상매체에 매료되는 것을 막아낼 수가 없다.

어떤 연구 결과에 따르면 가장 많은 교육을 받은 계층과 가장 적은 교육을 받은 계층의 관람하는 영화 내용은 1% 밖에 차이가 나지 않는다고 한다. 한마디로 차이가 전혀 없다는 것이다.

교회는 아직도 디지털의 암흑기 속에 묻혀있다. 그리스도인들은 정보 피라미드의 맨 아래에 위치해 있다. 우리는 도서관에서 도서카드로 책을 찾는 방법만을 고집하고 있다. 아직도 컴퓨터를 사용할 줄 모르는 아이들이 있다. 어른들은 이제 아이들에게 컴퓨터를 구입해주어야 한다는 것을 깨달아야 할 때다.[26]

'포스트모던 시대의 전도 전략에 있어서 영상매체가 가지고 있는 의미'에 대한 토론에서, 소설가 워커 퍼시(Walker Percy)는 사람들이 영상매체에 중독이 되는 위험성을 우려하면서도 "나는 교회가 가르치고, 광고를 하고, 복음을 전파하는데 있어 영상매체보다 완벽한 수단이 있다는 것을 상상하지 못한다"고 말했다.[27]

둘째로 '염소처럼 걷는 것' 이다. 예수님은 단지 자신의 구역만 걷는 것을 고집하지 않으셨다고 성경학자 버나드 브랜든 스코트(Bernard Brandon Scott)는 말했다. 그는 "예수님은 멀리까지 걸어 나가셨다"고 말한다.[28] 예수님은 먼 도보 여행을 하셨다. 예수님은 유랑하셨다. 예수님은 염소처럼 걸으셨다. 자연주의자이며 환경신학자인 짐 코벳(Jim Corbett)는 평생 음식을 찾아 "자유롭고 편안하게 떠돌아 다니는 것"을 염소가 꼴을 찾아 헤매는 것에 비유하여 '염소 걷기' 라고 불렀다. 그는 이것이 가장 성경적인 것이라고 했다.[29]

히브리 민족은 40년을 광야에서 염소처럼 떠돌아 다닌 것이다. 베들레헴에 최초로 아기 예수에게 경배하러 온 사람들은 직업적으로 염소처럼 걷는 자들이었다. 염소 걷기는 사회적인 계급이나 서열 또는 기성세대의 역할에 적응하기보다는 자연의 리듬과 흐름에 맞추어 살아가는 걷기이다.

예수님은 단지 갈릴리 해변을 염소 걷기만 하면서 많은 시간을 보내셨다. 어린이들이 여기저기 돌아다니는 것이 자연스러운 것처럼 염소 걷기는 운동의 한 방법인 것이다. 염소 걷기를 하는 사람들은 지구가 스스로 움직이는 것을 느낄 수 있는 힘이 있다.[30] 이것은 일종의 배회인데 사회적 제약을 벗어나서 자신의 내면세계가 이끄는 대로 따라가는 것이다.

염소 걷기는 사회가 치는 북소리를 듣고 따라가는 것이 아니라 내면과 자연이 치는 또 다른 북소리를 듣고 따라가는 것이다. 걷는 데에 언제나 목적지가 정해질 필요는 없다. 때로는 목적지를 정하고 가기도 하고 때로는 무작정 갈 줄도 알아야 한다.

"우주에서 움직이지 않는 것은 없다. 존재하는 모든 것은 움직인다." 이 명제는 모든 것이 목적없이 움직이든지 혹은 목적을 갖고 움직이든지 모든 것은 움직인다는 것이다. 움직임의 방향은 때로 열려 있기도 하고 닫혀 있기도 하다.

셋째로 '기도하며 걷기'이다. 기도하며 걷기는 스티븐 호돈(Steve Hawthon)과 그래함 켄드릭(Graham Kendrick)이 규정한 영적인 훈련이다.[31]

예수님만큼 기도하며 걷기를 많이 한 사람은 없다. 예수님은 어디를 가시든지 기도하셨다. 그분의 기도생활에 대해서 성경은 많은 부분을 할애하여 기록하고 있다.

예수님은 경건한 유대인들이 하는 것처럼 단지 하나님께 하루 세 번만 기도하신 것이 아니다. 예수님은 친구들과 함께 나눌 식사 앞에서도 기도를 하셨다(마 14 : 19, 15 : 36, 26 : 26~27). 예수님은 혼자서 기도하기 위하여 걸어 가셨다(막 1 : 35, 눅 5 : 16). 예수님은 제자들과 함께 기도하기 위하여 걸어 가셨다(눅 11 : 10). 예수님은 온 밤을 기도하기 위하여 걸어 가셨다(눅 6 : 12). 중요한 문제나 결정적인 사건이 있을 때 예수님은 기도하러 걸어 가셨다(눅 3 : 21, 9 : 18, 28~29, 막 14 : 35).

나는 연설이나 설교를 앞두고 항상 기도하며 걷는다. 이른 아침에 나는 이 거리

> 기도는 하나님의 싫어하는 것을 극복하는 것이 아니다.
> 기도는 하나님의 지고하신 뜻이 무엇인지 깨닫는 것이다.
> —리차드 트렌치[32]

가, 저 빌딩들이, 이 가정이, 저 학교가 예수님의 뜻대로 행하길 기도하면서 우리 동네를 왔다 갔다 한다. 걷는 동안 나는 사람들이 하나님의 도우심으로 목표를 찾을 수 있기를 기도한다.

처음에 나는 단지 스트레스와 걱정을 줄이려는 뚜렷한 목적을 가지고 걷기를 시작했다. 환자에게 명상과 기도의 중요성을 강조하면서, 기도할 때에 뇌는 눈에 띄게 그 파동이 달라진다는 것을 인정하는 의학 서적들을 나는 오랫동안 읽어 왔다.

그러나 기도하면서 걷기에서 내가 발견한 것은 기도가 물질을 변화시킬뿐 아니라 기도 자체가 물질이라는 것이다. 기도는 내가 이해하지 못하는 사이에 나의 삶과 나의 세계를 변화시킨 물질적인 힘이었다. 토마스 카머스(Thomas Chalmers)의 말에 따르면, "기도는 우리가 하나님 앞에 보다 큰 일을 할 수 있도록 해주는 것이 아니다. 기도 자체가 하나님을 향한 커다란 일이다"라고 하였다.[33]

주기도문의 핵심은 그 자체를 말하는 행위에 있는 것이 아니다. 기도는 이루어지는 것이다. 만일 한 사람이 전적으로 기도하는 사람으로 변화되면 영적인 힘이 강해지고 건강한 컨디션을 유지하며, 잠재적으로 강한 치유의 힘을 갖게 되는 것이다. 물론 죄에 대한 민감성도 함께 높아진다. 시토 수도회의 수도승 토마스 키이팅(Thomas Keating)은 "기도 중심으로 생활을 하게 되면 처음 석 달 가량은 걱정이 줄어들 것이다. 그러나 무의식이 발동하기 시작하면, 기도는 이전에 경험하지 못했던 다른 차원의 훨씬 더 큰 걱정을 하게 한다"고 지적하였다.[34]

캔터베리의 대주교 램지(Ramsey)가 한번은 이런 질문을 받았다. "하루에 얼마나 기도 하시나요?" 그는 대답했다. "1분 동안

요." "1분이라구요? 별로 길지 않군요." "아니요." 대주교가 대답했다. "그러나 그 1분을 위해서 나는 1시간을 준비합니다."[35]

문자 그대로 한 사람의 생활이 1분간에 걸친 '주의 기도'에 적합한 생활을 하기 위해서는 아마도 삶 속에서 23시간 59분은 철저히 준비하는 기도가 필요할 것이다.

당신이 애완견과 함께 걷는 동안에도 '기도하며 걷기'를 하라. 정원에서 일할 때도 기도하며 걷기를 하라. 자동차를 운전할 때도 기도하며 걷기를 하라. 시험공부할 때도 기도하며 걷기를 하라.

넷째로 '자기 자리를 찾아가는 걷기'이다. 예수님께서는 자신이 선 자리가 어디인지를 아는 힘이 있었기 때문에 상황과 환경에 맞는 사역을 할 수 있었고, 영적인 세계에 이르게 되었으며, 자신이 만나는 사람들을 바른 세계로 인도할 수 있었다. 예수님께서는 어디를 가시든지, 또 누구를 만나시든지 그들이 겪은 인생의 쓴맛, 단맛을 아셨고, 그들의 마음 속에 있는 생각과 인생살이에서 느끼는 즐거움을 아셨다.

여기 얼마나 당신이 처해 있는 위치를 잘 이해하는지를 시험하는 것이 있다. 당신은 다른 사람에게 당신이 살고 있는 장소까지 오는 법을 정확히 설명할 수 있는가? 만일 할 수 없다면, 당신은 아직 당신의 세계에 대하여 잘 이해하지 못하고 있는 것이다.

여기 자기 자리를 찾아가는 걷기를 이해하기 위한 또 다른 훈련이 있다. 당신 자리의 표적을 해독하는 것이다. 훈련된 눈으로 당신의 정원을 훑어보라. 노루귀 풀의 작은 잎사귀들 사이에 큰 이빨 자국이 있을 때 이것이 무엇을 의미하는가? 사슴이 다녀간 것이다. 정원의 잔디가 완전히 둥그런 모양으로 뭉그러져 있고, 크로커스 꽃잎이 여기저기 흩어져 있다면, 이것은 무엇을 뜻하는가? 다람쥐가 보금자리를 만들기 시작한 것이다. 양배추가 뿌리채 뽑혀있다. 이것은 무엇을 의미하는가? 곰이 나타난 것이다.

    예수님은 도보자이셨다. 도보자는 걷는다. 때로는 이곳을, 때로는 저곳을, 때로는 여기저기를……….

좋은 생각을 하라 5

예수님은 자신의 생각을 늘 조심하셨다. 예수님은 마음 속의 생각이 큰 영향력을 발휘한다는 것을 아셨다. 예수님께서는 "네 안에 가득한 것이 네 밖으로 나온다"고 말씀하셨다. 학자들은 누가복음 11장 41절 말씀이 아람어 판에는 "먼저 안에 있는 것들을 깨끗이 하여라. 그러면 네게 있는 모든 것이 깨끗하게 되리라"고 쓰여 있다고 한다.[1]

예수님께서는 단지 "일어나 가라"는 말씀만으로 중풍병자를 치료하신 것이 아니라 "네 죄 사함을 받았느니라"(막 2 : 5)는 말씀으로 고치신 것이다. 마음의 병을 고침으로써 몸도 치료되고 나아가 인생까지 치료되었다.[2]

예수님은 우리의 생각을 세상의 물질과 직접적으로 연결시키셨다. 예수님은 육체뿐만 아니라 마음의 건강까지 영향을 미치는 새로운 사고방식을 제시하셨다.

채식주의자들은 사람이 먹는 음식만 보고도 그 사람이 어떤 사람인지 알 수 있다고 주장한다. 마찬가지로 예수님께서는 우리가 생각하고 느끼는 것을 보면 그 사람이 누구인지 알 수 있다고 말씀하셨다. 겉으로 드러난 것보다 안에 있는 문제가 더 중요하다.

> 너의 생각이
> 어디에 있든지
> 너는 존재한다.
> 너의 생각이 머물기를
> 원하는 곳에 있도록
> 너의 생각을 확실히 하라.
> — 레베 나흐만[3]

진짜 문제는 마음이 어떤 문제로 고민하는가이다.

예수님과 마찬가지로 몸과 마음과 영혼이 상호 연관되어 영향을 미치고 있다고 생각한 사람들 중에 히포크라테스(Hippocrates)가 있다. 히포크라테스가 사용했던 의료 처방에는 운동, 마사지, 식이요법뿐 아니라 믿기 어렵겠지만 '기도'도 있다.

오늘날 학자들의 연구에 따르면 생각과 감정이 호르몬 분비작용, T임파구와 면역기능강화 등에 영향을 미친다는 것이 밝혀지고 있다. 결국 예수님과 히포크라테스가 시작했던 처방의 결론 곧 생명은 분리할 수 없는 하나로 연결된 유기체라는 것이 오늘날에 확인되고 있다. 21세기 의술의 바탕은 식이요법, 운동, 교육, 명상을 조화롭게 이용하는 것이라고 한 연구자는 요약했다.[4]

우리가 21세기로 갈 때는, 20세기의 과학과 기술을 가지고 갈 것이 아니라 오히려 정신과 몸은 상호관계성을 가지고 있다는 19세기의 개념을 가지고 가야 한다.[5] 이미 질병과 건강을 성경적인 용어와 거의 흡사하게 재정의하는 혁명이 의료와 건강관리 분야에서 진행 중에 있다.[6] 사실 정신건강 훈련을 위한 표준 안내서인 미 정신치료협회의 '신경증에 대한 임상진료 및 통계에 따른 안내서'에 종교와 영성문제가 기록되어 있다. 거기서는 정신 치료의 새로운 방법으로써 종교를 진지하게 생각하고, 정신문제를 단순한 노이로제나 망상증으로 다루지 않고 있다.[7]

모던 시대에는 사고와 행동을 분리해서 생각했다. "당신에게 잘못된 것은 하나도 없습니다. 단지 당신 마음이 문제일 뿐입니다"라는 처방이 모던 시대의 전형적인 처방이었다. 이제 포스트모던 시대에 이르러 생의학적 혁명이 일어남으로써, 육체와 정신이 상호의존하기 때문에 만일 마음에 문제가 생기면, 이미 육체의 모든 부분에까지 영향을 미치고, 무엇인가 매우 심각한 문제가 일어나고 있다는 것을 알게 되었다.

정신과 육체는 본래 하나이다. 생각하는 것, 말하는 것, 행동하는 것을 따로따로 급속하게 해체시키고 지각하고 인지하는 것과 심장으로 느끼는 것을 각각 따로따로 연구한 모던 시대는 막을 내렸다. 현대에서 가장 발달된 컴퓨터보다 5억 배나 더 복잡한 인간의 뇌가 이제 '새로운 개척분야'가 되었다.

심신 의학이 인기가 높아지자 1970년대 중반 이후에 소비자 보고서는 이와 관련된 책들의 출간 필요성을 강조했다. 이대 출간된 「마음, 몸, 의학」(Mind, Body, Medicine)은 생각, 믿음, 감정이 육체적 건강에 미치는 영향을 연구하는 것은 곧 새로운 자원을 개발하는 것이라고 정의하였다.[8]

이 새로운 자원개발 연구를 통하여 생각과 행동간의 관련성은 계몽주의 시대 이후로 생각해 왔던 것처럼 상호변화가 심한 것이 아니라 오히려 일관성이 있다고 밝혀졌다. 마음의 변화와 감정의 변화에 따라 뇌는 서로 다른 화학적 성분을 인체 밖으로 발산하도록 작용한다. 또 마음 상태의 변화가 심장의 기계적 상태를 변화시키기도 한다. 즉 생각은 행동을 유발시키는 요인이다.[9]

우리가 사는 세상에 존재하는 모든 것, 즉 소박하게 꾸며진 산책로, 마이크로소프트사처럼 최첨단을 걷는 회사, 어버이날 등은 모두 생각의 창조물이다.

> 폐결핵 환자의 치료여부는 그의 가슴에 무엇이 있느냐 하는 것 보다 그의 머리에 무엇이 있느냐 하는 것에 달려 있다.
> — 현대의학의 아버지인 윌리엄 오슬러

영혼에서 생각이 나오고 생각은 행동을 낳고 행동이 모여 진리가 된다. 요컨대, 영혼은 생각의 씨앗이다. 당신의 믿음은 당신의 힘이다. '인지적 기능들'(믿음, 욕망, 꿈)은 감정과 육체의 상태를 변화시킨다. 다른 길을 통해서는 변화가 일어나지 않는다. 생각은 창조를 하거나 파괴할 수 있는 능력도 있다. 모든 생각은 그와 관련된 균형있는 생리학적 변화를 일으킨다. 매일 인간의 뇌를 통해서 약 1만 가지의 생각이 스쳐 지나간다. 일주일에는 7만 가지 생각이 스쳐가고 일년에는 365만 가지가 떠오른다. 이 축적된 생각의 변화는 곧 생물학적인 변화와 직결되는 것이다.

정신과 마음에서 발생하는 강력한 힘을 언제 어떻게 사용해야 하는지가 현대 의학의 주요 논제이다. 좋은 생각이든 나쁜 생각이든 사고는 엄청난 잠재력을 가지고 있다. 이 엄청난 힘도 상상력이 억압될 때는 무용지물이 된다. 생각과 상상하는 과정을 보다 심도있게 연구하면 잠재력을 극대화할 수 있는 방법을 생각할 수 있을 것이다. 꿈, 백일몽, 환상 등은 현실과는 거리가 먼 망상으로 억제해야 될 것으로 여겨져 왔다. 그러나 실제적으로는 우리 영혼의 힘은 이러한 정신활동을 통해서 풍부해진다. 공포스런 분위기를 상상하는 뇌의 활동을 무시하거나 무의식으로부터 떠오르는 생각들을 억압하기 보다는, 그런 생각들이 어떠한 과정을 거쳐서 떠오르는지를 관찰하고 살펴보아야 한다. 그러면 그러한 과정의 통제를 통해서 가치있는 생각을 할 수 있게 된다.

아픔을 없애는 가장 최선의 방법을 모색하는 연구에서 '마음 속에서 아픔이 생각나는 것을 억압하게 되면 오히려 아픔 속에 갇혀 있게 된다' 는 것을 증명했다. 역설적으로 들리겠지만 마음이 상처 받았을 때 드

> 우리 외부의
> 세상은
> 내적 태도의
> 반영이다.
> -카톨릭 경제학자
> E.F. 슈마허

는 생각을 스스로 관찰하고 들여다 보게 되면, 오히려 아픔을 통제할 수 있는 능력이 생기고 결국 절망에서 빠져 나올 수 있게 된다.[10]

부정적인 생각도 신경안정제나 우울증 해소제를 복용하거나 습관적인 행동을 반복하는 것을 거부하거나 쫓아버리기 보다는, 이러한 생각들을 마음에 남겨두어서 아픔과 직접적으로 부딪치는 것이 좋다. 아픔을 쫓아버려야 할 고통으로 여기기 보다는 관찰되어야 할 것으로 보아야 한다. 스트레스가 직접적으로 질병을 유발시키지는 않는다. 하지만 스트레스는 우리가 질병에 쉽게 걸리도록 만든다.[11]

생각과 꿈의 영향이 큰만큼, 나쁜 꿈이나 생각이 나면 영적인 치료사나 조언자에게 도움을 요청할 필요가 있다. 어쩌면 우리는 고대인들이 말과 생각에 대해서 가졌던 방식으로 되돌아 가야 할지도 모른다. 고대인들은 말과 생각을 구체적이고 힘이 있는 실체로 여겼다. 말이나 생각에는 마술적인 힘이 있어 그 생각한 것이나 말한 것이 그대로 실현될 수도 있다고 믿었다.[13]

예수님은 도덕률이 갖고 있는 창조적인 힘에 대하여 다음과 같이 가르치셨다. "안에 있는 것이 곧 밖으로 나온다." 사람의 삶은 마음 속에 생각하는 것에 영향을 받는 법이다. 마음 속에 가득한

> 사람은 유일하게
> 부끄러움을 아는
> 동물이며
> 또 당연히 그래야 한다.
> -마크 트웨인

것이 곧 그 사람의 삶이다. 과연 우리의 마음 속은 무엇으로 가득한가? 자신이 생각하는 것과 느끼는 것은 우리의 몸 안에서 메아리처럼 반복적으로 울려 퍼지게 된다.

부끄러움으로 얼굴이 붉어지는 사람을 알고 있는가? 얼굴이 잘 붉어지는 것은 질투, 공포, 분노나 사랑처럼 확 끓어오르는 감정 때문만은 아니다. 얼굴이 붉어지는 것은 어떠한 비밀을 A만 알고 있다고 느꼈는데 B도 알고 있었다. 그 사실을 A가 눈치챘는데 눈치챈 것까지도 B는 알고 있다는 것 이상의 감정이다. 또한 저질적인 생각은 신진대사의 비율을 떨어뜨리며, 혈압을 올리고, 얼굴뿐만 아니라 내부 조직까지 붉게 한다.

또 다른 실험을 해보자. 눈을 가린 실험 대상자들을 숲 속을 걷게 한다. 그들에게 그들이 어디로 가는지 알지 못하게 안내할 것이라는 것과 실험을 위하여 그들의 팔뚝에 독이 든 담쟁이나 참나무 잎사귀를 문지를 것에 대해 양해를 구한다. 그런 후에 독이 없는 식물잎으로 문지르면 알레르기 반응이 일어난다. 그들은 독이 든 잎사귀라고 생각했기 때문에 실제로는 독이 존재하지 않는데도 잎사귀가 피부에 영향을 준다는 생각 때문에 팔 위에 붉은 발진이 생긴 것이다.[13]

정신적, 감정적 상태의 변화는 신체의 변화를 유발시킨다. 존 로크(John Locke)의 유명한 수필 「인간의 지성에 관하여」(Concerning Human Understanding)는 스탠포드의 신경생리학자 칼 프리밤(Karl Pribam)의 연구 분야인 '심신연구'라는 관점에서 재해석 되어야 한다. 그는 우리가 현재의 삶 속에서 미래를 느낀다고 주장한다. 그리고 미래를 상상하는 생각이 다시 우리의 행동에 영향을 미친다는 것이다.[14]

존 웨슬리(John Wesley)는 조나단 에드워드(Jonathan Edwards)의 「종교의 영향력」을 다음과 같이 요약한다.

"예, 우리가 생각하는 것이 영혼에 정확히 어떤 영향력을 주는지 의문입니다. 그러나 분명한 것은 몸의 일부분의 움직임은 무언가에 영향을 받고 있습니다."[15]

상상력은 직접적으로 신체에 영향을 미친다.[16] 이탈리아 정신분석가 로베르또 아사기올리(Roberto Assagioli)는 상상력과 연결되어 떠오르는 정신적인 영상들이 거기에 해당하는 반응을 외적으로 나타나게 하며 또 그 영상들이 신체적 컨디션에 영향을 준다는 것을 증명해 왔다. 마음에 떠오르는 어떤 상상이나 생각만으로도 실제로 그 행동을 할 때와 비슷한 반응이 자율신경조직에 나타나게 된다.

예수님도 이와 똑같은 원리를 가르치셨다. 곧 생각과 행동은 별개의 것이 아니라는 것이다. 욕망도 간음과 똑같은 영적인 죄라고 예수님은 말씀하셨다. 미움도 살인과 똑같은 죄라고 말씀하셨다 (마 5 : 21~28). 가장 궁극적인 범죄자는 몸의 어떤 한 부분이 아니라 영혼이다. 우리 존재의 내적 생태를 깨끗하게 유지하지 못하면, 외적인 상태 또한 깨끗하지 못하게 된다. 우리가 보고 듣고 받아들이는 모든 것 - 곧 공기, 음식, 보는 것, 냄새 등 - 은 또한 우리 양심의 음식도 되는 것이다. 우리는 우리의 토양과 위장뿐만 아니라 우리의 영혼까지도 오염시킬 수 있다.

그러므로 사도 바울은 편지에 "무엇에든지 참되며, 무엇에든지 경건하며, 무엇에든지 옳으며, 무엇에든지 정결하며… 이것들을 생각하라"(빌 4 : 8)고 말하고 있다.

만일 우리가 선한 것, 진실된 것, 아름다운 것을 묵상하면, 스스로 선하고, 진실되고, 아름답게 변한다. 묵상이란 단어는 시편에서 가장 많이 언급되고 있는 성경적 용어이다. 히브리어에 묵상이라는 뜻을 나타내는 단어는 두 개가 있다. 첫 번째 것은 '시아크' (siach)인데 그 뜻은 사람의 마음을 무엇인가로 덮는다는 뜻이다. 시편 기자는 하나님의 말씀으로 자신의 마음을 덮는다고 말한다. "주의 존귀하고 영광스러운 위엄과 주의 기사를 나는 묵상하리이다"(시 145 : 5). "내가 주의 법도를 묵상하며…"(시 119 : 15). 두 번째 묵상으로 번역할 수 있는 히브리어는 '하가아'(hagah)이다. 이것의 문자적인 의미는 마음 속 깊이 갈망하는 마음에 읊조리는 목소리를 들려주는 것이라는 뜻이다. "나의 입술의 모든 말과 나의 마음에 묵상이 주님의 눈에 들게 하소서."[17]

서구 문화에서 최고의 살인마는 마음의 병이다. 예수님은 "속에서 곧 사람의 마음에서 나오는 것은 악한 생각 곧 음란과 도적질과 살인과"(막 7 : 21)라고 하셨다. 예수님은 육체적인 기준과 마찬가지로 영적인 도덕성을 중요하게 생각하셨다. 그 증거는 모든 현대 학문에서 드러나고 있다. 사상과 믿음은 자신이 완성하고자 하는 어떤 것을 예언하는 것이 될 것이다.

나쁜 마음이 육체에 어떤 영향을 미치는가를 보여주는 한 가지 예로, 미국에서 증가하고 있는 폭력의 수준을 들 수 있다. 우리는 현재 살인하는 사회에 살고 있다. 1960년~70년대에 아머스트 대학에서 가장 인기있는 강좌는 '인간의 성'이었다. 그러나 1990년대에 가장 인기있는 강좌, 아니 사실상 학교의 전 역사에 걸쳐서 가장 인기 있는 강좌는 바로 '살인학'이었다.

미국 문화는 사람의 육체를 만져주고 간질러서 즐겁게 하기 보다는 괴롭히고 아프게 하기를 더 좋아한다. 우리 도시 지역에는 '724 아동'들이 부지기수로 많다. 724 아동이란 일주일에 7일, 하루에 24시간을 가정이라는 보호소에 감금당해 있는 아이들을 말한다. 그들은 바깥 놀이를 모르며, 호출기를 차지 않고는 거리로 나갈 수가 없다. 가정 밖이 엄청난 폭력지대이기 때문에 미국의 아이들은 엄중한 감금 상태에 있다.[18]

선진화된 국가 중에서 가장 폭력적인 나라인 미국은, 예방적 차원의 건강관리를 시작해야 한다. 성병과 같은 '사회적 질병'이 발발하는 것을 예방할 뿐만 아니라 사회에 만연한 폭력과 같은 질병이 발발하는 것도 예방해야 한다.

올리버 스톤(Oliver Stone)과 퀀틴 타란티노(Quentin Tarantino)의 영화 「킬러」(Natural Bone Killer)는 인간의 사고 패턴에 장기간 폭력적인 이미지를 심어주는 비디오, 타블로이드판 신문, 지역뉴스, 뉴스매거진 등을 통해서 미국 사회 속에 폭력이 얼마나 광범위하게 퍼져 있는지를 보여주고 있다.

영화의 폭력이 단순히 사회폭력의 실상을 반영한 것이라고 말할 수는 없다. 그렇게 말하는 것은 반쪽의 진리만 말하는 것이다. 영화 속의 폭력은 거리의 폭력을 반영할 뿐만 아니라 거리의 폭력을 야기시키기 때문이다.

폭력을 시각적으로 상품화하여 소비시키는 것은 한 문화 속에서 폭력이 독버섯처럼 퍼지게 하는 요소가 될 수 있다. 종종 저녁

뉴스에서, 현실 생활에서 경험하는 것보다 훨씬 폭력적인 장면을 목격하게 된다. 이처럼 집중적으로 조명된 폭력은 폭력의 수준을 높이고 공포 분위기를 만들어 낸다. 폭력적이고 자극적인 프로그램을 만들어 낼수록 폭력적인 문화가 점점 더 형성되게 된다.

나는 영화 「디어 헌터」(The Deer Hunter)에 나오는 러시안 룰렛 게임을 보고 충격 받았던 것을 잊을 수가 없었다. 이 영화를 보고 난 후에 룰렛 게임에 대한 환상이 나의 뇌리에 각인되었다. 영적인 전쟁에 패배하여 심리적으로 폭력의 복종 아래 놓이게 된 것이다.

이런 현상을 나 혼자만 경험한 것이 아니라는 사실을 1988년 이전에는 몰랐다. 그해 나는 서독의 한 텔레비전에서 십대들이 기차로 뛰어드는 장면을 방영한 이후 15~19세 된 소년들의 철도 자살 횟수가 엄청나게 증가하였다는 것을 한 연구를 통해 알게 되었다.

> 미움은
> 산(acid)과 같다.
> 산은 자신과 접촉하는
> 물질의 표면뿐만 아니라
> 자신이 담겨있는
> 그릇까지도 파기한다.
> - 안 랜더스[9]

1956년에 행동형성 단계에서 이미지의 중요성에 대한 선구적인 연구가 실시되었다. 그 연구는 폭력 만화 영화인 「딱따구리」를 본 열두 명의 네 살박이 아이들과 평화적인 영화 「귀여운 붉은 수탉」을 본 열두 명의 미취학 아동들을 비교한 연구였다. 연구팀은 딱따구리를 본 아이들이 귀여운 수탉을 본 아이들보다 더 많은 아이들을 때리고, 폭언을 하며, 인형을 망가뜨리고, 분열적이며, 파괴적인 행동을 보인다는 것을 발견했다.

1956년 이후 폭력물과 폭력의 증가에 관한 약 삼천여 건의 연구에서 같은 결과를 밝혀냈다. 미카엘 메버드(Michael Medved)는

1960년과 1990년 사이에 실시된 일천여 건의 연구를 조사한 결과 폭력의 계속적인 노출과 적대감, 공격력의 증가 사이에는 약 86% 정도의 직접적인 연관이 있음을 밝혀냈다.[20]

폭력을 주제로 한 연구에서 주요한 85건을 표본조사한 결과 84건이 텔레비전 폭력이 실제생활에서 일어나는 폭력에 원인을 제공하는 것으로 밝혀졌다.

우리는 또한 첨단 기술로 만들어진 장난감이 주는 영향에 대해서도 연구해 보았다. 그러한 장난감들은 아이들에게 세상을 구하는 것이 아닌 물건을 파괴하는 무기를 사용하는 법을 더 많이 가르치고 있다. 이제 더이상 폭력물에 관한 연구는 필요하지 않다. 우리는 이미 텔레비전 폭력물을 많이 보는 아이들이 보지 않는 또래의 아이들보다 훨씬 더 폭력적이라는 것을 잘 알고 있기 때문이다.

'텔레비전 폭력에 대한 미국 심리학협회'의 의장인 캔사스 대학 교수 휴스톤(Aletha C. Huston)은 "다른 어떤 사회적인 논제보다도 훨씬 많은 연구가 이 주제에 대해서 진행되고 있다"고 1988년 미국 의회에서 연설하였다. 그는 또한 "사실상 모든 학자들이 텔레비전이 공격적인 행동을 유발할 수 있다는 것에 동의하고 있다"라고 말했다.[21]

> 우리의 생각을
> 그대로 내버려 두는 것은
> 더러운 새를
> 내장 속에 넣거나
> 들짐승을 우리에
> 가두는 것과 같다.
> ㅡ찰스 스펄전

아이들의 텔레비전 보는 습관에 대하여 22년 이상 장기적으로 연구한 결과가 있다. 연구결과 성인이 되어서도 단연 독보적으로 폭력이나 공격적인 행동을 하는데 선구자적인 역할을 하는 것은 경제적, 인종적, 유전적 요인보다는 액션물, 폭력 만화 등의 영상 매체라고 말하고 있다.

다른 심리학자들은 미취학 아동들과 초등학교 저학년 아동을 대상으로 어린이들이 텔레비전에서 폭력물을 시청하는 것과 공공연한 폭력 행동을 하는 것 사이에 어떤 연관성이 있는지 알아보았다. 그 결과에서도 둘의 상호 연관성은 매우 높은 것으로 드러났다.

미국이 세계 시장에 가장 많이 수출하는 품목 중에 하나는 폭력 프로그램이다. 코미디 프로그램은 나라마다 문화와 정서가 달라서 이해하기 어려운 반면에 폭력물은 어느 나라에서나 이해하기 쉽기 때문이다.[22] 오스트레일리아, 핀란드, 폴란드, 이스라엘, 미국 등 5개국에서 폭력의 시장화에 대한 비교문화(cross cultural)를 연구하는 로웰 휴스만(Rowell Huesmann)은 다음과 같이 말한다.

"폭력물을 찍기 위한 대본이 일단 완성되면, 폭력적인 장면을 삭제할 것인지 아닌지를 결정하는 것은 그 장면이 방영하기에 폭력적이냐 아니냐 하는 것보다는 오히려 그 장면을 배우들이 제대로 소화할 수 있는지 없는지가 더욱 중요한 기준이 된다. 그리고 일단 촬영된 폭력 장면은 환상적이고 매력적인 모습으로 비춰진다. 이 장면은 나아가 더 큰 폭력적 행동을 유발시키고 텔레비전에서 폭력 방영이 많아질수록 청소년들은 보다 더 공격적이 되며, 공격적인 장면을 동경하는 영웅적인 백일몽을 꾸게 한다. 텔레비전 폭력물은 시청자들의 상상력을 자극한다. 그리고 폭력에 대한 환상은 폭력적 행동을 낳게 한다."[23]

폭력적인 내용을 방영하는 텔레비전이 유년기의 아동들에게 폭력을 알리는 최초의 매개체는 아니다. 로스앤젤레스에서 자살자의 10~20%는 아동에 의해서 목격이 되며, 뉴올리언즈에서는 90%의 초등학교 어린이들이 폭력을 직접적으로 목격하며, 70%는 총기를 사용하는 것을 본 적이 있으며, 40%는 시체를 본 적이 있다고 한다.[24] 이 통계는 33만 명의 미국 어린이들이 매년 그들의 부모가 서로 폭력을 행사하고, 주먹으로 때리며, 총이나 칼로 서로에게 치명적인 공격을 하는 것을 목격한 것은 포함하지 않은 숫자이다. 한 연구는 유년기에 단지 텔레비전을 보는 것만으로도 폭력적인 인격을 형성하는 모든 요인 중의 50%를 차지한다고 주장한다.[25]

만일 이것이 사실이라면, 비록 가설이긴 하지만 텔레비전의 폭력물이 없으면, 1년에 1만 건의 자살과, 7만 건의 폭동과, 70만 건의 강도 사건이 미국에서 줄어들 것이라고 한다.[26]

어떤 사람이 내게 "이봐요, 매스컴이 폭력적 성격 형성에 영향을 주는 비율은 50%가 아니라 단지 4~6%밖에 되지 않는다구요"라고 주장하더라도 나는 "세상에, 그렇게나 많은가요"라고 대답할 것이다.

「미 의학협회지」(Journal of the America Medical Association)는 "텔레비전에서 유혈폭력을 소재로 하고 있는 프로그램은 건전한 사회에 문제를 야기시키며, 폭력의 악순환 관계를 형성하여 희생자, 범죄자와 폭력의 목격자들을 창조하고 있다. 텔레비전 폭력물에 어린이들이 노출되어 있는 문제도 어린이 안전 좌석 설치, 자전거 헬멧 착용, 예방 접종 주사, 영양실조 아동지원 등의 문제와 함께 사회 건강문제의 한 부분으로 다루어져야 한다"라고 말하였다.[27] 미 소아과학회(America Academy of pediatrics)는 "소아과 의사들은 부모들에게 어린이들이 하루에 텔레비전을 1~2시간 정도만 시청하도록 해야 한다"는 방침을 결의하였다.[28]

어린이에서 성인에 이르기까지 폭력물 시청과 폭력적이고 공격적인 행동에는 상호 관련이 있다. 남아프리카 지역, 요르단 강 서편의 이스라엘 지역, 캄보디아 지역보다 미국이 더 폭력적인 장소로 드러났다. 우리는 사람이 해서는 안 되는 말이 있다고 배웠다. 우리는 폭력물에 최소한 경고 문구를 붙여야 한다. 그리고 방송 관계자는 폭력적인 이미지가 제거된 가족 친화적인 프로그램을 제작하고 방송하는 것을 고려해야 한다.

아무도 표현의 자유가 통제받는 것을 원하지 않는다. 그러나 만일 한 사람의 예술적 자유를 존중하기 위해서 사람이 죽임을 당하고, 총으로 저격을 당하는 것을 보아야 한다면, 거기에 따르는 보상을 지불하는 것이 마땅하다. 왜냐하면 사회가 그 대가를 치루기 때문이다.

텔레비전에서의 살인 장면을 금지하는 조항을 만들기보다는 시체 한 구당 1만 달러의 세금을 지불하도록 하는 것은 어떨까?[29] '몸의 등불'에 대한 예수님의 말씀을 포스트모던 문화의 서두로 장식할 필요가 있다.

"눈은 몸의 등불이니 그러므로 네 눈이 성하면 온 몸이 밝을 것이요, 눈이 나쁘면 온 몸이 어두울 것이니 그러므로 네게 있는 빛이 어두우면 그 어두움이 얼마나 하겠느뇨"(마 6 : 22~23, 눅 11 : 34~36).

> 모든 질병은 한 가지 기술로 고칠 수 있다. 그 처방은 사랑과 관심이다.
> ─ 티벳 속담

이 구절은 산상수훈에 나오는 말씀이다. 새롭게 발견된 대화체 복음인 '구세주의 대화' 8장에는 이 구절에 해당하는 병행 구절이 다음과 같이 쓰여있다. "몸의 등불은 마음이라. 네 안에 있는 것들이 잘 정돈되어 있으면… 너희 몸이 빛이 날 것이요. 네 마음이 어두우면, 네 빛도 어두워지리라."[30]

건강한 마음이 신체에 영향을 미치는 또 다른 예로서 마음이 갖고 있는 치유적 특성을 들어보자. 사고의 패턴을 긍정적으로 전환하는 것만으로도 잠재하던 내적 치유의 능력을 깨우고, 외부 질병에 대하여 스스로 대항하는 면역체계를 자극할 수 있다. 대뇌와 면역 체계에 상호 연계성이 있다고 주장하는 것은 더 이상 이해하지 못할 말이 아니다.[31]

병이 낫겠다는 '의지'는 매우 중요한 치료의 수단이다. "네가 낫고자 하느냐?"는 예수님께서 베데스다 연못가에서 38년 동안 누워 있던 남자에게 하신 질문이다(요 5 : 6). 예수님께서는 완전한 치료를 하기 위해서 동역자를 필요로 하신다. 의사와 목회자의 치유 능력의 상당 부분은 그들의 환자와 성도가 스스로 회복될 수 있다는 자신감과 믿음에 의해 좌우된다.[32] 의사와 목사가 환자에게 나을 수 있다는 신념을 불어넣어 주는 것은 매우 중요하다. 그것이 중세 때에 몇몇 주석가들이 여러 가지 양상으로써 환자에게 기름을 부으면서 성례를 행한 이유이다. '올바른 사고'와 '올바른 관계'는 인간을 온전하고 성스럽게 성장시킨다.

정신과 육체의 관련성에 대한 신비가 아직까지 완전하게 밝혀지지는 않았다. 사실상 인식, 기억, 합리화 등의 인지적 의식이나 감정, 행위 등등의 감각적 의식에 대한 탐구는 아직도 초기 단계에 있다. 그러나 분명한 것은 뇌와 신체 사이를 연결시키는 복잡한 정보 교환 체계가 존재한다는 사실이다.

그렇다고 해서 사람의 병을 항상 정신으로 치료할 수 있다는 것은 아니다. 또한 건전한 생각을 한다고 모든 암을 치료할 수 있다는 것도 아니다. 가령 에이즈를 통해서 정신과 육체 사이에는 굉장히 밀접한 연관성이 있다는 것이 밝혀졌지만 뉴에이지 사상에 바탕을 둔 자가 치료의 영성은 이를 지나치게 신뢰한 경우이다.[33]

아무튼 이것이 의미하는 것은 당신의 심적 상태가 부정적이든 긍정적이든 질병의 발생, 치료, 회복에 영향을 주고 있다는 것이다.

'간접 흡연자'도 흡연자가 내뿜는 연기를 마심으로써 고통을 받고 있다는 것은 증명된 사실이다. 영적인 상태에서도 이와 똑같은 현상이 나타난다. 실제로 학자들은 모든 사람들은 주변 사람들에게 영향을 주는 '감정의 연기'(mood-smoke)를 내뿜고 있다고 주장하기 시작했다.

사람의 주변에는 자신이 영향을 미칠 수 있는 영적 싸움터가 있다. 사람은 모두 다른 사람을 격려할 수 있는 긍정적 싸움터를 만들어 내고 있거나 다른 사람의 기운을 빼앗아 가는 부정적인 싸움터를 만들고 있다. 의사를 신뢰하게 되면 진단의 정확성이 높아지며 건강에 보다 많은 도움이 된다는 것은 이미 증명된 사실이다.[34]

이 영적인 간접 흡연 현상은 '테레사 수녀의 효과'(The Mother Teresa Effect)라고 부른다. 이 이름은 데이비드 맥클렐랜드(David McClelland) 교수가 이끄는 하버드 대학의 연구팀이 붙였다. 교수들은 학생들에게 테레사 수녀의 생애를 담은 영화를 관람시켰다. 영화는 캘커타의 가난한 사람들과 함께 병자와 죽어가는 사람들을 돌보고 있는 테레사 수녀의 모습을 그린 것이었다. 영화를 보았을 때 그들의 면역기능은 순간적으로 증가하였고 한 시간 이상 그런 상태가 지속되었다. 단지 애정어린 장면을 보는 것만으로도 관찰자들은 긍정적인 효과를 얻는 것이다.[35]

주는 자의 능력에 대한 성경적인 원리가 바로 그것이다. "구제를 좋아하는 자는 풍족하여 질 것이요 남을 윤택하게 하는 자는 윤택하여 지리라"(잠 11 : 25).

예수님께서도 "주라, 그리하면 너희에게 줄 것이니 곧 후히 되어 누르고 흔들어 넘치도록 하여 너희에게 안겨 주리라"(눅 6 : 38)라고 말씀하셨다. 우리는 다른 사람에게 줌으로써 부유해진다. 비록 주는 사람이 너무도 힘든 질병으로 고통받고 있는 사람들이라 하더라도, 값없이 풍족하게 줄 때 주는 자에게 건강의 이익이 더욱 더 풍족하게 돌아온다.[36]

에리히 프롬(Erich Fromm)은 "가난은 사람의 품위를 떨어뜨리고 쇠약하게 만든다"는 말이 의미하는 바가 무엇인지를 알았다. 즉 "가난은 가난한 사람들로부터, 주는 기쁨마저 빼앗아 버린다"는 것이다. 예수님은 타인과 그 자신을 명확히 구분하지 않으셨다. 가난한 자와 자신도 구분하지 않으셨다. 곧 "내 형제 중 지극히 작은 자 하나에게 한 것이 곧 내게 한 것이니라"(마 25 : 40)고 하셨다. 주님께서는 다른 사람을 돕는 것이 그리스도를 돕는 것이요, 또 스스로를 돕는 것이라고 말씀하셨다.[37]

사람들은 스스로를 병들게 하고 있다. 매달 정신상태에 대한 심리적인 영향을 밝히는 논문이 쏟아져 나오고 있다. PS^2는 과민성 증후군(Propound Sensitivity Syndrome)의 약자이다.[38] 이것은 그릇된 사고방식, 갈등 정서, 상한 감정과 왜곡된 야망이 신체 내에서 생화학적 반응을 일으키는 현상을 설명하는 연구방법이다. 이 새롭게 등장한 '심리신경면역학'(psychoneuroimmunology= PNI)은 우리의 감정이 면역체계에 어떤 영향을 주는지를 연구하고 있다.[39]

정신과 육체가 서로 연결되어 있다는 예수님의 확신은 '분노'와 '살인'은 밀접한 연관이 있다는 것을 분명하게 말씀하신 것에 잘 드러나 있다. "옛 사람에게 말한 바 살인치 말라 누구든지 살인하면 심판을 받게 되리라 하였다는 것을 너희가 들었으나 나는 너희에게 이르노니 형제에게 노하는 자마다 심판을 받게 되고…"(마 5 : 21~22).

우리는 심리적으로 또 육체적으로 화를 내는 만큼 대가를 치루어야 한다. 공포와 분노의 감정은 육체적 고통을 야기시킨다. 듀크 대학의 한 연구팀은 화를 잘 내는 사람은 고혈압 환자나 흡연가에 비하여 2~5배 가량 사망률이 높다고 발표했다. 분노, 적대감, 질투나 실망의 감정은 고혈압, 흡연, 알코올 중독 등과 마찬가지로 생명을 단축시키는 주범이다.

「분노가 살인을 한다」(Anger Kills)라는 책에서 레드포드 윌리엄스(Redfore B. Williams)와 버지니아 B. 윌리엄스(Redford B. Williams)는 "화를 내는 것은 일생 동안 매일매일 서서히 작용하는 소량의 독약을 섭취하는 것과 같다"고 말하고 있다.[40] 적개심 때문에 생기는 분노는 극약처럼 인체에 해롭다. 적대감이 높은 사람들은 조기사망 위험률이 가장 높은 것으로 나타났다.

분노했던 순간을 회상하는 것만으로도 비정상적으로 심장 박동이 증가하며 심전도율이 불규칙적으로 나타난다. 분노는 면역 기능을 약화시킨다. 화낼 때는 힘든 노동을 하거나 심리적인 스트레

스를 받을 때보다 심장이 더 많은 일을 해야한다.[42]

스탠포드 대학의 정신과 의사 테일러(C. Barr Taylor)의 연구에 따르면, 분노는 심장이 약하거나 심장병을 앓고 있는 사람에게 심장마비

> 우리는 자신의 기분을 생각한다.
> 그리고 편두통을 앓는다.
> 우리는 자신의 기분을 삼킨다.
> 그리고 궤양에 걸린다.
> 우리는 자신들의
> 기분의 무게를 지고,
> 그리고 곧 다시
> 아픈 상태로 되돌아간다.
> 우리는 자신의 기분 위에 앉는다.
> 그리고 치질에 걸린다.
> ─ 제임스 줄로[41]

를 초래할 수도 있다고 한다.[43] 또 UCLA 대학에서 의학을 가르쳤고 교통사고로 불운하게 죽었던 정신과 의사이며 '인간의 성 행동 연구'의 전문가인 로버트 J. 스톨러(Robert J. Stoller)는, "성도착은 대개 증오와 분노가 성적으로 나타난 형태다"라고 말했다.[44]

이 이론은 반드시 분노나 슬픔을 표현하는 것이 정서적 건강에 해롭다는 것을 의미하는 것은 아니다. 예수님은 부정적인 감정에 사로잡히지도 않으셨지만, 그렇다고 부정적인 감정을 억압하거나 부인하지도 않으셨다. 예수님은 자신의 감정을 자연스럽게 드러냈고 건설적인 방법으로 분노를 표현하셨다. 억압된 분노는 질병과 우울증과 심지어는 자살 행위까지도 일으킨다.[45]

예수님은 예루살렘 성전에서 공격적인 면을 보여주셨던 것처럼 때때로 분개하시기도 했다. 또한 예수님은, 하나님의 사랑과 용서를 저버리는 사람들에게 하나님을 혹독한 심판의 주로 묘사하셨다.

"악한 종아 네가 빌기에 내가 네 빚을 전부 탕감하여 주었거늘 내가 너를 불쌍히 여김과 같이 너도 네 동관을 불쌍히 여김이 마

좋은 생각을 하라 … 125

> 우리 중의 절대적인 대다수는
> 변치 않고 체계적인 이중성을
> 가진 삶을 살 것을 요구받고 있다.
> 만약에 당신이 느끼는 것과는
> 반대로 말한다면, 만약에 당신이 혐오하는
> 것에 굴복한다면, 그리고 당신이 불행 외에
> 아무 것도 가져다 주지 않는다는 것에 참여한다면,
> 당신의 건강은 침해 받을 위험에 처해 있다.
> 우리의 신경시스템은
> 단지 꾸며낸 이야기가 아니다.
> 그것은 우리의 육체의 일부이다.
> 그리고 마치 우리의 입 속의 이처럼
> 우리의 영혼은 우리 안에 존재한다.
> 그것은 영원히 모독을 받을 수 없다.
> ─ 보리스 파스테르나크[46]

땅치 아니하냐 하고 주인이 노하여 그 빚을 다 갚도록 저를 옥졸들에게 붙이니라 너희가 각각 중심으로 형제를 용서하지 아니하면 내 천부께서도 너희에게 이와 같이 하시리라"(마 18 : 32~35).

"형제에게 노하는 자마다 심판을 받게 되고 형제를 대하여 라가라 하는 자는 공회에 잡히게 되고 미련한 놈이라 하는 자는 지옥불에 들어가게 되리라"(마 5 : 22).

예수님은 하나님께 사랑을 고백하면서도 형제를 사랑하지 않는 것을 몹시 불쾌해 하셨다. 예수님은 다음과 같이 가르치셨다.

> 너희가 용서하기를 거절할 때,
> 너희는 메시아를 십자가에 못박아 죽이는 것이다.
> 너희가 사랑하기를 거절할 때,
> 너희는 메시아를 십자가에 못박아 죽이는 것이다.

너희가 서로 도와 주기를 거절할 때,
너희는 메시아를 십자가에 못박아 죽이는 것이다.

얼마나 많은 그리스도인들이 지금도 메시아를 죽이고 있는가? 1933년 미 심장협회(Americam Heart Association)에서 '감정이 심장병에 어떤 역할을 하는가' 라는 주제 발표에서, 감정이 심장병의 예방과 치료에 상당한 영향을 미치는 결과를 발표했다.[47]

아델피 대학 고급심리학회의 임상심리학과 교수 조나단 쉐들러(Jonathan Shedler)는 1992년 미 심리학협회(Americam Psychological Association) 정기 모임에서 걱정과 절망이 억압되면 심장병 발작 비율이 더 높아진다는 연구 결과를 밝혔다. 아틀란타 주에 소재하고 있는 질병관리와 예방센터에서 실시한 연구에 의하면 아주 미약한 정도의 수준이라도 절망은 혈액 내의 콜레스테롤 응고를 촉진시키고 혈관의 벽을 두껍게 하며 심장혈관의 파괴를 유발할 수 있다고 발표하였다.[48]

정신과 육체의 연관성을 연구한 거의 모든 결과에서 여러 가지 심리학적인 요인이 질병을 촉진한다고 말하고 있다. 한 연구에서는 우울증에 자주 빠지는 사람이 암에 걸려 죽을 확률은 보통 사람보다 두 배 이상 높다고 밝혔다.[49]

앞서 인용한 「정신, 육체와 면역체계」라는 논문을 다시 보자. 이 논문의 결론은 다음과 같다. "면역체계에 영향을 주는 '정신'은 아마도 스트레스 호르몬의 작용 때문에 어떤 특정한 상황에서는 건

> 본질적으로,
> 마음은 하나의 생각
> 소자로 이뤄졌다.
> 단언하건데 모든 마음의
> 소자의 총합은
> 단지 하나일 뿐이다.
> — 노벨 물리학 수상자인 게원 슈뢰딩거

강과 질병 사이의 균형을 무너뜨릴 수도 있다."[50]

　정신 상태는 이미 발병한 질병에 대해서도 그 진행의 정도에 영향을 미칠 수 있다. 질병의 결과에 획기적인 차도를 가져오는 가장 확실한 것은 희망이다. 다음은 1994년 4월 18일자 「USA 투데이」 건강 섹션에 실린 헤드라인이다. "비관주의는 만병이 다가옴을 알리는 만종"(晩鐘). 이 기사의 첫 구절은 다음과 같다. "아주 비관적으로 세상을 보는 것은 60세 이하에서 암에 걸린 사람들의 수명을 단축시킨다."

　희망 속에는, 그리고 이제 겨우 질병이 시작되었다고 생각하는 것은 치료의 힘이 있다. 나는 고등학교 야구부 선생님이었던 잭 코부스키(Jack Kobuskic)에게 처음으로 상상력의 힘에 대해서 배웠다. 그는 타격 연습장에 설 때마다 야구공이 동그란 링 속으로 들어간다고 상상하면서 공을 치라고 말씀하시곤 했다. 비록 일류 선수층에 끼지 못했지만 그후 나의 타율은 놀랄만큼 향상되었다. 이와 마찬가지로 암세포와 싸우는 긍정적인 상상을 할 때 생존율이 급격히 증가한다고 텍사스 주의 시몬튼 형제(Carl and Stephanie Simonton)는 발표하였다.

　유방암에 걸린 여성을 10년간 연구한 스탠포드 대학과 캘리포니아 대학의 연구자들은 매우 놀랐다. 데이비드 쉬피겔(David Spiegel) 박사가 미국 정신과협회에 보고한 것처럼, 주변 사람들과 긍정적인 대화를 나누는 환자들과 질병에 대하여 긍정적인 마음을 갖고 있는 환자들은 보통의 환자 그룹보다 2배까지 더 오래 사는 것으로 보고했다. 이 연구는 로스앤젤레스의 캘리포니아 대학의 교수 조셉 G. 코트니(Joseph G. Courtney)에 의해서 확증되었다. 그는 직업과 관련된 스트레스는 암 발병률을 5.5배 가량 높게 하는 것으로 보고했다.[52] 특히 간은 스트레스성 암에 약한 것으로 드러났다.

그러나 마음에 대해 이야기할 때 뉴에이지와 차별화하는 것이 중요하다. 사실 뉴에이지에서 주장하는 것처럼 나쁜 생각이 암을 일으키거나 좋은 생각이 암을 치료하는 것은 아니다. 하지만 우리들의 사고와 감정은 면역체계에 영향을 줄 수 있다. 심리학은 생리학에 영향을 준다. 유전의 영향, 식습관, 생활습관, 환경 등 많은 요인들이 질병에 영향을 준다. 그렇기 때문에 심리적 요인이 질병에 주는 영향은 비중이 5~10% 정도로 낮을 수도 있다. 그러나 그 영향이 5%만 되어도 면역 기능이 깨어나고 자가 치료 기능이 강화된다. 면도칼로 손가락을 베었을 때, 우리 몸은 스스로 치료를 시작한다. 이와 같은 치료의 기능이 사람의 몸 속에 내재되어 있다. 심리적 확신에 따라서 자가 치료 기능이 증가되는 것이다. 좀더 극적으로 말하면 면역 기능과 자가치료 기능의 5~10% 증감에 따라서 생사가 결정될 수도 있다.

> 포기하기 말라.
> 어딘가에 하나님은
> 분명히 계신다.
> 님원의 내님에서
> 그가 부르신다.
> -나무엘 프록터[53]

의학 연구가이며 정신과 의사인 데이비드 라슨(David Lasson)은 1992년에 미국 정신병 전문 잡지에 12년 동안의 정신병에 관한 연구 결과를 게재하였다. 이 연구는 종교와 건전한 정신건강 사이에는 관계가 있다고 발표하면서 종교에 귀의할 때 자살, 마약과 알코올 남용, 우울증 등을 예방할 수 있다고 했다.[54] 다른 연구에서도 비슷한 결과가 나왔다. 퍼듀 대학의 의료 사회학자 케네드 페라로(Kenneth F. Ferraro)의 연구결과 종교 활동에 적극적으로

> 무릇 그 마음의 생각이
> 어떠하면,
> 그의 사람됨도 그러하니,
> - 솔로몬의 격언

참여하는 사람이 참여하지 않는 사람보다 훨씬 건강하며 부유한 것으로 조사되었다.[55] 보다 적극적으로 종교행사에 참여할수록 더욱 더 건강해진다는 것이 퍼듀 대학 연구팀의 결론이다. 왜냐하면 종교적인 사람은 건강에 유익하지 않는 행동을 회피하는 경향이 있고, 종교활동은 사회적인 관계를 형성시켜주며, 고통을 이길 수 있다는 희망을 생생하게 불어 넣어주기 때문이다.

친구들과 시간을 함께 보내는 것과 같은 즐거운 일을 정기적으로 하다가 그만두면 면역기능에 나쁜 영향을 미칠 수 있다. 뉴욕 주립대학의 의과대학 심리학자 아더 스톤(Arther Stone)은 하루 중 긍정적인 사건이 면역 기능에 영향을 주는 것이 부정적인 사건보다 훨씬 더 강한 힘이 있어 많은 도움이 된다고 주장한다.[56]

최후의 만찬(정확히 부르면 최초의 만찬으로 불려야 마땅하지만)은 찬송으로 끝이 난다. 그렇다면 어떤 찬송을 불렀을까? 최후의 만찬은 유월절 식사를 축하하기 위한 것이었으므로 유월절 할렐(Hallel : 히브리어로 할렐은 찬양을 의미함)의 후반부를 불렀을 것이다. 그것은 아마 시편 115~118편이었을 것이다.[57]

실제로 예수님은 미래에 일어날 일을 위하여 겟세마네 동산에서 피와 같은 땀을 흘리시기 전에 찬송을 부르셨다.

과학자들은 우주가 빅뱅으로 시작되었다고 말한다. 또 최초로 천국에 울렸던 음악은 오늘날까지 창조를 통하여 계속되고 있다. 욥은 음악과 웃음소리로 우주가 시작되었다고 한다. 하나님께서는 지구의 기초를 놓았을 때, 아침의 별들은 서로 노래하였고 모든 천상의 것들은 즐거워 소리쳤다고 말씀하신다(욥 38 : 4, 7).

음악은 영과 정신과 나아가 육체에 변화를 일으키는 힘을 가지고 있다. 음악학자 데릭 쿡(Deryck Cooke)은 특정한 멜로디, 하모니와 리듬의 형태가 기분이나 감정과 깊은 관계가 있다고 말했다.[58] 우리는 음악이 가지고 있는 치료의 효과에 대해서 이제 막 거론하기 시작했다. 서로 다른 음의 색깔, 리듬, 악기, 조성 등은 각각의 신체 부분에 영향을 미친다. 예배를 통해 그리스도를 높이는 것은 우리 몸에 잃어버린 음색을 되찾아 주며, 미래를 준비시킨다.[59]

의학계에 종사하는 많은 사람들이 실제로 교회에 출석하지 않으면서, 치료와 기적의 하나님을 찬양하는 노래를 부르는 것은 놀라운 일이다. 의학 선교사인 외과 의사 폴 브랜드(Paul Brand), 종양 의사 버니 시겔(Bernie Siegel), 예일 대학의 외과의사 리차드 셀저(Richard Selzer), 볼티모어 대학의 내분비 의학자 닐 솔로몬(Neil Solomon)도 그중에 한 명이다. 솔로몬 박사는 "지구상의 그 무엇도 하나님을 믿음으로써 생기는 치료 효과 만큼 인간의 질병을 치료하는 데 긍정적인 반응을 주는 것은 없다"고 주장한다.[61]

월드비전 국제 건강부 이사인 에릭 램(Eric Ram)은 다음과 같이 기록하고 있다.

우리가 남에게 호의와 사랑과 용서와 희망의 말을 건네는 것은, 곧 건강을 건네는 것이다. 우리가 다른 사람과 수고로움이나 기쁨을 함께 나누면, 우리는 치료에 채널을 맞추고 있는 것이다. 소심하거나 지쳤든지, 이기적이거나 광적이든지, 젊거나 늙었든지, 우리는 서로에게 줄 수 있는 중요한 무엇을 갖고 있다. 우리들 각자 각자는 하나님으로부터 신유

좋은 생각을 하라 ··· 131

의 은사를 선물 받았다.[61]

'사랑이 치료할 수 있다'는 말이나 '무조건적인 사랑은 면역체계를 가장 강하게 자극한다'고 주장한 최초의 학자는 버니 쉬겔이 아니다.[62] 예수님께서도 사랑, 기쁨, 희망과 용서는 절망이나 좌절이 육체에 영향을 미치듯이 똑같이 육체에 영향을 미친다고 가르치셨다. 예수님은 사람들에게 가장 좋고 건전하고 우아한 것이 무엇인지를 찾는 눈으로 삶을 바라보셨다.

> 마음이 평안하면
> 몸에
> 생기가 돈다.
> - 잠언 14장 30절 표준 새번역

사실, 폴 브랜드는 바울이 말한 성령의 열매인 사랑, 희락, 화평, 인내, 자비, 양선, 충성, 온유, 절제(갈 5 : 22~23)가 거의 모든 질병을 예방할 수 있는 백신이라고 부른다.[63] 성령의 열매야말로 인간이 복용할 수 있는 최고의 만병통치약이다. 이 약을 복용하라.

지금까지는 정신에 대해 탐구하면서 생각에 초점을 맞추었다. 우리는 아직까지 기도에 대한 이야기는 꺼내지도 못했다. 만일 생각이 우리가 제안한 것처럼 그렇게 힘이 있는 것이라면, 건강한 자와 병든 자에게 기도는 어떤 영향을 미칠까?

우주에서 가장 강력한 힘은 기도다. 사실은 나도 이제서야 기도가 때로는 가시적으로, 때로는 불가시적으로 우주에 강력한 영향을 미치는 물리적인 힘인 것을 알게 되었다. 우주에서 가장 근본적인 것은 영이다. 미첼 탈봇(Michael Talbot)은 이 사실을 물리적인 용어로 바꾸어 놓았다. 그는 "1평방 센티미터의 빈 공간에 전체 우주가 가지고 있는 에너지보다도 큰 에너지가 숨겨져 있다"고 말한다. 이것을 다른 용어로 표현하면, 3조 개의 원자 폭탄이 갖고 있는 힘과 맞먹는 엄청난 힘이 1평방 센티미터에 존재한다는 것이다.[64]

우리는 '에너지의 바다'에 산다. 이 바다는 물리적인 에너지와 영적인 에너지가 공존한다. 이 바다에서 기도보다 더 강력한 에너지는 존재하지 않는다. 알코올이나 마약이 정신을 황폐케 하는 힘이 있는 것처럼 정신에 미치는 기도의 힘도 중요하다. 이것이 바로 우리가 무슨 일을 하든지 항상 기도해야 하는 이유이다. 하나님께서 우리가 하는 일에 복을 내려 주시길 기도할 것이 아니라, 하나님의 복된 일의 일부를 우리가 할 수 있게 해달라고 기도해야 한다.

메리 고든(Mary Gorden)이 세 편의 중편소설을 모아서 한 권으로 출판하였는데 이 책의 대표작인 「여생」(The Rest of Life)에서 "그녀의 몸에는 양초처럼 심지가 박혀 있다"며 인생을 타들어 가는 양초로 묘사하고 있다.

예수님의 삶을 양초의 심지에 비유한다면 예수님은 기도라는 불꽃으로 삶의 심지가 꺼지지 않고 타들어 갈 수 있도록 하셨다. "나는 나의 원대로 하려하지 않고 나를 보내신 이의 원대로 하려는 고로…"(요 5:30). 예수님께서 진실의 심지가 타들어 가는 궤도 위에 머물러 있을 수 있었던 것은 날마다 기도의 오솔길을 걸으셨기 때문이다.

복음서에는 예수님께서 기도했다는 것이 스물한 번 언급되어 있다. 이것을 예수님께서 열여섯 번 말씀을 선포하셨다는 것과 마흔다섯 번 가르쳤다는 것과 비교해 보면 예수님께서 기도를 얼마나 중요시 하셨는지 알 수 있을 것이다. 비록 예수님께서 자신이 기도한 사실에 대하여 직접 언급한 것은 누가복음 22장 32절밖에 없다. 하지만 베드로에게 "내가 너를 위하며 네 믿음이 떨어지지 않기를 기도하였노니"라는 예수님의 말씀은 계속해서 기도했다는 뜻으로 그분이 얼마나 기도를 많이 하셨는지를 암시하는 것이다. 매번 중대한 순간을 앞에 두고, 중요한 결정을 하기 전에, 그리고 전환기 때마다, 모든 위기 때마다 예수님은 기도하셨다. 기도하는 의사였던 누가는 이 사실을 분명히 언급하고 있다. 예수님은 열두 명의 제자를 선택하기 전에 기도하셨다(눅 6 : 12). 세례를 받기 전에도 기도하셨다(눅 3 : 21). 제자들에게 자신의 정체를 분명하게 드러내기 전에도 기도하셨다(눅 9 : 18). 변화 산상에서 기도하셨다(눅 9 : 29). 체포되기 전에도 그분은 기도하셨다(눅 22 : 39~46). 십자가 위에서도 기도하셨다(눅 23 : 34). 예수님은 기도의 날개를 타고 천국에 들어 가셨다(눅 23 : 46).

예수님께서 이 땅에서 남기신 마지막 말씀도 진실과 희망의 기도였다. 마지막 손길을 아버지께 맡기면서 "아버지여 당신의 손에 내 영혼을 맡기나이다"라고 하셨다.

그러나 예수님은 절망에 빠져 자포자기의 상태가 되었을 때 무조건 기도만 하지는 않으셨다. 그분은 쉬지 않고, 끊임 없이 하나님과 교통하며 기도하셨다. 기도는 예수님이 정신적인 삶, 육체적인 삶, 영적인 삶을 사는 방식이었다. 예수님은 기도하는 사람이셨다. 예수님은 "나는 기도할 뿐이라"는 시편 109편 4절의 말씀처럼 사셨다.[65]

예수님의 기도는 입술로 하는 무엇이 아니라 전체의 존재로 하는 무엇이었다. 호흡하는 순간마다 예수님은 기도의 삶을 사셨다.

날마다 숨쉬는 순간마다 주님은 기도를 하셨다.

또한 기도는 예수님께서 특별히 행하신 것이었다. 그분은 문을 닫고 기도하셨다. 그분은 기도하러 산으로 가셨다(눅 6 : 12). 그분은 광야(한적한 곳으로)로 가서 기도하셨다(막 1 : 35). 예수님은 밤을 새워 기도하셨다. 또한 혼자서 기도하셨다(눅 9 : 18~20). 예수님은 한 사람 한 사람을 위해 기도하셨다(눅 22 : 31). 또 단체를 위하여 기도하셨다(눅 23 : 34). 예수님은 어떻게 바다의 폭풍과 소용돌이 치던 제자들의 마음을 잠잠케 하셨던가? 예수님은 밤을 새워 하나님과 교제하신 후에 산에서 천천히 내려오셨다(마 14 : 25).

기도는 '영혼의 언어'이다. 이 기도의 언어를 사용하면 하늘의 천국문은 활짝 열린다. 예수님께서 기도하시자 기적이 일어났다. 우리도 기도하면 기적이 일어난다.

첫째로 예수님은 권위를 가진 자 곧 "하나님께로서 오신 선생" (요 3 : 2)으로서 말씀하신다. 매일매일 식사하듯이 기도를 하면 우리는 영원한 세계에 닻을 내리는 것이다. 또한 하나님과 우리의 관계를 신선하고 깨끗하게 지속시킬 수 있다. 우리는 하나님께 간청하기 전에 하나님과 대화를 나누어야 한다.

둘째로 예수님은 아무도 말한 적이 없는 말씀을 하신

> 기도는 모든 것의 시험이다.
> 기도는 모든 것의 원천이다.
> 기도는 모든 것을
> 운전하는 힘이다.
> 기도는 모든 것의 감독이다.
> 만일 그 기도가 옳은 기도라면
> 모든 것이 옳다.
> 왜냐하면 기도는 어느 것도
> 잘못되는 것을 허락하지
> 않기 때문이다.
> — 테오판[66]

다. 기도가 우리의 혈관 속에 붙어 있는 찌꺼기를 떼내고 부활의 능력이 우리 몸 속에 흐르게 할 때, 거기에는 웨스트 버지니아 주의 조상들이 말했던 성령의 전율을 다른 사람들에게 느낄 수 있게 하는 해방의 힘이 있다. 비록 우리가 기도 하는 법을 모른다고 할지라도, 오직 성령이 말할 수 없는 탄식으로 우리를 위하여 친히 간구하신다(롬 8 : 26).

셋째로 예수님은 영적인 전쟁을 수행하실 수 있고 우리에게 있는 악마를 쫓아 주신다. 로욜라의 이그나투스(Ignatius of Loyola)는 이런 말을 했다.

"우리는 모든 것이 하나님께 달려있는 것처럼 기도하지만, 모든 것이 나에게 달려있다는 듯이 행동한다."

기도는 우리의 구원을 빼앗지 못하게 하는 힘이 있다.

넷째로 예수님은 영적으로 병들은 세상뿐 아니라 정신, 육체, 영혼도 치료하셨다. 의학계에서도 기도를 통한 육체적 정신적 효험을 더이상 미신으로 여기지 않는다. 외과 의사 래리 도시(Larry Dossey) 박사는 고혈압에서 치질에 이르기까지 모든 분야에 기도가 긍정적인 효과가 있다는 것을 증명했다. 버니 쉬겔은 1985년에 미래에는 '묵상기도의 휴식'이 오늘날 우리가 커피를 마시면서 하는 휴식처럼 일반화 될 것이라고 예언했다.

마지막으로 예수님께서는 우주의 최초의 요소들에 모든 것들을 연결시키는 영적인 힘을 창조하셨다. 기도를 통하여 사람들은 치료를 받는다. 기도를 통하여 사람들은 구원을 받고 새로워진다. 기도를 통하여 우리는 창조적인 영과 우주를 창조한 하나님의 영으로 들어가게 된다. 미국의 모든 영적각성운동은 기도운동에서 시작되었다. 우리는 지금 당장 기도각성운동을 시작해야 한다. 그것은 교회 역사상 가장 중요한 기도운동이라고 불리게 될 것이다. 예수님은 기도의 능력을 다음과 같이 생생하게 표현했다.

"진실로 다시 너희에게 이르노니 너희 중에 두 사람이 땅에서 합심하여 무엇이든지 구하면 하늘에 계신 내 아버지께서 저희를 위하여 이루게 하시리라 두세 사람이 내 이름으로 모인 곳에는 나도 그들 중에 있느니라"(마 18 : 19~20).[67]

식탁으로 6
초대하라

 예수님은 음식에 관한 말씀을 많이 하셨다. 예수님은 음식을 통해 공동체를 가르치시고 치료하시고 세우며, 생활을 변화시키고 불화와 중압감을 허무셨다. 음식은 예언자 예수님이 세상의 지혜를 뒤엎고 하나님의 깊은 지혜와 창조적 방법을 사람들에게 소개하기 위한 언어였다.[1] 사실 예수님이 펼친 운동은 하나님의 선함을 맛보이기 위해 사람들을 초대한 '식탁의 혁명'이었다. 정한 것이든 부정한 것이든 모든 종류의 음식을 먹을 수 있다는 것은 예수님의 혁명적인 신학을 일상에서 표현한 것으로, 전통적으로는 부정하다고 규정된 사람들 곧 사마리아인, 여성, 세리, 혼혈족, 소수 민족, 죄인들조차 믿음을 통한 새 가정 안에서 형제와 자매가 될 수 있다는 것을 의미하는 것이었다.[2]
 성경에서 예수님은 종종 나쁜 사람들과 좋은 음식을 잡수셨다.[3] 예수님은 먹고 마시는 것을 즐겼다. 예수님께서는 음식에 상당한 주의를 기울이셨는데 사실, 복음서를 읽어보면 음식에 관한 내용이 많이 나온다. 나는 종종 복음서를 읽다가 시장기를 느끼곤 한다. 다음과 같은 짧막한 퀴즈를 내보겠다. 신약성경에서 식사를 하는 장면이 몇 번 나올까? 다음은 내가 기억하고 있는 목록들이다.

- 5천 명을 먹이심.
- 4천 명을 먹이심.
- 갈릴리 가나의 혼인잔치.
- 최후의 만찬.
- 해변서 고기를 구워 드심.
- 삭개오 집의 식사.
- 베드로 장모의 식사 시중.
- 안식일 날 제자들이 밀밭에서 밀알을 훑어 먹음.
- 마리아가 예수님과 함께 이야기할 때 마르다의 요리.
- 야이로의 딸이 깨어났을 때 먹일 것을 지시하심.

예수님과 관련된 식사에 대한 반복적인 이미지로 연회, 잔치, 생수, 천국잔치 등이 떠오른다. 주님은 또 말씀하신다. "나는 포도나무요." "나는 생명의 빵이라."

신약성경은 해변에서의 아침 식사, 기념 식사, 야외 식사, 만찬, 결혼 잔치, 대연회와 세 제자와의 은밀한 식사 등 식사 얘기로 가득하다. 때때로 예수님은 제자들을 위하여 아침을 짓기도 했다. 누가복음과 사도행전은 특별히 상 차리는 규정과 음식의 신학에 대해서 주목하고 있다. 예를 들면 시중드는 시몬의 장모(눅 4 : 39), 레위의 잔치(눅 5 : 29), 5천 명을 먹이심(눅 9 : 12~17)[4] 최초의 그리스도인들이 떡을 뗌(행 2 : 42, 46), 식탁 시중을 드는 집사들과 바울을 향한 루디아의 환대(행 16 : 15) 등이 그것이다.[5] 사람들은 진실로 '떡을 떼고 나서' 그들의 '눈이 열렸다'. 그리고 '그가 누구인지 알아보았다'(눅 24 : 35, 31).

예수님은 먹는 것을 좋아하셨다. 그리고 보통은 혼자서 드시지 않으셨다. 항상 낯선 사람들이 식탁에 함께 둘러 앉아 있었다. 나의 어머니는

> 내가 다른 사람들과 다른 점은 걱정을 싫어한다는 것이다. 왜냐하면 그것은 나를 해치기 때문이다.
> - 대피 덕

"혼자 먹는 음식은 건강에 좋지 않단다. 예수님도 사람들과 함께 잡수셨다. 나도 역시 사람들과 함께 먹는 게 즐겁단다"라고 자주 말씀 하셨고 실제로 그렇게 하셨다.

성경에서 연회는 상징적인 의미를 가지고 있다. 곧 기쁨과 축복의 하나님, 생명과 건강의 하나님, 또 우리에게 '영적인 음식' 곧 '하늘의 양식'을 주시는 하나님을 상징한다. 그러나 예수님 당시의 종교적인 사람들은(지금도 그렇지만) 고통을 경건한 것이라고 생각했다. 당신은 몇 번이나 교회에서 제공하는 식사 자리에 참석했는가?

예수님과 제자들은 정한 음식을 부정한 사람들과 먹었을 뿐만 아니라 음식을 먹는데도 많은 시간을 할애하셨다. 예수님은 금식을 많이 하지 않으셨다. 그분은 억지로 근엄한 표정을 짓지도 않으셨다. '선한 사람들'은 때로는 금식(fast)을 하였고 때로는 잔치(feast)도 하였다. '가장 선한 사람들'도 세례 요한의 경우처럼 금식을 하였다.[6] 예수님은 아마 십대 때 쿰란 공동체를 방문했을 것이다(쿰란은 여리고에서 걸어서 약 2시간 거리에 위치해 있다). 예수님도 어쩌면 세례 요한처럼 절제된 모범을 보이고 싶은 욕망을 가지고 계셨을지도 모른다. 그러나 예수님은 요한의 수도사적인 생

활방식을 거부하고 장로들의 전통을 파기하셨다.

　예수님과 제자들이 간소한 식생활을 하지 않았기 때문에 그 시대 사람들에게 비난을 받기도 했다. 몇몇 사람들은 그분을 식탐가요, 주정뱅이라고 불렀다. 그러나 예수님은 금식은 결혼잔치에 적당하지 않다고 강조하시며 "혼인집 손님들이 신랑과 함께 있을 때에 금식할 수 있느냐?"고 말씀하셨다(막 2 : 19). 그러나 그들은 듣지 않았다. 겉치레와 사회적 체면을 중요시 하는 세상 속에서 예수님은 '다른 사람들의' 칭찬을 중요하게 여기지 않으셨다(마 6 : 1~6).

　세례 요한은 죄인들에게 설교를 했고, 예수님은 죄인들과 함께 저녁을 먹었다. 세례 요한은 죄인들에게 복음을 전파하고 예수님은 죄인들을 환대하였다. 요한이 세례를 베푼 곳에서 예수님은 음식을 베푸셨고, 세상의 사악함과 타락함을 안타까워 하셨다. 예수님의 음식사역의 주 대상은 빼앗기고 소외된 자들이었다. 예수님은 실제로 음식 클럽을 만드셨고 육신의 음식과 영혼의 음식을 필요로 하는 모든 사람들의 필요를 제공하셨다. 성경학자 데니스 E. 스미스(Dennis E. Smith)는 "많은 학자들이 소외된 자들에게 예수님을 전할 때 식탁 교제를 가장 필수적인 요소로 여기고 있다"고 말한다.[7] 노만 페린(Norman Perrin)은, 예수님의 이런 식사방식 때문에 사람들이 그분을 죽이려고 했다고 말했다.[9] 예수님께서 모든 모임에서 행했던 두 번째 특징은 '음식을 먹는 것' 이라는 사

> 역사상 최초로 자진해서
> 문둥병 환자에게 손을 댄
> 사람은 문둥병으로
> 죽지 않았다.
> 그분은 문둥병 환자라고는
> 한번도 만져 본 적이 없는
> 한 종교지도자의 손에 의해
> 죽었다.
> ─지미 알렌[3]

실에 모든 성경학자들이 동의한다. 만일 식사 예법이 얼마나 중요한 것인지가 의심스럽다면, 다른 식사 예법을 가진 문화권에서 함께 식사를 하면서 전통을 깨뜨리려고 시도해 보라. 식사 습관을 연구한 인류학자들은 다음과 같이 주장한다.

· 그 사회가 단순하든지 복잡하든지를 막론하고, 먹는 것은 인간 관계를 형성하고 유지하는 가장 기본적이고 중요한 요소이다. 그래서 인류학자들은 어디서, 언제, 누구와 음식을 먹는지를 연구해 왔다. 왜냐하면 먹는 관계를 통해서 사회적 구성원들 사이에 있는 모든 관계를 추론할 수 있기 때문이다. 사람들이 무엇을, 언제, 어떻게, 어디서, 누구와 먹느냐를 아는 것은 곧 그 사회의 성격을 아는 것이다.[10]

· 이와 같이 식사의 사회적 기능과 식탁의 종교적 중요성을 고려해 볼 때, 예수님의 사역에서도 식사와 접대가 사역의 중심에 위치해 있음은 더욱 분명하다. 유대인들은 자신들이 하나이며 하나님을 믿는 자들이라는 정체성을 보여줄 수 있는 방법은 '음식 언어' 즉 누구와 무엇을 어떤 환경에서 먹느냐는 것을 통해서였다.[11] 유대주의의 한 분파로서 예수님의 제자들은 자신들의 정체성과 신앙을 구별하기 위해 사용하던 음식에 관한 규례를 신약성경의 언어로 변형시켰다.[12]

예수님은 저녁 만찬에서의 경험을 토대로 가장 충격적인 비유들을 이끌어 내셨다. 처형되기 전날 밤에 가장 친한 친구들과 가졌던 최후의 만찬은 기념비적인 식사였다. 예수님께서는 자신을 상징하는 의식으로 검소하고 간단한 음식을 택하셨다.

예수님에게 양육은 곧 먹이는 것이었다. 예수님은 돌로 지은 성전보다 식탁에서 하나님을 더 잘 알 수 있다고 가르치셨다. 우리는 그리스도를 성스러운 특별한 식사 속에서가 아니라 매일 먹는 식사에서 더 잘 만날 수 있다. 가난한 사람에게 줄 음식을 위해 매월 10달러씩 기부해본 사람들은 예수님의 사역이 음식 사역이었다는 것을 이해할 것이다.

예수님은 어느 때는 주인이셨고 어느 때는 손님이셨다. 때로는 시중드는 사람이셨고 때로는 요리사셨다. 예수님은 부자들과 함께 식사하셨고 때로는 가난한 자들과도 하셨다. 때로는 의로운 사람들과 또 다른 때는 죄인들과 식사하셨다. 예수님은 맹인, 절름발이, 문둥병자, 귀머거리, 가난뱅이, 과부, 고아와 주린 자들과 함께 식사를 하셨다. 그러나 예수님이 누구와 함께 드시든지, 만찬을 혁명적인 메시아의 연회로 만드셨다.

예수님은 떡을 떼면서 자신이 누구인지를 알리셨다. 예수님은 포스트모던 시대의 제자들에게도 여전히 떡을 굽고 떼는 과정을 통하여 자신을 드러내신다. 훌륭한 빵 한 덩어리를 만들 수 있는 능력을 갖는 것은 신학적인 의무이며, 종교적 예식이고, 영적인 건강에 대한 문제로 여겨야 한다. 만일 우리가 믿음의 경주를 함께 해야 한다면, 우리는 먼저 함께 기도하기 위하여 무릎을 꿇어야 한다. 그리고 나서 그리스도와 함께 음식을 먹어야 한다. 당신은 하나님과의 교제를 위하여 식탁을 차려 본 적이 있는가? 이웃과의 교제를 위해서는? 또 자기 자신과의 교제를 위하여 식탁을 차려 보았는가? 우리가 하나님과 함께 공동체를 위한 식탁을 차릴 때, 뭔가 기적적인 일이 일어나리라는 것을 기대할 수 있다. 가족 간에 반목으로 식사시간이 마치 피만 흘리지 않는 전쟁터가 된 세상에도 예수님께서는 뭔가 특별한 것을 식탁으로 가져오신다.

예수님과 함께 먹는 곳에서는 변화가 일어난다. 예수님께서 삭개오와 함께 드실 때, 삭개오의 인생이 달라졌다(눅 19 : 1~10).

예수님께서 레위(마태)와 식사하실 때, 이 세리도 예수님께서 왕권이나 아름다운 사람들을 위하여 온 것이 아니라 방랑자, 깡패, 강도, 자신과 같은 미천한 자를 위하여 오셨다는 것을 깨달았다(눅 5 : 31~32, 마 9 : 9~13).

> 너는 천국을
> 유업으로 받을 것이다.
> 무언 때문이냐고?
> 내가 배가 고플 때
> 너는 나를 먹였다.
> 이 세상에서 배 고픈자를 먹이는 것보다 더 평범한 일은 없으나 천국에서는 그 일을 높이 평가하기 때문이다.
> — 어거스틴

예수님께서 바리새인 시몬의 집에서 식사하실 때 시몬은 하나님께서 먼저 우리에게 모든 것을 주셨기 때문에 우리가 가진 모든 것을 하나님께 드릴 수 있다는 사실을 깨달았다(눅 7 : 36~50).

예수님께서 제자들과 함께 식사하실 때 주님께서 종이 되셔서 시중 드는 것을 보고 자신들도 큰 자가 되려 해서는 안 된다는 사실을 깨달았다(요 13 : 1~20). 엠마오에서 두 제자는 예수님과 함께 저녁을 먹을 때, 갑자기 그들의 눈이 열려 전에는 결코 보지 못했던 방법으로 예수님을 보게 되었다(눅 24 : 31).

예수님께서 나사로, 마리아, 마르다와 식사를 하실 때, 그들은 형제보다도 더 가까운 친구가 되었다(요 12 : 1~8). 예수님께서 죄 많은 한 여인(아마도 막달라 마리아)과 식사를 하실 때, 그 여인은 결코 들어본 적이 없으며 결코 잊을 수 없는 용서와 사랑의 말을 들었다(눅 7 : 36~50). 예수님께서 갈릴리 바다에서 제자들을 위해 아침을 준비하셨을 때 시몬 베드로는 자신이 어떤 사람인지 분명하게 알게 되었다(요 21 : 1~19).

　당신이 주님과 함께 마지막 식사를 한 때는 언제였는가? 당신은 그때 무엇을 차려 내놓았는가?

　당신은 외식을 하고 싶은가? 아니면 인스턴트 요리를 사서 집에서 먹고 싶은가? 둘다 예수님을 위해서도 친구들을 위해서도 좋지 않다. '자연식'과 '집에서 만든 음식'이 이제는 탁월한 음식으로 인식되고 있다. 베티 크로커(Betty Crocker)는 우리들의 부모와 조부모 집에서 만든 음식은 품질이 떨어지고 맛이 없다고 가르쳤다. 가게에서 산 빵, 가게에서 간 커피, 가게에서 다듬은 야채, 이런 것들이 집에서 만든 음식보다 훨씬 영양가가 높고 신뢰할 만하다고 선전했다. 사람들은 이제 대량 생산으로 똑같은 크기와 모양으로 자른 식빵을 찾지 않는다. 손으로 떼어 먹을 수 있고, 껍질도 벗겨지고 부스러지는 빵을 선호하고 있다.

　과일과 야채의 인기가 높아지고 있다. 부모님들은 더이상 "야채 좀 먹어라"고 말할 필요가 없다. "채소류를 많이 드세요"라고 말하는 것은 건강규칙 중에 하나가 되었다.

　전문가들 사이의 논쟁거리는 채소류 말고 다른 무엇을 먹어야 하는가의 여부이다. 예수님을 위해 당신이 식단을 짠다면 아마도 야채로 가득할 것이다. 지구에서 가장 좋은 몇몇 과일들, 대부분의 사람들은 그 이름조차 들어보지도 못한 루로스(lulos : 안데스 지방의 금빛 과일), 마모네스(mamones), 램버탄(rambutans), 듀리안(durians), 망고스틴(mangosteens)과 같은 지구상의 최고의 과일이 포함될지도 모른다. 아마 당신의 식사는 과일 수프로 시작해서 과일 샤베트로 끝이 날지도 모른다. 당신은 예수님께 고기도 내놓겠는가? 포도주는 어떨까? 어떤 종류의 버터를 내놓아야 할까? 돼지기름으로 만든 빵은 어떨까?

맥켄지(Robert McKenzie) 부부와 칠리코테(Marilyn Chilcote) 부부는 '식사의 영성과 윤리'를 주제로 통신 회의를 했는데 이것은 곧 이슈가 되었다. 음식을 많이 먹는 사람들이 "그것은 종교적인 금기사항이다"[13]라고 비난했는데, 나는 그것이 옳은지 그른지 판단하기가 곤란했다.

미국인의 절반 가량이 식탁에서 식습관에 대해 이야기하기보다는 성생활에 대한 이야기를 더 많이 한다. 연구결과에 따르면 여성들은 음식에 대한 불만보다는 성적학대나 아동학대에 대하여 더 많이 말하는 경향이 있다고 한다. 그러나 대략 6천 5백만 명의 미국인들이 다이어트를 한다. 초등학교 4학년 소녀들의 약 50~80%가, 고등학생들 중에 2/3가량이 다이어트를 한다.[14] 약 1/3의 여대생들이 살을 빼기 위해서 설사제, 구토제와 이뇨제 등을 복용한다고 한다.

"나를 기념하여… (나를) 먹으라"(고전 11 : 24)는 예수님의 명령에 비추어서, 맥켄지와 칠리코테 부부는 예수님을 기념하여 먹으라는 말의 의미가 무엇인가 하는 중요한 질문을 하고 있다.

대부분의 종교는 건강을 위한 엄격한 식사 규제와 규율이 있다. 식사는 건강에 큰 영향을 미친다.

요한복음 6장 51~58절의 주제는 "네가 먹는 것이 곧 너 자신이다"이다. 우리들이 매일 어떤 느낌을 갖느냐는 것도 사실 무엇을 먹었느냐에 영향을 받는다. 캐리 위아트(Carrie Wiatt)는 「디자인된 식사」(Eating by Design)라는 책에서 "스트레스를 해소하는 가장 좋은 방법은 식이요법이다"라고 주장하고 있다. 상추나 케일은

다이어트 하는 사람들의 금식기도

주님, 상추에 매력이 있습니까? 그리고 저지방에, 고기도 없고, 모양도 없는 식사에 매력이 있습니까?

주님, 저는 당신이 내 앞에 놓여있는 이 하찮은 식사에 축복을 내려주시길 원합니다.

왜냐하면 내가 먹고 싶은 모든 것이 내 접시 위에 없을 때, 그것에 대해서 감사 드리기가 어렵기 때문입니다. 내 생각이 변하도록 도우소서. 그것들을 먹고자 하는 나의 욕망을 끊을 수 있도록 도우소서

나는 건강한 사람이 되기 위해서 당신의 도움이 필요합니다.

주님, 주님이 나를 볼 때에 나를 위해서 새롭게 만든 거울을 드소서. 나는 진실로 식탁에서 나를 도와 줄 동료가 필요합니다.

-마가렛 안네 후프만[15]

사소한 우울증의 발작을 진정시키는 효과가 있다.

우리가 이미 4장 "매일 조금씩 걸어라"에서 보았듯이 실제 나이와 신체의 나이가 일치하지 않는 경우가 많다. 사람의 노화율은 30% 정도만이 유전적인 요소에 영향을 받는다. 나머지 부분은 생활습관이 변수로 작용하는데 그중에서도 운동과 식사가 가장 중요한 영향을 미친다. 식이요법은 변형된 암세포에 영향을 미칠뿐만 아니라 변이세포가 덜 생성되도록 한다.[16] 잘못된 식습관으로 많은 사람들이 일찍 죽어가고 있다.

"예수님께서 고기와 모피를 얻으려고 동물을 죽인 일이 있을까"

라는 주제로 열띤 토론을 벌인 적이 있었다.[17] 어떤 사람들은 예수님이 유대인의 전통적인 관습을 묵인(마 11 : 18~19, 눅 22 : 15, 24 : 42~43, 요 21 : 9~13)했다고, 심지어는 철폐했다고 말한다("모든 식물을 깨끗하다 하셨느니라" 막 7 : 19).

> 당신이 먹는
> 음식이
> 약이 되게 한다.
> 당신의 약은
> 음식이다.
> - 히포크라테스

다른 사람들은 킹 제임스 성경과 많은 다른 번역서가, '고기'라는 단어를 일반적인 말인 '음식'으로 번역했다고 주장한다. 공생애의 초기 사역 기간에 그분의 고기(개역 성경에는 양식)는 자신을 보내신 자의 뜻을 행하는 것이라고 선포하셨다(요 4 : 34). 같은 뜻으로 바울은 고기를 먹는 것이 형제나 자매를 실족하게 한다면, 육식을 삼가해야 한다고 선포하였다(고전 8 : 13, 롬 14 : 20~21).

패스트 푸드가 판치는 세상에서, 교회는 세계 전역에서 슬로우 푸드 운동을 일으켜야 한다. 슬로우 푸드란 음식을 천천히 먹으면서 즐기는 것을 말한다. 또한 '동물을 사랑한다면 그것을 먹지 말아야 된다'는 생각은 성경적인 관점으로 점점 더 분명해지고 있다. 하나님이 창조하신 에덴 동산에서는 사람과 짐승 모두가 초식을 하였다(창 1 : 29~30). 그러나 타락 이후에는 아담과 하와는 견과류, 곡물류와 과일류뿐 아니라 모든 식물을 먹게 되었다(창 3 : 18~19). 홍수가 끝난 다음에 사람과 동물들이 육식을 하게 되었다.

그럼에도 불구하고 성경은 동물의 특정한 부분을 먹지 못하도록 엄격한 금지조항을 제정해 놓고 있다(레 3 : 17, 7 : 22~27). 만일 이 조항들을 엄격히 지켰다

> 음식의 종류를
> 보면 그 사람이
> 누구인지를
> 알 수 있다.
> - 포이예르바하

면, 많은 부분의 육식이 제한되었을 것이다.[18] 모든 정결법은 고기를 먹는 자를 벌 주려는 것이다. 만일 당신이 유대의 관습에 따라 고기를 먹는다면 아주 세부적인 것까지 꼼꼼히 신경을 써야 할 것이다. 만일 당신이 채식주의자라면 아무 것도 신경 쓸 것이 없다. 정결법은 유대 교인을 육식주의자에서 채식주의자로 만드는 데 공헌을 했다.

노아의 언약과 모세의 율법이 고기먹는 것을 인정한 이후로, 유대교와 기독교의 역사에서 채식주의자들은 줄어 들었다. 최근에는 채식주의자들이 늘어나고 있지만 이들이 차지하는 비율은 아직도 미비하다. 역사를 살펴보면 비폭력주의자들과 고행하는 사람들은 고기를 먹지 않았다.

> 모든 40대는 들으라 나님 그대에 대한 보증서는 이미 3년 전에 나라졌다. 그대 몸의 몇 군데는 이미 교환할 수 없게 되었다. 당신 몸은 시간당 대략 350원의 감가상각비를 내야 한다.[19]

성경에서 가장 유명한 채식주의자는 예언자 다니엘이다. 다니엘의 간단한 채식은 진미만 먹는 왕의 식사보다 건강에 좋았다. 다니엘은 왕의 음식과 술을 먹음으로 몸을 부정하지 않기를 결심했다. "다니엘은 뜻을 정하여 왕의 진미와 그의 마시는 포도주로 자기를 더럽히지 않게 하기를 구하니" (단 1 : 8).

성경은 또한 만물이 하나님과 화해할 때 모든 육식 동물은 초식 동물이 되며 보다 온순해지고 비폭력적이 될 것이라고 한다. 다음은 요한 웨슬리가 채식을 좋아하게 된 이사야 서의 본문이다.

그때에 이리가 어린 양과 함께 거하며

> 표범이 어린 염소와 함께 누우며
> 송아지와 어린 사자와 살찐 짐승이 함께 있어
> 어린 아이에게 끌리며
> 암소와 곰이 함께 먹으며
> 그것들의 새끼가 함께 엎드리며
> 사자가 소처럼 풀을 먹을 것이며
> 젖 먹는 아이가 독사의 구멍에서 장난하며
> 젖 뗀 어린 아이가 독사의 굴에 손을 넣을 것이라.
> 나의 거룩한 산 모든 곳에서
> 해됨도 없고 상함도 없을 것이니
> 이는 물이 바다를 덮음같이
> 여호와를 아는 지식이
> 세상에 충만할 것임이니라(사 11 : 6~9).[20]

이사야 서의 후반부는 동물을 죽이는 것을 살인으로 묘사하고 있다. "소를 잡아드리는 것은 살인함과 다름이 없고…"(사 66 : 3).[21]

처음 들었던 예와는 반대로 세례 요한은 그의 식사에서 메뚜기는 제외하지 않았다(막 1 : 6). 몇몇 학자들은 세례 요한이 메뚜기와 석청을 먹는 것은 자신이 채식주의자이며 금주주의자임을 대변하는 관용적인 상징이라고 주장한다. 왜냐하면 유대인은 메뚜기와 석청을 고기와 포도주 대용으로 사용했기 때문이다. 누가복음 7장 33절의 '아르토스'(artos)는 히브리어의 '레헴'(lhm)에 해당하지만 이런 경우에는 문맥상 떡이 아니라 고기로 번역해야 옳다. 초대 그리스도인 공동체는 고기를 먹었다. 그러나 주로 경제적으로 낮은 계층의 사람들이 종교의식 때 사용했던 제물을 먹는 것으로 제한되었다. 육식이 법으로 금지되지는 않았으나 이것은 아주 심각한 문제로 받아들여졌다.

이제 다시 처음 질문으로 돌아가보자. 당신은 예수님께 고기를 대접하겠는가? 아니면 채소를 대접하겠는가? 그것은 대답하기가 쉽지 않은 질문이다. 채식주의자가 되는 데에는 종교적인 이유뿐만 아니라 환경적, 경제적, 의학적, 도덕적인 이유들이 복합적으로 얽혀있기 때문이다.

환경적인 관점에서 토지를 가장 황폐화 하는 것 중에 하나는 소떼를 방목하는 것이다. 소를 기르는 것은 숲을 파괴하는 가장 주요한 원인 중의 하나이다. 남아메리카 아마존 숲의 38%, 중앙아메리카의 25%, 미서부 지역의 85%가 목장을 만들기 위한 벌목으로 숲과 생태계가 파괴되고 있다.[23] 물 소비도 심각하다. 예를 들어 토마토를 생산하기 위해서 소요되는 물의 230배 정도가 같은 양의 쇠고기를 생산하기 위해 소비된다는 연구결과가 있다.[23] 아마존 숲의 38%가 목장을 만들기 위해 벌목되었다. 중앙아메리카에서도 1960년대 이후로 목장을 만들기 위해서 약 25%이상의 숲을 개간했으며 미 서부 지역은 적어도 85%의 산맥을 목초지로 개간했다.[23]

경제적인 관점에서 보면, 육식은 우리의 식욕을 만족시키기 위하여 동물을 희생시키는 문제일 뿐만 아니라 또 다른 사람들의 희생을 초래하는 문제이기도 하다. 한 마리의 소에서 나오는 고기의 양은 열 사람에게 잠시 동안의 영양을 공급할 수 있다. 그러나 한 마리의 살찐 소를 만들기 위해 소비되는 곡물은 일백 명에게 공급

할 수 있는 양이다.[24]

육식은 우리의 폭식과 대량 소비와 탐욕스러움을 보여준다. 「60초」(60minute)를 분석한 작가는 미국 농무성과 미국 국립축산협회의 통계(미국 소에게 10일간 곡식을 먹이지 않는다면, 전 세계의 굶주리는 사람들의 생명을 지킬 수 있는 충분한 곡물을 저축할 수 있다는 내용)를 근거로 하여 다음과 같이 결론을 내렸다. "우리가 고기를 먹기 위해 사육하는 동물들에게 들어가는 곡물은 전 세계 굶주리는 사람들의 식량이다."[25]

> 영원성의 추구가
> 소금에 절인
> 오이를
> 만들어 낸다.
> — 러시아 속담

의학적인 관점에서 보면, 표준 미국 식사법인 SAD(Standard American Diet)는 "사람들은 무엇이든 먹을 수 있다"라고 말한다. 우리는 너무 많이 먹는다. 특히 고기를 많이 먹는다. 아마도 미래의 식습관은 변화될 것이다. 앞으로는 풀코스 식사에서 간단히 먹는 스낵식사로 전환될 것이다. 왜냐하면 건강문제는 의학계 영양분과가 모순된 조언을 한다든지 성급하게 환자 상태를 진단하는 등의 잘못과도 관련있겠지만 우리가 먹는 음식에도 문제가 있기 때문이다.

「변화의 씨앗」(Seeds of Change)이라는 운동은 식물 위주의 식사가 건강에 큰 도움을 주며 지구의 환경과 자원도 보호할 수 있다는 철학에 근거하고 있다.[26]

폴 데록스(Paul Theroux)의 소설 「마법사 밀로이」(Millroy the Magician)는 "만약에 어떤 영양소를 섭취하지 못하게 하는 종교가 있다면 당신은 그것을 어떻게 받아들이겠는가?"라는 질문으로 시작한다.[27]

이 질문자는 우리의 식단에서 지방이나 당분을 제거하자는 운동을 하는 사람으로 나쁜 식습관을 개선하는 일을 담당하고 있다. 그는 야채와 생선을 권장하는데 자신이 영양 정보 책자로 이용했던 성경을 참고하여 저술했다. 그는 성경을 '생명의 책, 음식의 책, 기적의 책' 으로 부른다.[28]

사람은 자신의 표준 체중보다 약 450그램씩 몸무게가 늘어날 때마다 평균 한 달 정도 일찍 죽는다고 한다. 지방이 많은 식사는 결장암과 심장병 발병에 가장 큰 주범이다.[29]

서양에서 유방암 발병률이 높게 나타나는 것은 고지방 식사 때문이다. 국립암연구소(The National Cancer Institute)는 어떤 야채, 과일, 약초, 향신료 등이 암세포를 없앨 수 있는지를 찾기 위하여 '계획적인 음식' 이라는 프로그램을 진행하고 있다. 비록 당장 식사에서 지방을 줄이는 것이 암을 막지는 못한다 하더라도 암이 발병할 확률을 줄이는 효과가 있다. 지방이 암을 발생시키는 원인으로 증명된 적은 없지만, 암세포의 성장을 촉진시키는 것은 분명하다. 세계 50대 이상의 남성의 절반이 경미한 잠복기 전립선염을 앓고 있다.[30]

섬유질을 많이 섭취하고 지방을 줄일수록, 암으로부터 공격받을 가능성이 줄어든다. 스웨덴의 연구자들은 식사 때 섭취하는 지방은 유방암의 악화에 직접적인 영향을 미친다고 한다. 저지방 식사는 미국에서만 연 4만 6천 명의 여성을 죽음으로 몰고가는 유방 종양의 발생을 피하는 데 상당한 공헌을 할 것이다.[31]

그러나 사실 종교적인 입장에서 주장하는 채식의 당위성이 위에서 제시한 환경, 경제, 의학적인 입장의 설득력보다 더 크다. 종교적 채식주의자들은 이상하거나 특별한 사람들이 아니다. 그들은 하나님과 하나님의 창조물에 대한 사랑 때문에 고기를 먹지 않을 뿐이다.

앤드류 린지(Andrew Linzey)는 1세기 팔레스틴에서는 예수님께서 고기를 잡수시는 것이 필요하셨을지는 몰라도, 오늘날 인간의 생존에 살생이 필수적인 것은 아니라고 주장하고 있다. 살생을 하지 않고 살 수 있다면 그렇게 하는 것이 옳다. 그러므로 그리스도인 채식주의자들은 육식을 하는 다른 그리스도인들보다 훨씬 더 평화를 만들고자 하는 성경적인 소망에 가까이 있다고 볼 수 있다.[32]

사실 미래의 후손들이 우리가 무절제하게 육식한 것을 본다면 우리를 단연 이류 그리스도인(sub-christian)으로 여기게 될 것이다. 수도사들의 식생활에 관해 연구를 하는 옥스퍼드 대학의 한 연구가에 따르면, 약 1,500년 경의 웨스트민스터 성당에 있던 베네딕트파 수도사들이 며칠 동안 먹고 마신 음식물은 겨우 7,375 칼로리 정도였다고 추정한다. 사람의 신장이 현재보다 훨씬 작았다는 사실과 수도사의 생활이 조용히 앉아 있는 것이라는 것을 고려하면, 그것이 가장 적당한 칼로리 섭취량이었다. 그 당시 식사는 하루에 고기 3파운드와 맥주 1갤런이 포함되었다. 축제 때에는 포도주 한 병이 추가 되었다. 그러므로 평균적으로 수도사들의 1일 총 칼로리 섭취량의 거의 20%가 에탄올이었다.[33]

어떤 사람들은 우리의 후손들이 동물을 대량 학살하는 오늘날 우리들의 행위를, 마치 노예를 억류하고 여성을 침묵시켰던 것과 같은 차원으로 생각할 것이라고 말한다. 육식을 즐기는 사람들은 육식을 허락하

> 사람만이 자신의 밥상에 희생될 가축들과 그것들이 먹히기 전까지 우호적 관계를 유지할 수 있는 유일한 동물이다.
> — 헨리 영맨

고 있는 성경의 구절들을 제시한다(창 9 : 3~4, 롬 14 : 2~3, 딤전 4 : 3~4). 성경은 마찬가지로 노예를 억류하는 것도 허락하고 있다. 그러나 노예제도가 폐지된 오늘날에는 비록 성경에서 노예제도를 허락하고 있더라도 노예제도의 폐지가 훨씬 수준 높은 것이라는 것을 알고 있다. 사자가 어린 양과 함께 뒹구는 이상적인 세상은 육식이 폐지된 기반 위에서만 가능한 것이다.

동물을 잡아서 드리는 희생 제사는 하나님의 어린 양이신 예수님께서 스스로를 희생제물로 드림으로써 끝났다. 마찬가지로, 예수 그리스도께서 오시기 전에 허락되었던(심지어 명령되었던) 육식도 이제는 더이상 필요 없어졌다.

요컨대 최소한 육식을 반대하는 그리스도인들을 이상하거나 괴짜로 여겨서는 안 될 것이다.

그럼에도 불구하고 고기를 먹는 관습은 계속될 것이다. 하나님은 아담과 하와를 입히시려고 가죽옷을 최초로 만드신 분이셨다(창 3 : 21). 비록 예수님께서 고기를 잡수셨다는 직접적인 증거는 없지만, 주님의 만찬은 십중팔구 거의 모든 종류의 음식 곧 빵, 야채, 고기, 생선, 과일과 주류 등을 갖춘 유월절 식사였을 것이다. 또 예수님께선 그분의 친구들이 물고기를 잡아 시장에 팔도록 도와 주셨다(눅 5 : 4~7). 부활하신 예수님께서는 제자들이 지켜보는 가운데 구운 생선(튀긴 생선이 아님)을 드시기도 하셨다(눅 24 : 43). 그리고 제자들을 위해서 직접 생선을 굽고 상을 차리기도 하셨다(요 21 : 9).

드류몬드(W. H. Drummond)가 지적하는 것처럼, 식용 뿌리와 채소가 풍부한 열대지방에서는 채식주의가 가능하지만, 그린랜드

사람이나 에스키모의 경우처럼 야채가 아주 빈약하여 고기를 먹어야 하는 지역도 있다.[34]

퀘이커 교도의 자연주의자인 짐 코벳(Jim Corbett)는 "나는 동물을 잡아 고기를 먹으면서도 비폭력적으로 살기를 갈구합니다"라고 고백하였다.[35] 물론 채식주의자 중에서도 히틀러와 같은 폭력적이고 야만적인 사람이 있을 수 있다. 그러나 식습관에 대해 말하는 것을 제외하고서라도 현대 산업시대는 역사상 존재했던 지금까지의 사회제도 중 가장 폭력적인 생활방식을 가지고 있었다고 평가될 것이다. 만약 사람이 계속 고기를 먹는다면 다음과 같은 것이 고려되어야 할 것이다.

첫 번째로 식사는 감사기도가 절대적으로 필요하다. 우리가 식탁에 앉을 때마다, 지구상의 생물이 고통을 당하거나 우리를 위해서 생명을 내주어야 하는 등 말할 수 없는 처지에 놓여있다는 것을 기억해야 한다.

우리가 지금 먹고 있는 동물은 칼에 목이 찔렸고 버둥거리다가 고통 속에 죽었다. 그리고 거꾸로 매달려서 피를 흘린 것이다. 동물들은 자신들이 죽으러 가는 때를 안다. 도살장으로 들어가는 돼지들은 들어가지 않으려고 "꽥, 꽥" 소리를 지른다고 한다.

한 마리의 동물이 죽은 대가로 우리는 햄버거를 먹는 것이다. 이때 우리가 할 수 있는 일은 고작 이 생명이 준 선물에 감사기도를 드리는 것뿐이다. 우리는 동물도 우리와 마찬가지로 생명이 있음을 인정해야 한다.

두 번째로 건강을 위해서 기념파티나 축하 파티와 같은 특별한 날에 동물 머리를 먹는 것을 금해야 한다. 또한 식사 메뉴는, 체중 유지에 적합한 것이어야 한다. 대부분의 사람들은 건강을 위하여 매일 자신이 소비하는 고기 양에서 거의 250그램 씩을 줄일 필요가 있다. 또한 우리 모두는 건강을 위해서 식습관 자체를 바꾸어야 할지도 모른다.

밥 슈바르츠(Bob Schwartz)는 식사량을 줄이기 위한 대안으로 다음과 같은 네 가지 규칙을 제시했는데 그중에 마지막 것이 가장 중요하다. 첫째, 배가 고플 때 먹어라. 둘째, 신체가 요구할 때 즉시 먹어라. 셋째, 한 술의 음식도 의식하면서 먹어라. 넷째, 배부르면 즉시 멈춰라.[36]

> 보통 서양사람 한 명은 그의 평생 동안에 20마리의 암소와 400마리의 닭과 12마리의 돼지와 30마리의 양을 먹는다. 이건은 엄청난 수의 생명임에 틀림없다.
> — 폴 & 린다 맥카트니[37]

세 번째로 화장실은 우리의 배설량에 대해서 '빈틈없이' 알고 있듯이 냉장고는 우리의 섭취량에 대해서 '정확하게' 알고 있다. 예전에 냉장고가 없었을 때는 육식으로 유발되는 질병(특히 육류의 지방질은 암을 유발시킨다)을 방지하기 위하여 많은 양의 비타민을 섭취하고 일부러 칼로리가 낮고 섬유질이 많은 음식을 선택해야 했다. 미국 보건복지부에서는 적어도 암으로 인한 사망자 중 35%는 우리가 평생동안 소비하게 되는 40톤의 음식물의 종류와 밀접한 관련이 있다고 추정한다.

고기를 먹는 사람들은 산화방지 효과가 뛰어난 과일과 야채를 충분히 먹어야 한다. 산화방지제가 풍부한 야채는 주로 짙은 녹색, 오렌지색과 노란색이다. 배추과의 야채들, 곧 양배추, 브로콜리, 싹양배추, 꽃양배추 따위는 육식을 할 때 항암 작용을 하는 요소를 많이 갖고 있다. 과일과 야채를 주로 먹는 사람들이 먹지 않는 사람보다 암에 걸릴 확률이 절반이나 낮은 것으로 조사되었다. 몇몇 연구에서는 하루에 다섯 차례 정도 과일과 야채를 먹으면 뇌졸증으로 쓰러질 위험을 거의 70%정도 줄일 수 있다고 밝혔다.

생활태도나 식습관에 작은 변화만 주어도 결과는 크게 달라질 수 있다. 큰 산도 돌멩이 하나에서 시작해서 움직인다. 산화방지 효과가 있는 비타민C와 E는 비록 적은 분량이지만, 베타-카로틴과 함께 섭취할 때, 면역기능을 강화할 수 있고 암과 심장병의 위험을 줄일 수 있다. UCLA 대학의 한 연구에서는 비타민C를 매일 섭취하는 사람은 평균 수명보다 6년은 더 산다는 사실을 밝혔다.

교회는 푸드뱅크(food bank)나 무료급식과 같은 프로그램을 통하여, 여유가 없는 사람들에게 하루에 15~20밀리그램의 베타-카로틴, 100~4,000밀리그램의 면역 강화용 비타민 E, 250~1,000밀리그램 정도의 비타민C를 섭취할 수 있도록 도와 주어야 한다. 미국인의 약 90%가 충분한 양의 비타민을 섭취하지 못하고 있는 실정이다.

한 여인이 죽어서 천국에 갔다. 천국은 그녀가 상상했던 것보다 훨씬 더 아름다웠다. 그녀는 남편에게 하루라도 빨리 천국을 보여주고 싶었다.

일 년 뒤 그녀는 남편을 만나게 되었고 남편과 함께 여행을 떠났다. "이 하늘, 이 꽃들, 음악소리, 동물들, 사람들을 봐요. 천국은 진짜 좋은 곳이죠. 그렇죠?" 그녀는 감탄하면서 말했다.

남편은 천국을 간단히 둘러본 후 투덜거리듯이 대꾸했다. "물론이지. 당신이 해준 잡곡밥만 먹지 않았어도 이곳에 5년은 빨리 올

수 있었을 텐데."

　나는 위의 이야기를 자주 하는데 왜냐하면 한때 마니교에서 제시했던 건강법을 지지해 주기 때문이다. 마니교 신도였던 심장병 전문가가 심장병으로 고생하는 환자에게 '특별한 식이요법'을 권했다. 그것은 "만일 당신이 먹는 음식이 맛이 좋다면, 즉시 뱉어 버리시오"였다.

　우리는 음식 때문에 위협받을 뿐만 아니라 음식을 숭배하는 시대에 살고 있다. 어떤 음식을 먹을까 고민하는 사람을 만날 때마다 나는 서투르지만 기독교적 관점을 갖고 있는 무명 작가의 시를 소개한다.

　　　　므두셀라는 그릇에 담겨 있는 음식은 그냥 먹었다.
　　　　요즘 사람들처럼
　　　　칼로리를 재가며 먹지는 않았다.
　　　　왜냐하면 그건 그냥 음식이니까.
　　　　그는 저녁 식탁에 앉았을 때 고민하지 않았다.
　　　　파이나 구운 고기를 그냥 맛있게 먹을 뿐
　　　　몸에 좋은 지방인가,
　　　　비타민이 부족하지 않을까 고민하지 않았다.
　　　　그는 즐겁게 음식을 씹어 먹었다.
　　　　두려움이나 병에 대해서는
　　　　생각하지 않으면서
　　　　신선한 과일이지만 무언가 자기 건강을 해치지 않을까
　　　　염려하지 않았다.

그 결과 그는 900년도 넘게 살았다.

신학자 로버트 패로 케이펀(Robert Farror Capon)은 이상적인 '건강이론'과 극단적인 채식주의자들에게 음식을 적으로 생각하지 말라고 조언한다. 채식에 대해 광신적인 사람들은 버터가 암의 요인이며, 소금은 혈압을 높게 만들며, 계란은 동맥을 막는다고 말한다. 그러나 계란에 소금을 더하고 버터를 첨가시킨 것은 네덜란드 소스(계란 노른자, 레몬즙, 버터, 식초 따위를 넣어 만든 것으로 몸에 좋은 음식)와 같은 것이다.

고린도전서 10장에서 말하는 것처럼 모든 것이 허용되었으나 모든 것이 유익한 것은 아니다. 예수님은 모든 사람이 만족할 만한 세상을 보여주셨다. 예수님은 '만족한다'는 것이 어떤 것인지 알고 계셨다. 그분은 단순하고, 조심스러운 생활을 하셨다. 그리고 '스스로 만족하는 때'가 진정으로 만족하는 것임을 아셨다.

예수님은 잠언 기자가 "나로 가난하게도 마옵시고 부하게도 마옵시고 오직 필요한 양식으로 내게 먹이시옵소서"(잠 30 : 8)라고 말한 것처럼 '많은 것을 요구하는 삶'이 아니라 '만족하는 삶'을 사셨다. 예수님과 제자들은 그 시대의 나쁜 사람들로 여겨지는 이들과 좋은 음식을 먹었다. 그리고 만족하는 삶을 살았다.

7 하루하루를 축제처럼

　직무방침은 짧으면서도 날카로와야 한다. 샌프란시스코의 에스피리트 사는 직원들에게, 회사가 원하는 업무방침을 세 줄의 짧은 문구로 제시하였는데 그것은 곧 "알려지게 하라. 관계를 맺어라. 차별되게 하라"였다.
　나이키 사의 직무방침은 "그냥 하시오"(Just Do it)이다.
　디즈니 사도 해마다 일만 삼천 명의 신입 사원들에게 세 마디로 압축된 회사의 직무 방침을 가르친다. 그것은 바로 "사람들에게 행복을 제공하라"이다.
　예수님도 마찬가지로 짧은 구절로 된 직무방침을 갖고 계셨다. 이것은 요한복음에 가장 간결하게 표현되어 있다.
　고대 교회들은 각각 사복음서 기자를 나타내는 상징물을 강단에 새기거나 스테인드글라스로 그려 놓아 묘사했다. 사자는 마태를, 사나이는 마가를, 황소는 누가를, 독수리는 요한을 상징했다. 왜 높이 나는 독수리로 요한을 상징했을까? 그것은 요한의 삶이 높이 솟구쳐 하나님을 바라보는 신앙이었기 때문이다. 동물 중에서 독수리만이 유일하게 직접 태양을 응시해도 눈이 멀지 않는다고 한다. 어떤 사람들은 매를 나타내는 영어 단어인 '이글'(eagle)

> 내 마음 속에
> 커다란
> 푸른 나무가지가
> 있다면, 노래하는
> 내가 찾아 오리라.
> -중국 속담

이 '밝음' '명확성' '횃불처럼 빛난다'라는 뜻을 지닌 헬라어 '아이글'(aigle)에서 유래되었다고 한다. 성경 어디에서도 요한처럼 열정적이고 확고한 삶을 살았던 인물은 찾아 볼 수 없다.

우리에게 익숙한 "만물이 그로 말미암아 지은 바 되었으니 지은 것이 하나도 그가 없이는 된 것이 없느니라 그 안에 생명이 있었으니 이 생명은 사람들의 빛이라"(요 1 : 3~4)라는 말씀에서 '지은 것이 하나도' 보다는 '만들어진 것은 무엇이나' 라고 하는 것이 더 잘된 번역이다. 그러나 3~4절을 더 잘 번역하려면 "모든 것은 그분을 통해서 만들어졌으며, 그분 없이 만들어진 것은 아무 것도 없다"라고 해야 할 것이다.[1]

이때 만약 누군가가 갑자기 "하나님에 의해 만들어진 '모든 것'이란 무엇인가?"라고 물으면, 요한은 "그분 안에서 만들어진 것은 바로 '생명' 이다"라고 강조해서 말했을 것이다. 그러면 어떤 종류의 생명일까? 우리가 독수리 복음인 요한복음 10장을 읽다 보면 10절 중반부에서 그 답을 찾을 수 있다. 나사렛 예수님의 사역방침과 또 건강한 삶에 대한 주님의 위대한 처방 중에 하나가 바로 이 구절에 있기 때문이다.

예수님의 사역방침은 바로 "내가 온 것은 양으로 생명을 얻게 하고 더 풍성히 얻게 하려는 것이라"는 말씀에 나타나 있다. 다른 번역에는 "내가 온 것은 양들이 생명을 얻되 더욱 풍성히 하기 위해서이다"로 되어 있다(GNB). 나는 "나는 너희들이 충만한 삶을 살 수 있게 하기 위하여 왔다" 정도로 번역하고 싶다. 요한복음에서 영생을 뜻하는 헬라어는 근본적으로는 '더해진 생명'(life plus)

이라는 뜻을 가지고 있기 때문에 위의 구절을 다음과 같이 번역할 수도 있다. "나는 너희들이 더해진 생명을 얻게 하기 위하여 왔노라."

예수님께서는 '소위 나의 삶'을 찾게 하려고 오신 것도 아니며, 그저 그런 김빠진 이류의 삶이나 인공적으로 꾸며진 삶을 찾아 주려고 오신 것도 아니다. 예수님께서는 건강하고, 초현실적이고, 성령으로 충만하고, 생명이 더해진 삶을 주기 위하여 오신 것이다. 육체를 충만하게 하셨던 말씀이 모든 육체를 말씀으로 충만하게 하기 위해서 오셨다.

어떤 삶이 건강한 삶인가? 그것은 '충만한 삶'이다. 풍족한 삶, 성숙한 삶, 온전한 삶, 그리고 생명이 더해진 삶이다. 예수님께서는 우리에게 충만한 삶을 제공하신다. 반쪽뿐인 삶이나 말뿐인 삶이 아닌 충만한 삶을 말이다. 충만한 삶이란 주말에만 예수님의 제자처럼 사는 것이 아니라 평생을 예수님의 제자로 사는 삶을 말하는 것이다. 삶이란 우리 주께서 세우신 교회 내에서의 책임만을 가리키는 것이 아니다. 우리의 사명은 다른 이들이 하나님께서 주신 삶을 풍성하게 살도록 그리고 최대로 건강하고 충만하게 살도록 돕는 것이다. 사도 바울의 신학 안에서 예수님은 '충만함'이다. 예수님은 우리 신앙의 개척자이시며 완성자이시다(히 12 : 2). 예수님께서는 우리의 충만한 삶을 위하여 오셨다. 곧 성령으로 충만하고, 생명으로 충만하고, 사랑으로 충만하며, 건강으로 충만하고, 생기가 흘러 넘치는 삶을 살도록 하기 위해 오셨다.

충만한 삶의 지표는 자아완성을 위한 것만이 아니다. 자신을 넘어서 타인을 위한 것이어야 한다. 예수님의 삶에서 가장 경이로운 것 중에 하나는 친구들을 위하여 자신의 생명을 내어놓을 정도로

> 우리가 만약 기뻐하지 않는다면 하나님은 끔찍한 일들을 허락하실 것이다.
> — 제레미 테일러

자신을 초월하는 삶을 살았다는 것이다(요 10 : 11~18, 15 : 12~13, 요일 3 : 16).

또 예수님의 말씀 안에서 충만한 삶이란 자신을 위하는 것보다 하나님을 위한 것이었다. 즉 삶에 있어서 가장 높고 선한 목표는 자기 자신에 한정되는 것이 아니다. '충만하게 사는 것'이란 그리스도를 알며 그리스도를 알게 하는 것이다. 빌립보서 1장 21절에서 바울은 이렇게 말한다. "이는 내게 있어 사는 것이 그리스도시며 죽는 것이 이득이기 때문이라"(NKJV). 바울에겐 삶이 곧 그리스도였다. 충만하게 사는 것이란 바로 온전하고 건강한 삶을 사는 것을 말한다. 독수리의 사역 방침 즉 충만한 삶의 비결을 가지고 있는 교회는 왜 디즈니 사가 단지 쥐 한 마리(미키 마우스)를 유명하게 만든 것처럼 예수님을 경이롭고 신비스럽게 만들지 못할까?

이제 다시 기적을 회복해야 할 때가 아닌가? 이제 다시 교회가 살아 움직이고, 요동치며, 쿵쿵 울리는 활기찬 성령의 소리를 회복해야 할 때가 아닌가? 그리스도인들은, 장난꾸러기 요정들이 마술 가루를 뿌려서 사람들을 날게 하는 것처럼 마술 가루를 뿌릴 필요가 없다. 왜냐하면 우리는 이미 세례를 받음으로 거룩한 영적 생활을 할 수 있기 때문이다.

많은 사람에게 문제가 되는 것은 '세상 속에 하나님이 계시냐'의 문제가 아니라 '교회 안에 하나님께서 계시냐' 하는 것이다. 루이스(C. S. Lewis)는 "사악한 자들이 구원받는 것보다 신앙의 권태에 빠진 자들이 변화되는 일이 더욱 어렵다"고 했다. 전통적인 교회 문화 안에서 얼마나 많은 사람들이 "사람이 내게 갈하기를 여호와의 집에 올라가자 할 때에 내가 기뻤하였도다"(시 122 : 1) 하고 마음에서 우러나오는 찬송을 부르면서 집을 떠나 예배를 드리러 가고 있는가? 그리고 루이스가 셀돈 바노켄(Sheldon Vanauken)에게 "아시다시피, 그리스도인의 임무란 할 수 있는 대로 기뻐하는 것입니다"라고 말한 것을 주님을 믿는 우리들은 얼마나 실천하고 있는가?[3]

익나지오 시올론(Ignazie Silone)은 베이비붐 시대(1945~65년)에 태어난 '잃어버린 세대'(lost generation)가 1970년대와 80년대에 수백만 명씩 무리를 지어 '기독교 문화'를 떠난 사건에 대한 적절한 이유를 제시하고 있다. 시올론이 십대였을 때, 그와 친구들은 교회에 가지 않기 시작했는데 그 주된 이유는 그리스도인이 되기를 거부한 것이 아니라 사람들이 그들을 지루하게 단들기 시작했으며, 교회의 주 관심사가 그들의 요구나 필요에 적절하지 않다고 생각했기 때문이었다.[4] 신학자 메리 해치(Mary Hatch)와의 인터뷰에서도 베이비붐 세대가 종교를 거부했다기 보다는 매력 없는 교회의 제도가 그들을 거부한 것이라고 말한다. 그리고 그들이 교회에서 보는 것은 권태로움 뿐이며 "대부분의 교회가 신자들을 지루하게 하고, 상상력을 고갈시키고 감정을 가라앉게 하고 있어요"라는 말도 덧붙인다.[5] 그러나 베이비붐 세대는 조직화된 교회는 싫어하면서도 주님의 사랑은 의심하고 있지 않았다.

"만일 영생이 재미있는 어떤 것도 제공하지 않고… 만일 영생이 흥미로운 것도 주지 않고… 만일 영생이 감각적인 것도 주지 않으며… 만약 영생이 창조적인 그 어떤 것도 제공하지 않는다면, 아무 소용이 없다"라고 많은 사람들이 얘기한다. 아래의 글은 써포크 교회의 공원 묘지에 있는 한 아이의 묘비 위에 있던 내용으로 다른 이들의 묘비에도 있을 수 있는 말이다.

> 태어났다
> 살았다
> 즐겁지 않았다
> 그리고 죽었다

　신앙생활을 하는데는 많은 자기 부인과 고통이 뒤따른다. 그러나 교회는 "하나님을 영화롭게 하고 하나님을 즐거워 하라"는 크리스천의 삶의 지표를 분명하게 강조하지 못했다.[6] 어거스틴이 강조한 것처럼 하나님이야말로 우리가 즐거워할 궁극적인 대상이 되는 분이다. 육적인 기쁨만 추구하는 것이 아니라 하나님을 기쁘게 하고 자신의 신앙 완성을 즐거워하는 기쁨은 하나님께 가까이 가는 길이다.[7] 하나님께서 임재하실 때 기쁨이 있고, 하나님의 오른손에는 영원무궁한 기쁨이 있다고 시편 기자는 강조하고 있다 (시 16 : 11).

　"왜 당신의 제자들은 바리새인들처럼 수요일에서 금요일까지 금식을 하지 않느냐?"고 사람들이 예수님께 물었다(마 9 : 14~17, 막 2 : 18~22, 눅 5 : 33~39). 금식은 예수님 당시에 일반적인 관례였기 때문이다. 특히 바리새인들은 관례에 따라 정규적으로 금식하였다. 모세가 시내 산에 올라갔다가 내려온 것을 기념하여 일주일에 이틀을 금식하였다.[8]

　물론 예수님도 금식을 하셨다. 언제 금식하셨을까? 영적인 전쟁을 준비하기 위해 성령에 이끌려 광야로 가셨을 때이다. 왜 금식을 하셨을까? 하나님과 수준 높은 친교를 나누기 위함이었다. 실제로 일주일 정도의 금식은 영, 혼, 육의 건강을 위한 좋은 처방이다. '종종 금식에 참여하는 것'은 육적 정신적 영적인 측면에서 이점이 많다(고후 6 : 1~5, 11 : 27).

> 너희가 굶게 되면 죄에게 너희 자신의 자리를 내어주게 된다.
> ─도마복음 14장[9]

곧 금식을 하게 되면 신체의 노폐물들이 깨끗이 제거되고, 생각도 오히려 위장이 비어 있을 때 잘되며, 영적인 상태는 크로노스(chronos)의 일반적인 시간으로부터 카이로스(kairos)의 예수님을 영접한 후의 시간, 그리스도의 재림의 때로 이동을 하게 된다. 사실 사십 일 금식의 터널을 지나는 것은 인간을 얕고 좁은 영적 시각에서 깊고 넓은 영적 시각으로 이끌어 최고의 지혜에 이르게 하는 분기점이 될 수도 있다(아마도 모세, 엘리야 등도 금식을 통하여 예수님과 비슷한 무엇을 얻었을 것이다). 존 웨슬리는 한 주간 금식을 하면서 친교를 하면 서로간에 애정과 삶에 대한 애착이 더욱 강화되며 음식과 식사에 대한 경외심이 증가된다고 했다. 웨슬리는 한 주간 동안 하는 금식을 권장했으며, 초기 감리교도들에게 매주 금요일에 정기적으로 금식을 할 것을 권했다.[10]

예수님은 "당신은 왜 금식을 하지 않는가?" 하는 질문에 "결혼 잔치에서 금식하는 사람이 있느냐?" 하는 질문으로 대답하셨다. 금식을 할 때가 있고, 잔치를 할 때가 있다는 것이다. "내가 나의 제자들과 함께 있을 때는 금식할 필요가 있겠느냐? 다른 사람들과 함께 있을 동안에는 금식할 필요가 없는 것이니라."

A. D. 210년 경에 터툴리안(Tertullian)은 금식이 잔치보다는 믿음을 위하여 유익하다고 주장하였지만[11] 그는 중요한 것을 잊고

있었다. 예수님께서 그분을 따르는 사람들에게 금식(fast)이 아니라 잔치(feast)를 하라고 하신 것은 그분이 세상에 계신 것을 기념하기 위함이셨다. 예수님은 제자들에게 말씀하시기를 "때가 이르면 금식할 것이니라"고 하셨다. 예수님이 떠나실 때가 되면 비로소 제자들의 생각이 넓어지고 금식할 필요가 생기게 될 것이다. 예수님도 광야에 나가서 금식하고 기도하셨다. 금식은 유익하며 어떤 일은 기도와 금식에 의해서만 이루어진다.[12]

그러나 조심하라. "금식할 때에 너희는 외식하는 자들과 같이 슬픈 기색을 내지 말라 저희는 금식하는 것을 사람에게 보이려고 얼굴을 흉하게 하느니라 내가 진실로 너희에게 이르노니 저희는 자기 상을 이미 받았느니라 너는 금식할 때에 머리에 기름을 바르고 얼굴을 씻으라"(마 6 : 16~17).

예수님께서 사람을 구별하는 방법으로 제시하신 것은 다음 세 가지 일을 누가 더 은밀하게 행하느냐 하는 것이었다. 그것은 바로 기도, 금식, 구제이다. 그리스도인의 삶의 요점은 자신을 부인하고 금욕하는 것이 아니었다. 희생과 봉사는 주님과 동행하는 조건으로 중요한 우선순위에 속하지만 희생의 의미는 자기 자신을 잃는 것이 아니라 궁극적으로 영혼을 소생시키고 하나님을 기쁘게 하는 일이다. 존 파이퍼(John Piper) 목사는 "하나님께서 사랑하시는 것들에 대하여 우리도 사랑을 느껴야 하며, 희락주의자(Hedonist)와 같이 살아가야 한다"고 「하나님을 갈망함」(Desiring God)라는 책에서 말하고 있다.[13] 어거스틴(Augustine)의 말 중에 뜻은 애매하지만 유명한 말이 있다. "하나님을 사랑하라, 그러면 네가 원하는 것을 하게 되리라."

흥미가 죄악으로 여겨질 때, 죄를 흥미롭게 여기게 된다. 지루함, 권태로움, 침체 등의 말들은 세상이 교회에 너무 오랫동안 올려놓았던 돌들이다. 이제는 이런 것들을 없앨 시기다. 이제는 교회가 무디고 권태롭다고 생각하는 병에 대해 전쟁을 선포할 시기이다. 삶(living)은 문자 그대로 생동감(lively)이 있어야 한다. 다시 말하지만 이제는 교회가 지루함과 이

> 닉이요법가들은 말한다.
> "단것은 나쁘다. 그래서 나는 그런 것은 절대로 먹을 수 없다."
> 단닛가들은 말한다.
> "단것이 좋다. 그러나 난 지금 그것을 먹을 수 없다."
> 닉이요법가들은 쓴 음식의 노예가 되었다. 감히 다른 음식을 받아들이지 못한다.
> 그러나 단닛가들은 축제를 준비한다. 그들은 단닛을 끝내고 부활과 영광의 즐거움에 참여한다.
> — 로버트 파럴 카폰^{※)}

로써 유발되는 질병에 대하여 전쟁을 선포할 때다.

예수님께서 실망하여 제자들을 향해 말씀하셨다. "너희 마음이 아직도 둔하구나!"(막 8 : 17). 이 말씀은 제자들에게는 통렬했고 오늘날의 세대에게는 예언자적인 말씀이 되었다. 멩켄(H. L. Mencken)은 "개신교가 인류의 사상에 공헌한 것은 하나님은 엄청나게 지루한 분임을 증명한 것 뿐이다"라고 비꼬아 말했다.[15]

정치 풍자가인 마크 러셀(Mark Russell)은 목사의 아들이면서 목사의 딸과 결혼한 월터 몬데일(Walter Mondale)에 대해서 이렇게 이야기를 했다. "월터 몬데일의 카리스마는 장로교회의 목사와 한 그루 나무사이 어딘가에 떨어져 있다." 윈스턴 처칠(Winston Churchill)은 "인간은 죽음을 좋아하는 사람, 죽음을 걱정하는 사람, 죽음을 지루해 하는 사람, 세 부류로 나눌 수 있다"고 말했다.[16]

어째서 현대 교회에 가장 널리 퍼져있는 질병은 지루함일까? 믿

음 생활을 지루해 하는 것은 심각한 질병의 한 형태이다.[17] 지루함의 첫 번째 증세는 사람들이 하나님을 두려워하지도 사랑하지도 않으면서 예배를 드린다는 것이다. 종교에 대하여 사실상 문외한인 유명한 영국 역사가 테일러(A. J. P. Taylor)는 "나는 예수가 분명히 선한 사람이라는 것은 확신하지만 그에게서 재미있는 성격을 발견하지 못했다"라고 말했다.[18] 어떤 사람들은 단지 악한 면만 보고 재미있는 면은 볼줄 모른다. 그러나 선하면서 재미있는 것, 선하면서 흥미로운 것, 나아가 선하면서 건강한 것 역시 가능하다. 사실, 초기 라틴 그리스도인들의 속담에 "비벤스 호모 글로리아 데이"(Vivens Homo gloria Dei) 곧 "하나님의 영광이란 완전하게 살아 숨쉬는 충만한 사람이다"라는 말이 있다. 포스트모던 시대의 교회의 역할은 하나님께서 주신 생명 안에서 완전하게 살아갈 수 있도록 성도들을 도와 주는 것이다. 나는 예수님을 따르는 제자다. 예수님의 제자로서 사는 것보다 더 모험이 넘치고 흥미로운 삶은 없다.

　우리 삶의 문제는 우리가 '거리의 예수' 보다 '교회의 예수'를, '인간적인 예수' 보다 '조직화된 예수'를 제시하는데 있다. 종교와 영성간의 엄청난 간격이 예수님을 말썽쟁이로 만들고 있다.

　존 하이드(John Hyde)는 19세기 인도의 선교사였다. '기도하는 하이드'로 더 잘 알려진 그는 기도와 금욕하는 삶을 살았다. 하루는 비그리스도인이 존 하이드의 진지함을 놀려주기로 마음먹었다. "하이드 씨, 당신은 춤을 추는 여자가 천국에 갈 수 있다고 생각합니까?" 그는 춤추는 여자를 바라보았다. 그리고 미소를 지었다. "나는 그녀가 춤을 추지 않는다면 어떻게 천국에 갈 수 있는지 모릅니다"라고 대답했다.[19] 춤추는 자에 관한 다음과 같은 격언이 있다. "춤을 추고 난 후에 비로소 완전한 인간이 될 수 있다."

요한계시록에도 잔치가 나온다. 예수님은 잔치를 좋아하셨다. 또 가는 곳마다 잔치를 베푸셨다. 예수님은 세상을 진지하면서도 즐겁게 사셨다. 예수님은 목적을 가지고 잔치에 가셨다. 잔치는 하나님을 영화롭게 하고, 삶을 축복하며, 하나님의 영으로 변화되는 것이었다.

재미를 추구하고 잔치를 좋아하는 예수님의 성품은 자주 비판을 받아왔다. 예수님은 잔치하실 구실을 찾았으며, 갈 수 있는 모든 훌륭한 연회에 참석하셨던 것 같다. 그분은 특히 축제와 유대 가정의 결혼식을 즐겼다. 그곳에는 먹거리와 웃음과 음악과 춤이 풍성했다. "복음서에는 그리스도가 잔치에 참석하면서 이방인이 범하는 죄를 저질렀다는 암시는 한 군데도 없다"고 어떤 학자는 주장한다.[21] 예수님은 공식적인 명절, 곧 유월절(요 2:13), 장막절(요 2:7), 수장절(요 10:22)을 지키기 위하여 예루살렘에 가셨다.

예수님은 오천 명을 위해서 잔치를 베푸셨다. 예수님께서 잔치 자리에 포도주를 가지고 왔다는 증거가 있으며, 술을 너무 많이 마시는 자라는 명목으로 고발된 증거가 있다. 데이비드 로우스 왓슨(David Lowes Watson)은 "술 취한 행동이 바로 최초의 그리스도인들의 모습이었다는 것은 참으로 아이러니하다"고 말하고 있다.[22]

만약 예수님께서 유창한 라틴어를 하셨다면, 그분은 아마 데카르트(Descartes)가 말했던 "나는 생각한다. 고로 존재한다"라는 말 대신에 "나는 파티를 한다. 고로 존재한다"라고 하셨을 것이다.

하루하루를 축제처럼 … 173

예수님께서 잔치를 좋아하는 사실에 대해서 신학자 엘리자베스 바네스(Elizabeth Barness)는 갈릴리 가나의 결혼잔치에서 "예수님은 춤을 추셨고 신나게 뛰노셨고, 웃으셨으며, 손에는 포도주 잔을 들고 내일 감당해야 하는 힘든 일들을 잠시 뒤로 미루셨을 것이다"라고 말했다.[23]

바네스는 자기 희생과 자기 표현의 역설로 '활발하게, 풍부하게, 성실하게, 솔직하게, 때로는 넘어지면서, 또 때로는 일어섰던 예수님의 삶'을 보여준다. 사람들은 예수님처럼 살아가면 되는 것이다.[24]

만일 가난한 사람들이 우리의 자비를 받아야 되는 사람들이라면, 조오지 심멜(Georg Simmel)이 말한 것처럼, 예수님은 가난한 사람들뿐 아니라 경멸을 받는 사람들에게도 가셨다. 예수님은 세상이 잔치를 베풀어 주지 않는 사람들을 위하여 잔치를 베풀어 주셨다. 예수님은 사회적으로 부정한 사람들과 잔치에 참석함으로써 물의를 빚으셨다. 그분은 여성도 동등하게 여기셨고, 심지어 여성을 가장 친한 친구며 추종자로 생각하셨다. 존 도미닉 크로산(John Dominic Crossan)은 "예수님은 성가시고 가치 없는 사람들의 왕국을 건설하셨다"고 말했다.[25]

예수님은 "훌륭하고 완전하며 성공한 사람들은 내게 오라, 내가 너희를 높이 평가하리라"고 하지 않고 "수고하고 무거운 짐 진 자들아 다 내게 오라 내가 너희를 쉬게 하리라"고 말씀하셨다. 최근에 발견한 '구세주의 대화'(65~66)에는 마태가 예수님께 질문하는 내용이 있다. "우리가 휴식을 언제 찾을 수 있습니까?" 주께서 대답하셨다. "네가 네 짐을 내려 놓을 때이다."[26]

예수님은 사람들이 경멸하는 삭개오와 같은 세리의 잔치에도 참석하셨다. 예수님은 나쁜 친구들과 쉽게 어울리는 이상한(?) 습관을 갖고 계셨다. 그분은 나쁜 친구들과 함께 공공장소에 공공연하게 나타나셨고 나쁜 친구들과 함께 식사를 하셨다.

예수님의 잔치에 손님들이 누구인지를 보라. 강간범, 사기꾼, 매춘부, 부랑자, 세리, 나귀 몰이꾼, 양치기, 가죽 세공업자 등등이었다.

당신은 부정한 사람들과 함께 적어도 일부러라도 저녁을 먹은 적이 있는가? 잘못된 동기와 목적을 가지고 겉으로 보기엔 옳은 일처럼 보이는 것을 하는 것은 예수님의 생각이 아니었다. 단순히 규범만 지키는 사람들이 반드시 하나님의 백성은 아닌 것이다. 악마도 율법의 문자는 지킬 수 있다. 예수님이 원하는 것은 우리 안에 올바른 영혼이 있는 것이다.

예수님은 "사람은 외모를 보거니와 나 여호와는 중심을 보느니라"(삼상 16 : 17)고 가르친 전통까지 초월하셨다. 사실 예수님의 육체적인 외모는 그분의 나이보다 노숙해 보였다(요 8 : 56~57). 그분은 평범한 외모였다. 예수님의 외모에는 특징적인 것이 없었다. "그는 주 앞에서 자라나기를 연한 순 같고 마른 땅에서 나온 줄기 같아서 고운 모양도 없고 풍채도 없은즉 우리가 보기에 흠모할 만한 아름다운 것이 없도다"(사 53 : 2).

미카엘 쿠틴(Michael Curtin)의 소설「플라스틱 토마토 절단기」(The Plastic Tomato Cutter)[27]에서, '관리는 모든 사람에게 봉사할 의무를 가지고 있다' 고 쓴 것처럼 예수님은 모든 사람들과 함께 잔치할 권리를 주셨다. 예수님은 평범한 사람들과 함께 잔치를 하셨다. 이방인, 죄인들, 서민 대중들과 함께 잔치를 하셨다. 예수님은 그들과 함께 앉아서 웃고, 그들의 이야기를 듣고 자신의 이

> 죄인들은 기독교의
> 핵심 멤버이다.
> 죄인만큼 기독교적인 방법에
> 어울리는 사람들은 없다.
> 반면 성자만큼
> 쓸모없는 사람도 없다.
> ─찰스 페기

야기를 하셨다.

소외된 자들과 함께 잔치를 벌인 것보다 예수님을 곤혹스럽게 만든 일은 없었다. 이러한 일 때문에 예수님은 '나사렛 출신의 뛰어난 인물'로 주목받지 못했다. 아이들의 발달 과정은 유아원에서 다른 아이들과 얼마나 잘 어울리냐에 따라 달라진다. 예수님은 지위와 부와 명예 등을 가지고 있는 사회적으로 인정받는 자들뿐만 아니라 추방당하고, 쫓겨난 자들과 함께, 곧 모든 사람들과 춤을 추고 즐기셨다.

문둥병자, 매춘부, 제사장, 서기관, 백부장, 민중들, 아이들, 제자들, 사마리아인, 유대인, 이방인, 노예, 자유인, 정치가 모두가 주님의 친구였다. 당시 종교 체제는 사회적으로 추방당하고, 법적 권리를 빼앗긴 자, 장애인, 신체 결함자, 도덕성을 인정받지 못한 자 등을 의로운 자들과 함께 하는 식탁 공동체에서 배제시켰지만, 예수님은 바로 이런 사람들을 식탁에 초대하셨다. 예수님은 결점이 있는 사람들과 있을 때 편안함을 느꼈고, 그들을 위하여 식탁을 차려 주었다.

당시 의로운 사람들이 "주여 우리에게 가장 좋은 사람들을 보내주소서" 하고 기도할 때 예수님은 "아버지여, 다른 사람에게 환영받지 못하는 사람들을 보내주소서" 하고 기도하셨다. 당시 누군가가 쿠션에 기대어 유월절 식사를 먹으며, 하나님의 은혜로 이스라엘 민족이 이집트에서 탈출하여 약속의 땅으로 들어가는 이야기를 나누면서 하나님의 언약을 통하여 남겨진 자(The rest)들을 기념할 때, 예수님은 이방인들과 소외된 자들과 함께 휴식(rest)을 취하셨다.

  당시에 식사를 함께 한다는 것은 교제한다는 것을 의미했다. 예수님은 모든 계급, 모든 인종과 성의 범주를 해체하여 경계선을 허무는 식사를 하셨다.

  공공 장소에서는 어느 누구도 여인과 이야기를 하면 안 된다고 여기던 당시, 예수님은 여인들과 잔치를 하였다. 심지어 그분을 모독한 것으로 추정되는 여인들과도 함께 하셨다. 우리는 나인성의 과부, 시몬의 장모, 가나안 여인, 혈루병을 앓던 여인, 수로보니게 여인 등의 이야기를 단순히 성경에 기록되어 있는 별난 이야기 정도로 보는 잘못을 저질렀다. 예수님의 사역의 범위는 만져서는 안 되는 자들에게 까지 확장되어 있었던 것이다. 사실, 예수님이 만질 수 없는 사람은 한 명도 없었다.

  혈루병을 앓던 여인의 경우를 보자. 레위기 법전에는 특히 생리기간의 여인들을 종교적으로 불결하다고 규정했다. 그래서 의로운 사람들조차 그 여인들과의 접촉을 꺼려했다. 손을 뻗어 예수님의 옷자락을 만진 여인은 예수님께서 외출하실 때 걸쳤던, 유대인이 기도할 때 쓰는 망토인 탈리트에 달린 613개의 수술 중에 하나를 만졌다. 모든 탈리트는 옷자락 끝이 613개의 수술로 장식되어 있었고 이것은 토라(율법)의 613개 조항을 상징했다. 이 수술의 핵심은 토라에 대해서 사람들이 가지고 있는 지식을 보여주기 위한 것이 아니었다 (예수님의 긴 수술에 대한 비평은 마태복음 25장을 보라). 이 수술의 목적은 어떤 사람이 기도를 할 때, 치료하고,

> 우리가 인생에서
> 바라는 바를
> 추구하는 것은
> 잘못된 것이 아니다.
> 잘못된 것은
> 우리가 그것을 겉자마자
> 즐기는 것이다.
> -데이지 브라운

하루하루를 축제처럼 … 177

생명을 주는 하나님의 말씀을 상징하기 위함이었다. 이것이 바로 12년 동안 '부정'했던 여인이 예수님의 수술을 만졌을 때, 예수님께서 공포에 사로잡혀 움찔하여 물러서지 않으시고 오히려 허리를 숙여, 손을 잡고, 치료하시고, 그녀를 도와 주셨던 이유다.

예수님께서는 한 여인과 신학적인 논쟁을 벌이기까지 하셨다. 거기다 예수님은 이 신중하고 영적인 논쟁을 행실이 불량한 여인과 나누었던 것이다(그녀에게는 남편이 다섯 명이나 있었다). 예수님은 죄인들의 친구였기 때문에 그녀를 인정하고 그녀의 생각과 감정을 진지하게 받아들였다.

예수님은 막달라 마리아와 아주 가깝게 지내셨다. 막달라 마리아는 분명히 부활의 현장에 있었고, 한 학자는 그녀를 가르켜 "사도 중에 사도"라고 말한다.[29]

예수님은 죄인들과 동행하고 죄인들과 기도하면서 사역을 하셨다. 바울도 로마 교회의 성도들에게 "우리가 아직 죄인 되었을 때에 그리스도께서 우리를 위하여 죽으셨다"는 것을 상기시키고 있다. 세상은 더 많은 저녁 파티를 필요로 한다. 젊은 시절의 모택동은 "혁명은 저녁 파티가 아니다"라고 말하곤 하였다. 그러나 예수님에게 혁명은 저녁 파티였던 것이다.

예수님의 식탁이 '세상에서 가장 긴 식탁'이라고 불리는 것은 당연하다. 세상은 적어도 2만 5천 마일의 친교의 장소인 것이다. 친구들과 식사를 하는 식탁 교제가 상징하듯이, 예수님은 악명 높은 사람들을 옆에 앉히시고 주목하신다. 샌더스(E. P. Sanders)가 말하듯이 '죄인들'이 의미하는 것은 의식적으로 순수하지 않은 것만이 아니라 '사악한 사람들' - 의도적으로 죄를 짓고 회개하지 않는 사람들-이다.[30] 예수님은 "너희가 너의 모든 것들을 가지런히 정리하고 나면 나는 너희와 함께 먹겠다"고 말씀하지 않으셨다. 예수님은 "네가 나의 식탁에 오기를 원하느냐? 먼저 말쑥하게 하고 오너라"고 말씀하지도 않으셨다. 예수님은 망가진 사람들 즉 선량한 사람들로 여길 수 없는 사람들과 함께 먹으셨다. 예수님은 가장 많이 상처받고, 가장 많이 두려움을 느끼고, 가장 많이 실패한 사람들과 자신을 동일시하셨다.

예수님은 선한 사람, 나쁜 사람을 가리지 않고 모든 사람들과 함께 먹으셨다. 예수님은 더 많은 죄인들에게 자비를 베풀고 함께 잡수시기 위하여 유대인의 율법을 범하셨다. 예수님 당시에 가난한 사람들에게 질병은 경제적인 곤궁을 의미했다. 한 학자는 "하류와 중류 계급에게 질병에서 오는 경제적인 위협은 너무 무거웠다. 아마 그 어떤 시대 보다도 더 무거웠을 것이다"라고 말했다.[31] 질병은 곧 일을 할 수 없다는 것을 의미했다. 이것은 외경에 있는 손 마른 사람을 치료하는 이야기에 잘 드러나 있다(마 12 : 9~14). 외경에는 이 병든 사람이 석공으로 나온다. 그는 예수님께 요구했다. "나는 석수장이입니다. 나는 이 손으로 생계를 꾸려가야 합니다. 자비를 구하노니, 예수여, 나의 건강을 회복시켜 주시어, 먹을 것을 구걸하는 수치를 당하지 않게 하소서"라고 간청했다.[32] 여기에서 질병은 단지 육체적인 문제만을 의미하지 않는다. 질병은 사회적, 경제적인 문제인 것이다.

사회 경제적 상태와 건강의 미묘한 연결은 예수님 당시뿐만 아니라 오늘날 우리 시대에도 복잡하며 혼란스럽다. 가난한 사람들은 의료 혜택을 받을 권리를 여전히 빼앗기고 있다. 사실 약물 남용에서 절도벽, 습관성 도박, 성적 학대에 이르기까지 수많은 사회적 질병을 치료해야 할 대상으로 보는 것은 사회 경제적인 것과

> 좋은 식사를
> 한 뒤에는 누구라도
> 용서해 줄 수 있다.
> -오스카 와일드

관련되어 있는 질병을 제대로 보지 못하게 하고 있다.

건강관리는 반드시 비상업화되어야 한다. 건강관리는 상품이 아니라 권리이다. 현재 국민총생산(GNP)의 13%에 해당하는 경제 부분을 건강관리와 치료비가 차지하고 있으며, 2000년에는 약 17%를 차지할 것이다. 사실 남부침례교협회 한 단체만해도 1990년에 목사들을 위한 건강복지기금으로 약 6천 4백만 달러를 사용하였다. 대부분의 비용은 산부인과 기금으로 사용되었고 그 다음으로는 스트레스와 관련된 기금으로 사용되었다. 예수님은 배타적인 것을 싫어하셨다. 나는 이 사실을 미국 세미너리 신학대학에 많은 돈을 기부하였던 유대인 부부를 통해 다시 상기하게 되었다. 어느 날 점심식사 후에 내가 그들에게 무슨 컨트리 클럽에 가입하였는지를 질문하였을 때, 그들은 매우 의아해 했다.

"모든 컨트리 클럽은 배타성이라는 한 가지 원칙을 기초로 하고 있습니다. 왜 사람들은 많은 자매와 형제를 제외시키는 배타적인 클럽에 가입하려고 하는 거죠?"

"죄인 하나가 회개하면 하늘에서는 회개할 것 없는 의인 아흔 아홉을 인하여 기뻐하는 것보다 더하리라"(눅 15 : 7)는 말 때문에 예수님은 일찍 무덤에 들어가게 되었다.

사실, 예수님을 십자가 처형이라는 폭력적인 죽음으로 몰고 간 것은 예수님이 기득권을 거세게 비난했던 것뿐 아니라 가난한 자들에게 가졌던 태도와 확고한 사역 때문이었다(마 7 : 12, 막 9 :

35, 눅 10 : 29~37).

예수님은 당시에 소수 과격파의 일원으로서 존경을 받았다. 예수님의 적들과 친구들 모두는 예수님을 과격파라고 생각했다. 왜 예수님은 '요셉의 아들 예수'로 불려지지 않고 '미리암의 아들 예수'(Yeshua ben Miryam) 또는 '마리아의 아들'로 불려 졌을까? 스티븐 미첼(Stephen Mitchell)은 예수님은 문자 그대로 당시에 '나쁜 자식'의 범주에 속했다고 주장한다. 적어도 그분은 적자 출신이 아니라고 비난을 받았다. "너는 마리아의 아들이다"(막 6 : 3, 요 8 : 41)라는 표현은 당시에서는 "너는 창녀의 아들이다"라는 표현과 같은 것이었다. 그분의 지위가 무엇이든지간에, 그분은 또래들에게 호로자식으로 인식되었고 중상모략을 당했다. 누가복음 6장 26절을 살펴보자. "모든 사람이 너희를 칭찬하면 화가 있도다." 그분의 불법적인 출생에 대한 놀림과 조롱은 가난한 사람들과 사회적으로 소외된 사람들을 대하는 방법에 커다란 영향을 미쳤다.[33] 그러나 소수의 과격파로서 예수님은 이러한 말을 한 번도 들어본 적이 없는 사람들에게 말할 수 있었다. "너희가 나를 택한 것이 아니요 내가 너희를 택하여 세웠나니"(요 15 : 16). 예수님의 생애는 선택이었다. 예수님은 선택하는 구세주시다. 예수님 당시의 사람들은 비참한 생활 속에서 그럭저럭 살아갔다. 그러나 예수님이 그들을 선택했을 때, 그들의 삶은 전적으로 변화되었다. 그 선택은 나의 삶도 전적으로 변화시켰다. 예수님이 우리를 선택하신 것처럼 우리도 또한 '선택하는 사람들'이 되어야 한다. 한 번도 선택되지 않았

> 그는 생명의
> 축제에서
> 이방인이 없다.
> - 영적으로 소외된 사람들
> 속에서 계시는 주님

던 사람들 즉 소외된 자들, 패배자, 잃은 자, 미친 자들을 특별한 관심을 가지고 선택해야 한다.

　우리들은 서로 믿음의 선택을 해야한다. 우리가 믿음으로 사람을 선택하면, 아마도 그들은 세상을 너무나 사랑해서 우리에게 예수님을 보내주신 하나님을 선택할 것이다. 바로 우리를 통해서 말이다.

가끔씩 일상을 8
벗어나라

　사람들이 예수님께 너무 많은 것을 기대하고 이것으로 예수님이 분주해질 때 예수님은 잠시 이것들을 피해 한적한 곳으로 가셨다. "나의 답답함이 어떠 하겠느냐?"라고 예수님께서 누가복음 12장 50절에서 말씀하셨다. 냉대, 좌절, 오해에서 비롯되는 스트레스들… 예수님은 이러한 스트레스들을 어떻게 처리하셨을까?
　예수님은 초점을 전환하셨다. 다른 대상에게 당신의 스트레스를 전가하신 것이 아니라 장소를 옮겨 한적한 곳으로 가셨다. 그리고 지친 영혼이 자연으로부터 새로운 힘을 얻을 수 있도록 하셨다.
　지그문트 프로이드는 정신분석학의 창시자이지만 그 이상의 역할을 했다. 프로이드 자신이 정신분석학의 실험대상이 된 최초의 환자였기 때문이다. 또한 그는 정신분석학으로 일련의 정신적인 질병을 스스로 치료한 최초의 사람이었다.[1] 다시 말하면, 프로이드 분석학은 자기를 치료하기 위한 것이었다. 그러나 인간의 정신적인 문제를 해결하기 위해서 정신의 내부를 들여다보고 내적인 것에 관심을 가져야 한다고 가르쳤던 프로이드나 심리치료사들과는 달리, 예수님은 우리의 육체적, 정신적 건강을 위해서 때로는

새로운 분위기로 전환하는 것이 필요하다고 하셨다.[2]

'내면으로 들어가라' 는 처방은 우리의 문제를 해결하지 못한다. 내면을 들여다보는 정신분석은 일종의 자기 도취로서 종종 치료보다는 문제를 심화시킨다. 과거에 상처를 준 문제를 다시 들여다보기만 하고 치료하지 않으면 오히려 문제가 심각해진다.

> 고독한 자는 복이 있나니,
> 천국을 저희가 찾을 수 있을 것임이오.
> - 도마복음 49장[3]

그래서 예수님은 사람들에게 밖을 바라보도록 하셨다. 우리는 흔히 제임스 힐맨(James Hillman)이 심리학적인 분석 방법을 내적인 방법에서 외적인 방법으로 전환한 최초의 사람이라고 알고 있다. 그러나 우리의 내부 문제를 해결하기 위해서는 외적인 문제를 연구해야 한다고 가르친 최초의 사람은 바로 예수님이셨다. 세상과 관련해서 자기 자신을 볼 때, 스스로를 더 잘 알 수 있기 때문이다.

예수님에게 있어서 영혼을 다루는 기술은 세상을 다루는 기술과 같은 것이다. 예수님은 자신에게서 벗어나 밖으로 나가셨다. 그리고 내면 세계로 들어가시기 전에 주변에 있는 모든 것에 충실하셨다. 예수님은 심리적으로 강하셨고, 육체적으로도 건강하셨다. 왜냐하면 그분의 삶은 사람들과 함께 있는 시간과 혼자 있는 시간, 긴장된 시간과 편안한 시간이 적절하게 있었기 때문이다. 예수님은 등산을 하고, 배를 타고 나가고, 사막을 거니는 사람을 건강한 영혼의 소유자로 보셨다.

때때로 예수님은 아무도 찾을 수 없는 장소에 혼자 계시곤 하셨다(마 14 : 23). 그분은 기도라는 '피난처' 를 통하여 자신의 진정한 내면 세계를 찾기 위하여 사람들로부터 벗어나곤 하셨다. 자기 삶에 보다 더 충실하기 위해 사람들을 피하셨던 것이다.

예수님은 삶의 가장 부정적인 감정들 곧 분노, 슬픔, 공포, 고독 등을 이야기하기 보다는 차라리 침묵을 지킴으로서 이것들을 극복하셨다. 예수님의 침묵은 죽음의 순간에 가까이 이를수록 더 깊어졌던 것처럼 보였다.[4]

> 고독할 때
> 친밀함이 더욱
> 깊어진다.
> -헨리 나우엔

때때로 그분은 세상과 따로 떨어져서 올리브 숲이 있는 동산에서 위안을 찾으셨다. 예수님은 이른 새벽에 명상과 기도를 하기 위하여 동산으로 가셨다(막 1 : 35). 예수님께서는 마음이 무너질 것같이 괴로울 때에 땅에 엎드려서 기도하셨다(막 14 : 35, 눅 22 : 44). 겟세마네 동산에서 제자들은 그분의 주변으로 모여들었고 사람들은 고침을 받기 위해 예수님께 와서 예수님을 힘들게 했다(마 26 : 38, 막 14 : 34). 그럴 때 예수님은 종종 산으로 피하시기도 하셨다(막 3 : 13). 그분은 종종 '엘 샤다이'(풍성하신 하나님)로부터 도움을 구하기 위해 언덕을 올라가셨다. 한번은 제자들을 높은 산으로 끌고 올라가셨다(마 17 : 1). 어떤 때는 호수로 가셨다(막 3 : 7). 예수님께서 요단 강에서 세례를 받으실 때는 아마 사람들이 없었던 것 같다. "백성이 다 세례를 받을새 예수도 세례를 받으시고"(눅 3 : 21).

사람들은 어떻게 자신을 발견할 수 있을까? 예수님은 다른 것에 열중하여 자아를 잃어버릴 때 자신을 발견할 수 있다고 가르치셨다. 다른 것은 사람이 될 수도 있고, 장소가 될 수도 있다. 예수님께서 열중한 사람은 상처입고 버려진 사람들이다. 예수님이 즐겨 찾았던 장소는 광야와 산과 해변이었다.

> 너는 높은 산에
> 오르라.
> - 이사야 40장 9절

몇몇 학자들은 마가복음을 예수님께서 계셨던 장소를 기준으로 구분하기도 하였다. 광야에서 예수님은 용기와 고독과 한계성과 내면의 힘을 배우셨다. 산에 오르셔서는 꿈과 흥분과 야망을 가지셨다. 바다에서 예수님은 협동과 부드러움과 신뢰를 알게 되셨다.

예수님은 완전히 멈출 때와 뒤로 한 걸음 물러나야 할 때가 언제인지를 아셨다. "호흡이 있는 자마다 여호와를 찬양할지어다"(시 150 : 6, 시 148)라는 시편을 통해 배우셨다. 그래서 살아 숨쉬고 존재하는 모든 것들, 곧 태양, 달, 별, 식물, 새들과 바다 생물 등 모든 것들이 주님을 찬양하도록 했다. 주님은 또 욥기를 통해 배우셨다.

> 이제 모든 짐승에게 물어보라
> 그것들이 네게 가르치리라
> 공중의 새에게 물어 보라
> 그것들이 또한 네게 고하리라
> 땅에게 말하라 네게 가르치리라
> 바다의 고기도 네게 설명하리라
> (욥 12 : 7~8)

예수님은 제자들에게 신성한 마음을 가지도록 권면하셨다. "들의 백합화를 생각하라"(눅 12 : 27)와 "공중 나는 새를 보라"(눅 12 : 24). 예수님은 우리가 가장 보잘것 없는 생물에게서, 가장 큰 것을 발견하기를 바라신다.

영원한 세계에 들어가기를
원하는가? 그럼 먼저 당신이
사는 현실 세계로 들어가라.
성경의 본질을 이해하고 싶은
가? 자연이라는 성경을 먼저

> 기적은 물 위를 걷는 것이 아니다.
> 기적은 지금 우리가 누리고 있는
> 평화와 아름다움에 감사하면서
> 푸른 잔디 위를 걷는 것이다.
> — 베트남의 현자[5]

이해하라.[6] 당신의 삶에 보다 신선한 자극을 원하는가? "백합화를 생각해 보라"고 주님은 말씀하신다. 백합화를 생각해 보라는 말은 멈춰서서 장미꽃의 향기를 맡아라는 말과는 다르다. 우리는 사람들에게 "멈춰서서 장미꽃의 향기를 맡으시오"라고 말하기 좋아한다. 왜냐하면 장미꽃 향기를 맡는 일은 우리를 위협하지도 변화시키지도 않기 때문이다. 잠시 동안 또는 며칠 동안 장미의 향기를 맡기 위해 멈춰선 후(소위 비즈니스의 세계에서는 '휴가' 또는 '안식'이라고 불리는 것)에는 우리는 아무런 일도 없었다는 듯이 다시 일상 생활로 돌아간다.

심리학자 하워드 글레이저(Howard Glazer)는 '멈춰서서 장미 향기를 맡는 휴가'를 우리 행동의 '로르샤하 테스트'(역자주 : Rorschach tests란 내담자가 잉크의 얼룩 무늬를 해석한 것으로 성격을 분석, 검사하는 방법)를 받는 휴가라고 부른다. 그리고 휴가를 어떻게 즐기느냐에 따라 사람의 유형을 다음의 다섯 가지로 구분하고 있다.[7]

첫 번째는 '파워 플레이어'(Power Player)다. 그들은 휴가중에도 일을 한다. 그들은 해변으로 휴가를 가서도 가상적인 사무실을 차린다. 또는 하이킹이나 등산을 갈 때도 휴대폰을 가지고 다닌다. 그들의 휴가는 일터를 옮긴 것 뿐이다.

두 번째는 '스트레스 파이터'(Stress Fighter)가 있다. 이 사람들이 휴가 동안에 하는 일은 일 년 내내 했던 일과 다를 바 없다. 식사하고, 운동하고, 적당히 먹고 잠을 잔다. 그들은 휴가를 즐기는 것이 아니라 일상적인 일을 할 뿐이다. 그들은 자신의 휴가를 어떻게 써야 할지 모르는 사람들이다.

세 번째는 '스케쥴러'(Schedulers)다. 그들은 자주 여행을 떠난다. 그러나 그들에게는 여유있는 시간이란 없다. 자유시간도 없다. 끊임없이 계획된 시간만이 있을 뿐이다.

네 번째는 '펀 워십퍼'(Fun Worshipers)다. 이 그룹은 열정면에서는 파워 플레이어들과 가장 닮았다. 다만 일이 아닌 '재미'에 열중한다는 것이 다르다. 편지도, 더이상의 부가적인 일도 없다. 이 그룹은 가장 짧은 시간 안에서 즐길 수 있는 흥미로운 것을 찾는다.

마지막으로 '퓨지티브'(Fugitives : 도망자)가 있다. 이들은 일뿐만 아니라 파티, 긴 야간 여행 등의 휴가 일정으로 완전히 지쳐 있는 사람들이다. 퓨지티브 중 어떤 사람들은 너무 열심히 일한 나머지 휴가기간 동안 병을 앓는다. 대부분이 사람들이 이 경우에 해당된다.

이 다섯 그룹의 휴가 스타일은 사실상 아직 언급하지 않은 한 가지의 하위 범주에 속한다. 그것은 '치터스'(chearters)다. 치터스는 파워 플레이어, 스트레스 파이터, 펀 워십퍼, 스케쥴러와 퓨지티브를 포함하는 개념이다. 이들은 휴가를 갖는다고 말하는 사람이다. 그들은 자신들이 장미의 향기를 맡기 위하여 쉬었다고 믿는 사람들이다. 그러나 그들은 참된 쉼을 누리지 못한다.

예수님은 우리들에게 '백합화를 생각하라'는 휴가를 제안하셨다. 이 휴가는 도피로서의 휴가가 아닌 발전적인 휴가이다. 여기에는 치료가 있고 진보적인 힘이 있다. 이 휴가가 우리의 일상생활이 될 때 그 힘의 효과는 극대화 될 것이다.

나이키의 설립자 필 나이트(Phil Knight)는 가장 좋은 사업 아이디어는 낯선 해변의 생소함 속에서, 낯선 자연의 새로움에 있을 때 가장 잘 떠오른다고 확신했다. 익숙해 있는 사무실에서는 좋은 아이디어가 나오지 않는다는 것이다.

로젠버그 캐피탈 매니지먼트의 창시자인 클라우드 로젠버그(Claude Rosenberg)는 사무실 안에 사람들이 따로 쉴 수 있도록 조용한 방 두 개를 마련해 두었다고 한다. 또한 모든 사원들에게 휴식을 갖도록 배려해 주었다.

'도피'가 문제를 해결하는 것은 아니다. 나는 어느 분야의 사람이든 그들의 인간관계와 사업문제를 조용히 생각하고 기도할 수 있는 곳으로 일 년에 세 번은 떠나야 한다고 생각한다. 가장 좋은 장소는 고향으로 가는 것이다. 다시 말해서 확신이 없거나, 자신이 없을 때, 가야할 길이 분명하지 않을 때는, 부활하신 그리스도께서 실망한 제자들에게 했던 충고를 받아들이기를 바란다. "갈릴리로 돌아가라." 이 말은 "너희들이 산꼭대기에서 하나님과 함께 있던 당시로 돌아가라. 그리고 너희의 영혼 속에서 다시 한 번 신적인 활력을 되찾아라"는 말이다.

활력이라는 말은 새롭게 잉태된 생명이 어머니의 뱃속에서 생명력을 뜻하는 고대어이다. 그러나 진 시노다 볼렌(Jean Shinoda Bolen)은 그 말이 전통적인 순례자들로부터 유래했다고 주장한다. "그들은 신성한 장소에 은혜를 받기 위해서, 영적인 각성을 경험하기 위하여, 또는 복을 받고 치료받기 위하여 들어갔다"고 한다. 이 구도자는 신성을 발견할 수 있다는 긍정적인 정신과 희망을 갖고 순례의 여행을 떠나는 것이다. 그들의 여행은 신적인 어머니의 자궁으로 돌아가서 활력을 얻는 것이다. 그들은 준비된 영혼으로 여행에서 신성함을 발견하리라는 소망을 가지고 떠난다.[8]

진보는 "만유 위에 계시고 만유 가운데도 계신"(엡 4 : 6) 하나님에 대하여 깨어 있을 때 경이로운 감정을 자극함으로 일어난다.

예수님은 "멈춰 서서 백합화의 향기를 맡아라"라고 말씀하지 않으셨다. 예수님은 "백합화를 생각하여 보라"고 말씀하셨다. 여기서 생각한다는 것은 게으른 것이 아니라 한가로운 것이다. 그것은 어떤 주석가의 말처럼 단지 아름다운 것을 바라보고 그것을 즐기는 것을 의미하는 것이 아니다. 어떤 것에다 당신이 '지나가는 말'이나 '지나가는 칭찬'이나 '지나가는 매력'을 던져 주는 것 이상의 것이다. 그것은 어떤 것에 당신이 가진 모든 것을 주는 것을 의미한다. 우리는 백합화를 생각하기보다는 감상하기 위하여 아름답게 장식하기에 바빴다. 최근에 내가 본 카드에 재미있는 그림과 글이 적혀 있었다. 그 엽서에는 두 마리의 소가 그려져 있었고 옆에는 이런 말이 써 있었다. "인생의 길을 여행할 때에 종종 멈춰 서서 꼴을 뜯어 먹으라."

필로(Philo)는 '생각하다'라는 단어를 하나님을 인지하기 위한 우리 존재의 시도로 묘사하고 있다. 생각하다는 하나님을 알아가는 과정과 연관되어 있다. 그것은 성경이 말하는 영성과 아주 비슷한 말이다. 이 말은 누가복음 12장 24절과 27절에 있는 동사다. 이 말은 또한 히브리서 3장 1절에 있는 단어이다. 예수님의 "그것들을 생각하여 보라"는 말씀은 '그것들에게' 주의 깊은 관찰과 끊임없는 관심을 줄 것을 의미하는 것이다. 그리고 철저하게 배울 것을 의미한다. 당신의 가장 깊은 존재 속으로 들어갈 것을 의미한다. 이 아름다움을 보고 당신의 영혼이 믿음과 순종과 예배로 들어가라는 것이다.

예수님은 자연과 교제함으로써 작은 꽃도 자신에게 어떤 힘을 줄 수 있음을 믿으셨다. 그분은 자연의 아름다움에 대해 항상 감사하는 태도를 잃지 않으셨다.

"모든 것은 그의 생명 안에 살아 있었다"는 시적인 말을 어디선가 읽은 적이 있다. 예수님은 늘 주변에 있는 아름다움을 즐기셨셨다. 산에서 시간을 보내면서, 또는 해변이나 광야에서 시간을 보내면서, 그분은 우리가 숨쉬며 마시는 공기가 얼마나 큰 의미가 있는지 증명하셨다. 홉킨스(Hopkin)는 그의 기념비적인 시 "우리가 숨쉬는 공기와도 같은 축복 받은 처녀"에서 공기를 '세상의 어머니'라고 불렀다. 우리는 하나님이 만든 세상에 살고 있다. 하나님은 그 안에 살아 계시고 하나님은 그것과 함께 계신다.

예수님은 어떤 주교가 정의한 것처럼 지금까지 산 사람 중에서 가장 밖에서 많이 지낸 사람은 아니다.[9] 그러나 그분은 신성함 속에서 자연을, 또 자연 속에서 신성함을 발견하는 방법을 알고 계셨다. 예수님은 자연은 더이상의 장식이 필요가 없음을 아셨다. 그분은 말 그대로 창조를 받아들였고, 가르치실 때도 자연을 다양하게 사용하셨다. 그래서 그분은 자연 신학자(nature theologian)로 불려졌다. 대부분의 예수님의 비유는 영적 세계를 자연에 비유한 것이다. 왜냐하면 예수님은 자연세계에서 일어나는 과정과 영적 세계에서 일어나는 과정이 같다는 것을 아셨기 때문이다.

예수님께서 사용한 비유의 이미지들을 관찰해 보라. 대부분의 비유는 자연세계에서 이끌어낸 것들이다. 웬델 베리(Wendell

Berry)는 다음과 같이 말했다.

"나는 성경이 문 밖에서 벌어진 내용에 관한 책이라는 평가를 받는 것으로는 충분하지 않다고 생각한다. 성경은 '우주에 관한 책'이다. 마치 소로우가 말한 것처럼 성경은 하늘을 여는 책이다. 성경은 문 밖의 일에 관해서 가장 잘 설명하고 이해를 돕는 책이다. 문 밖으로 더 멀리 나갈수록 더 잘 이해할 수 있다. 또 그 안에는 경험을 함축하고 있다. 실내에서 일어난 사건을 소개하는 구절은 어딘가 부자연스럽고 믿기 힘든 부분도 있지만, 야외에서 벌어진 내용은 언제나 자연스럽다. 이는 우리가 어디에서나 만날 수 있는 야외가 경이로 가득차 있기 때문이다. 기적은 이상한 것이 아니라 존재하는 모든 것들의 일상적인 일이다. 야외는 우리의 일용할 양식이다."[10]

예수님은 자연세계에 가까이 접근하는 것을 넘어서 자신과 자연을 구별하지 않으셨다. 그분은 자신을 자연의 일부로 여기셨다. 모든 창조물의 한가운데 자신이 존재하는 것으로 여기면서 자연과 자신을 분리하지 않으셨다. 예수님은 미국인들이 말하는 '롱 바디'(long body)가 무엇인지를 몸소 보여주셨다. 롱 바디는 다른 사람과 지역과 동물과 지구라는 행성을 끌어안는 큰 자아이다.[11] 예수님은 자신을 농부로 생각하지는 않으셨다. 신학자인 제오프리(Geoffrey Lilburne)는 예수님을 언제나 도시 밖에 있는 인물로 묘사[12]하며 다음과 같이 말했다.

"예수님은 언제나 계셔야 할 적당한 곳에서 계셨다. 예수님은 오늘날 도시인들이 경험하는 고향의 부재 현상을 경험하지 않으셨다. 그분은 주변 환경에서 고향을 찾았다. 또 예수님의 비유와 경구와 대화와 이야기에는 자연의 존재와 반향이 깊게 반영되어 있다."

예수님은 제자들에게 만일 사람이 하나님을 찬양하기를 멈추면, 바로 돌들이 소리쳐서 찬양할 것이라고 경고하신 적이 있다. 이 말씀에는 수사학적인 비유 이상이 들어있다. 이러한 일은 실제로 일어났던 사건이었다. 예수님이 십자가에 달리셨을 때, 많은 사람이 숨거나 도망쳤다. 몇 명의 여인들을 제외하고는 아무도 그분을 찬양하지 않았다. 예수님의 제자들조차도 그분 옆에 서 있지 않았다. 제자들은 스스로 십자가의 발 아래 있어야 했을, 아니 만일 다른 십자가가 있었다면 거기 함께 달렸어야 했다."13)

모든 사람이 침묵하였을 때, 또 유다가 입맞춤으로 스승을 넘겨주었을 때, 바위들은 소리를 질렀다.

예수님께서 십자가에 달리셨을 때, 땅이 흔들렸다[마태는 여기에서 '세이오'(seio)라는 단어를 사용하고 있다. 이 단어는 영어의 '지진계'(seismograph)라는 뜻과 같은 어원이다]. 바위는(petrai : 지구의 한 조각) 갈라졌다(마 27 : 51에서 사용한 단어는 schizo이다). 성전의 휘장은 둘로 갈라졌다. 마치 예수님께서 세례를 받으실 때 하늘이 열렸던 것(막 1 : 10)처럼 지구는 그분이 십자가 지심을 보고 떨었고 찢어졌던 것이다. 지구는 계속해서 자신의 구원의 날을 기다리면서 신음소리를 내고 있는 것이다.

나는 예수님께서 동물계와 어떻게 상호 교감을 나누었는지에 초점을 맞추어 복음서를 여러 번 읽었다. 그리고 복음서가 동물을 우호적으로 기술했음을 보고 놀랐다. 예수님은 말구유에서 태어나셨다(이곳이 아니었다면 예수님은 동물들이 지내던 곳에서 태어나셨을 것이다). 그분이 세례를 받으실 때는 노아의 표적과 마찬가지로 비둘기가 내려와서 하나님께서 기뻐 응답하시는 상징을 보여 주었다. 예수님은 성령을 비둘기에 비유하셨다.[14] 광야에서 사탄에게 유혹을 받으신 이후에 예수님께서는 들짐승들과 함께 계셨고 천사들의 시중을 받았다(막 1 : 13). 양을 이리 가운데 보냄과 같다고 하시면서 예수님은 "뱀처럼 지혜롭고 비둘기처럼 순결하라"(마 10 : 16)고 말씀하셨다. 마치 요나가 박넝쿨 아래서 하나님께서는 니느웨의 소떼에게도 관심을 갖고 있다는 것을 깨달은 것(욘 4)처럼, 예수님의 제자들은 예루살렘의 참새들까지도 하나님께서 사랑하신다는 것을 알게 되었다(마 10 : 29).

우리는 흔히 칼 융(Carl Jung)이 처음으로 동물만이 진실로 하나님께 충성스럽다는 것을 깨달았다고 알고 있지만 사실은 그렇지 않다(동물은 정확히 하나님의 의도에 따라서 산다. 단지 인간만이 하나님의 뜻에서 벗어난 삶을 산다).[15] 예수님이 더 먼저 아셨다. 예수님은 수고하지도 않는, 내일 일을 염려하지 않는 공중의 새들을 칭찬하셨다. 예수님과 제자들이 예루살렘에 입성하기 전 벳바게 근처에 이르렀을 때, 예수님께서는 제자들에게 나귀를 가져오라고 명하셨다. 그 나귀는 새끼가 딸려 있었다. 어미와 새끼는 서로 떨어지지 않으려 하는 법이다. 이때 예수님은 두 마리를 모두 당신에게로 끌어오라고 하셨고, 결국 한 번도 사람을 태워보지 않은 새끼 나귀를 타시고 초라하게 메시아로서의 예루살렘 입성을 마쳤

> 여기,
> 종일토록 웰링턴 공작과
> 함께 워털루 전장을
> 뛰어 다니던
> 코펜하겐이 잠들다.
> 비록 비천한 흙이 되었으나,
> 하나님의 겸손한 도구였으니
> 그 영광스럽던 날의 영광도
> 함께 나누어 가져야 하리라.
> — 어느 목장의 종마(種馬)의 묘비명에서

다 (마 21 : 2, 7). 가장 일반적인 묘비명 중의 하나인 "주께서 그를 필요로 하신다"(막 11 : 3)는 구절은 원래는 이 나귀에 대한 말이었다.[16]

예수님께서 동물을 희생 제물로 드린 예가 성경에는 한 번도 나와 있지 않다. 또 제자들에게 동물을 희생 제물로 드리라고 가르친 적도 없다. 사실 예수님께서 채찍을 휘두르는 성격을 드러낸 성전의 상업적 타락에는 동물 희생의 관습을 비난하는 정신이 포함되어 있을 수 있다.

한번은 예언자 느헤미야가 분노에 사로잡혔다. "내가 그들을 책망하고 저주하며 그들 중 몇 사람을 때리고 그들의 머리털을 뽑고 이르되…"(느 13 : 25)라고 말했다. 예수님은 설교하면서 분노하신 적이 없다. 그러나 예수님이 평상시와 다른 모습을 보여주신 때가 있었다. "독사의 자식들아!" 하고 한 무리의 사람들에게 소리친 적이 있었고,[17] "가서 여우에게 말하라…"라고 헤롯을 지칭하여 말했다(눅 13 : 32).

예수님께서 동물의 고삐로 사용하던 끈을 주워 들고, 머리 위로 들어 도리깨질을 하듯 휘두르셨다. 장사꾼들의 상을 뒤집어 엎고 갇혀 있던 동물들을 풀어주고 새들을 날려 보내셨다. 예수님의 '성전 정화사건'은 대제사장들과 결탁한 상인들이 이익을 챙기기 위해 동물들을 불법으로 거래하고 학살하는 것에 대항한 것이었다. 기도하는 집이며 평화의 집이 도둑과 강도의 굴혈로 바뀐 것을 참을 수 없으셨던 예수님은 환전상들을 성전 밖으로 내어 쫓으셨다.

동물 희생제사가 예수님 때부터 기독교 전통에서 사라진 것은 놀라운 사실이다. 로마는 그리스도인들을 원형 경기장에서 공공

연하게 희생시켰다. '원형 경기장 게임'이란 늦은 오후에 검객의 칼에 의해서 이뤄지는 처형, 정오 때의 죄수 공개 처형, 아침에 유혈이 낭자한 맹수를 처형하는 것 등을 가리킨다. 피터 싱거(Peter Singer)와 탐 리건(Tom Regan)은 일종의 도덕적인 관점에서 예수님께서 '동물 해방'을 주장한 것은 아니었다고 말하고 있다. 예수님은 자신의 삶을 통해서 동물들과 얼굴을 맞대고 보기보다는 다른 자세에서 우리 자신을 볼 필요가 있다고 주장하셨다.[19] 데카르트는 동물은 영혼도 없고 기계와 똑같은 범주에 속한다고 주장하였다. 토마스 아퀴나스(Thomas Aquinas)는 동물은 '사탄의 종속자'이므로 저주받아도 된다고 말했다.

처음에 앵글로 색슨계 사람들은 처음에 애팔라치안 산에 정착하였다. 거기에서 많은 사람이 침례교도와 감리교도로 삶을 출발해서 성결운동과 오순절운동을 경험하였다. 웨스트 버지니아 사람들은 결코 뱀을 죽이지 않는다. 얼마나 많은 사람이 그 뱀에게 물리든지 간에, 또는 죽임을 당하든지 간에 그 뱀들은 사랑과 존경의 대상으로 취급된다. 이들은 자연과의 조화를 찾는 사람들이다. 그들은 파괴를 원하지 않는다. 비록 그것이 치명적인 죽음을 불러일으키는 독사라 할지라도……[20]

왜 많은 병원이 대기실에 수족관을 들여 놓았을까? 애완 동물이 인간의 건강에 긍정적인 영향을 미치기 때문이다. 앨릭 하틀리(Alick Hartley)의 「세 마리 개의 이야기」(The Tale of Three Dogs)는 아주 좋은 책이다. 이 책은 한 과부가 병 때문에 밀폐된 세계에서 살다가 한 마리의 개를 우연히 만남으로써 인생의 전환기를 맞이하고 하나님에 대한 믿음을 회복하는 과정을 묘사하고 있다.

한 전염병에 대한 연구는 애완 동물을 기르는 것이 심리적 고통을 절감시켜주고 혈압과 심장박동률을 낮춰준다는 것을 보여주었다. 애완 동물과 함께 삶을 보내는 것은 용기를 북돋아주며 우울증을 해소시켜 준다. 또한 규칙적인 운동을 하게 한다.

대학의 수의학과에서 생태 행동학과 인간과 동물간의 작용을 접목시키는 프로젝트의 팀장인 알랜 벡(Alan Beck)은 , 애완 동물은 가정에서 어린 아이와 같은 역할을 한다고 말했다.[21] 1992년의 오스트레일리아의 한 연구에서는 애완 동물과 인간이 친구가 되면 심장동맥의 위험성을 떨어뜨린다고 보고하였다.

동물과 함께 지내는 것에 관한 가장 폭넓은 조사는 UCLA 대학의 전염병 연구자 쥬디스 쉬겔(Judith Siegel)이 한 것이다. 그녀는 애완견을 가지고 있는 사람 중의 37%가 애완 동물을 갖고 있지 않은 사람보다 유병률이 낮다고 보고하였다. 그녀는 또한 애완 동물이 심한 질병을 앓고 있는 사람들의 치유 능력을 향상시켜 줄 뿐만 아니라 슬픔이나 좌절로 고통당하는 자들에게 스트레스를 완충시키는 역할을 한다고 보고하였다.[22]

아흔두 명의 관상동맥혈전 치료를 받고 있는 사람들을 조사한 결과, 애완 동물이 있는 사람이 없는 사람들보다 1년 정도 더 오래 살았다. 의학계에서 '애완 동물 처방법'을 보급하는 운동이 확산되고 있고 '애완 동물이 사람에게 미치는 건강상의 이점'에 관한 정보를 나누고 있다.[23]

예수님은 자연과 동화하고 동물을 보호하기 위하여 따로 한적한 곳으로 가셨다.

하나님이 처음으로 인간의 역사 속에 개입하신 것은 예수님께서 인간의 몸을 입고 오셨던 때가 아니다. 하나님은 창조 때부터 역사 속에 계셨다. 하나님은 사람의 역사뿐만 아니라 이 지구의 역사 속으로 들어오신 것이다.

예수님은 모든 인간이 한 번은 죽는다는 이유 때문에 십자가를 지신 것이 아니다. 예수님은 사랑을 위하여, 즉 사람에 대한 사랑과 모든 만물에 대한 사랑을 위하여 죽으셨다. 하나님은 우주(세상)를 이처럼 사랑하시기 때문이다(요 3:16). 예수 그리스도의 대속은 창조물에 대한 균형과 조화와 아름다움을 회복시키는 것이다. 에베소서 1장 10절에 "하늘에 있는 것이나 땅에 있는 것이 다 그리스도 안에서 통일되게 하려 하심이라"는 구절이 있다. 하나님의 창조물의 영광(crown)이 조롱거리(clown)가 될 때 자연이 고통당하는 것처럼, 우리가 구원을 받을 때 자연도 회복이 되는 것이다. 그리스도는 모든 것을 새롭게 탄생시키신다.

우리가 일상에서 물러서 있을 때, 특별히 우리가 하나님의 창조물임을 느낄 때, 우리는 우리와 함께 이 땅에 있는 것을 양육하고 보호할 책임을 깨닫게 된다. 만일 우리가 이 책임을 무시한다면, 우리를 이 땅에 보내신 하나님의 목적을 무시하는 것이다.

다음 대화는 신문 연재 만화 '칼빈과 홉스'에 나왔던 내용이다.

칼빈 : 나는 홉스 너를 내내 생각하고 있었지.
홉스 : 주말내내?
칼빈 : 글쎄, 뭐 고의로 그런 것은 아니었어… 이것을 나는 역사의 힘 때문이라고 믿거든… 선택할 수 없는 역사의 물결은 모든 사람과 제도를 무자비한 방법으로 휩쓸고 지나가지… 모든 만물과

모든 사람은 그 역사의 유일한 목적 때문에 고통을 당하지.
홉스 : 그래, 그 목적이라는 게 뭔데?
칼빈 : '나'를 이 땅 위에 보낸 것! 나는 역사의 마지막 결과물이거든?
홉스 : 당신이?
칼빈 : 그렇다네. 수천 세대가 나의 특별한 부모님을 생산하기 위하여 살다가 죽었지. 지금까지 살다간 조상들의 유일한 존재 목적은 분명히 나를 만드는 것이었지.[24]

「지구 위의 삶」(Life on Earth)이라는 책에서 데이비드 아텐브라우(David Attenborough)는 지구의 나이를 일 년이라는 시간자(time scale)로 분할한다. 만일 지구의 생명이 1월에 시작되었다면, 이 자에 근거할 때 인간은 12월 31일 저녁에 만들어 지는 것이다.[25] 인간보다 훨씬 더 오래된 역사를 지닌 우주도 그리스도의 구속의 영향력 안에 있다(골 1 : 20). 그리스도 안에 새로운 공동체는 문화적, 성별적, 경제적, 사회적, 생태학적 등등의 모든 장벽을 무너뜨린다(갈 3 : 27~28). 모든 것은 그분 안에서 화해를 이룬다.

예수 그리스도에 의해 주어지는 구원은 우리의 존재 이유가 되는 것으로, 이것은 나만을 위한 것이 아니라 내 주변을 위해서이다. 위대한 신학자 위르겐 몰트만은 그리스도의 죽음과 부활을 우주적으로 해석할 것을 열정적으로 요구하면서, 복음의 지평을 인간들에게만 한정시키고 있는 그리스도인의 공동체에 대해 도전하고 있다(롬 8 : 19~23).[26] 헬라어적인 표현으로 '파세 테 크티세이'(pase te ktisei)에서 여성 단수 명사인 '크티시스'(ktisis)의 뜻은 '창조'를 의미하는데 이는 모든 창조물 곧 생물계와 무생물계까지도 연결하는 포괄적인 의미이다. 마가도 예수님의 말씀을 인용하면서 "모든 생물에 대한(ktisis) 복음을 선포하시다"라고 했다. 이것은 우리가 복음을 인간계에만 한정해야할 이유가 조금도 없음을 암시한다.

예수님은 하나님과 노아 사이의 계약(창 9 : 16)은 곧 하나님과 땅 사이의 계약이라고 하셨다. 예수님은 주위 환경을 사랑하셨고, 다음과 같이 선포하셨다. "내가 세상으로부터 들림을 받을 때, 모든 만물을 내게로 이끌어 오리라."[27] 마틴 루터(Martin Luther)의 로마서 주석의 서문은 "믿음은 살아있는 것이며 부지런히 활동하는 능력이다. 그리고 그 믿음은 그것을 가진 사람들에게 하나님과 모든 창조물을 사랑하는 마음을 불러 일으킨다"고 하였다.

기독교는 원래 생태 친화적인 종교이다. 1960년대에 기독교는 지구 파괴에 책임이 있다는 비난의 표적이 되었다. 그러나 기독교의 본질은 그것과는 정반대이다. 성경은 지구를 만든 '제조자의 핸드북'으로 우리에게 지구를 잘 돌보라고 말한다. 관리자는 이 지침서를 통하여 지구의 원만한 운영에 대한 지식을 알 수 있다. 그러므로 우리는 그 지침을 따라야 한다.[28] 환경생리학자인 데어도르 로자크(Theodore Roszak)는 우리들의 보금자리 행성인 지구의 보호에 대해서 윤리의식이 결여 되어 있는 것은 '우리 시대의 유행하는 정신병'이라고 규정하고 있다. 그는 덧붙여 말하길 "우리는 억제할 수 없는 욕망 때문에 우리를 지탱하는 세상을 파괴한다"라고 하였다.[29]

예수님은 '하늘의 징조' 뿐만 아니라 '시대의 징조'도 읽을 줄 아셨다. 사바나 열대 초원에 거주했던 최초 인류인 호모 사피엔스는 장기간에 걸쳐 발생하는 위험보다는 갑작스럽게 닥치는 위험에 잘 대처했다.[30] 오늘을 사는 우리도 하늘의 징조를 보고 그에 대처해야 한다. 그러나 예수님은 우리가 하늘의 징조뿐만 아니라 시대의 징조[31]도 알기를 원하신다. 그래서 미래에 발생할 위험을 미리 예방하기를 원하신다.

> 풍경은 어떻게 읽는지 모르는 명작이다.
> -촌 몽테그[32]

예수님은 세상의 종말에 관심을 갖고 계신다. 낮은 수준의 방사능에 장기간 노출되는 것은 한꺼번에 치명적인 양의 방사능에 노출되는 것과 똑같이 치명적이다. 마찬가지로 작은 문제도 오래 지속되면 큰 문제가 갑자기 닥치는 것과 같이 치명적일 수 있다. 사도 바울은 "하나님의 영원하신 능력과 신성이 그 만드신 만물에 분명히 보여 알게 된다"고 말하면서 "우리의 불의함 때문에 진리를 잘 잊어버린다"고 단언했다.[33]

지구의 가장 큰 문제점 두 가지는 무엇인가? 인구 폭발과 과소비는 우리의 집인 지구를 갉아먹고 있다. 또한 쓰레기도 문제다. 우리는 우리가 버린 쓰레기에 눌려 죽는 아메바와 같이 되어 버렸다. 우리는 우리 스스로를 아메바의 후손으로 만들고 있다.

모스크바에 있는, 사회환경연합 회장인 마리아(Maria Cherkavosa)가 "공산주의자들은 자기 나라를 잡아 먹는다"고 표현했는데 이 말은 환경오염에 대해 신경쓰지 않는 다른 국가에도 해당되는 말이다. 자끄(Jacques Consteau)는 멕시코 시의 새들이 '지붕과 거리 위에 비처럼' 떨어졌다고 말했다. 어떤 것도 오염된 도시의 공기에서 안전할 수 없다.[34]

예수님께서 말씀하시길 하나님은 한 마리의 참새의 일에도 관여하시며 우리들의 머리카락도 세신다고 하셨다. 그러므로 교회는 건강문제나 환경문제를 신학적인 입장에서 말할 수 있어야 한다. 하나님과 관련있는 것은 창조물인 우리와도 관련이 있기 때문

> 자연은
> 밖에 있지 않다.
> 우리가 그 자연 안에
> 있는 것이다.
> - 지그문트 크라로이의
> 「철학의 반항」에서

이다.

'창조 파괴'라는 말은 수필가이면서 자연주의자인 빌 맥키벤(Bill McKibben)이 최초로 사용한 단어로 인간이 모든 생물을 무차별하게 파괴하는 것을 묘사한 말이다. 그는 특히 두 가지의 창조 파괴를 지적하였다. 첫째는 지구 곳곳마다 영향을 미치는 급격한 변화이다. 둘째는 매일마다 약 1백 종의 동·식물이 멸종해가는 것이다.

이 극적인 창조 파괴는 점점 급속도로 진행되고 있다. 대기 중에 산소의 양은 점점 줄어들고 있고 이산화탄소의 양은 점점 증가하고 있다. 이런 현상이 계속되면 우리는 숨쉬기 위해 헐떡거려야 할 것이다. 21세기에 가장 각광 받는 약품이 아세타졸라마이드라는 '산소 흡입제'일지, 산소 결핍으로 인한 질병과 싸움을 해야할지 누가 알겠는가?

생물에 대한 창조 파괴도 적지 않게 진행되고 있다. 우리 몸만해도 사람의 눈에는 보이지 않지만 수백 만의 생물이 서식하고 있다. 예를 들어 우리의 모근이나 피지 선에는 '앞이마 진드기'가 살고 있다. 앞이마 진드기는 거미같은 머리에 괴물같은 몸을 하고 있다. 그리고 아주 작은 생명체인데도 다양한 변종이 존재한다.[36] 미국에 자라는 2만여 종의 본토 식물 중에 약 4천 2백 종은 현재 멸종위기에 처해 있다. 그중에 750종은 향후 10년 내에 없어질 전망이다. 매년 10만여 가지의 종이 멸종되고 있다. 한때는 핵 잠수함인 노틸러스에 탑재 되었던 '수중 음파 어군 탐지기'로 농어를 탐지하여 농어를 멸종 단계에 이르게 했으면서도 이에 대한 아무런 대책도 세우지 않았다.

등산가이면서 자연주의자인 잭 튜너(Jack Turner)는 '최종 손실'에 대하여 이야기를 한다. 최종 손실 단계에 이르면 환경의 파괴는 더이상 인간의 손길을 필요로 하지 않는다는 것이다. 파괴에 관성이 붙으면 가속도에 의

> 네낭은 어떠해야 하는가?
> 한때의 축복함과 버려짐을
> 빼앗겨 버린 네낭은…
> 그대로 두시오.
> 오 제발 그대로 두시오.
> 버려짐은 버려짐으로
> 축복함은 축복함으로
> 오래도록 잡초가 자라고
> 영원토록 버려지도록.
> —제럴드 마를니 홉킨스[39]

한 운동량으로 환경은 스스로 마지막을 향하여 급속도로 치닫게 된다는 것이다. 그때가 되면 환경의 파괴는 싫든 좋든 간에 진행될 것이다.

하나님께서 우리들 각자 각자를 심판하시는 한 가지 기준은 '땅을 어떻게 다루었는가?' 하는 것이다(계 11 : 18). 당신이 계속해서 자연을 파괴하는 범죄를 저지른다면, 아름다운 자연에서 예수님과 대화하는 것은 불가능하게 된다. 창조주를 예배하건서 창조물을 파괴하는 것은 신성모독이다.[38]

1855년 영국 태생의 제임스 메이슨 허칭스(James Mason Hutching)는 캘리포니아 주의 칼라바라스 계곡의 숲을 보고 기행문을 기록했다.[40] 이 기행문에 의하면 일행은 그곳에서 신의 집이라고 알려진 거대한 나무를 보았다고 한다. 이 나무는 당시 다섯 명의 장정이 꼬박 3주간에 걸쳐서 작업을 한 후에 넘어뜨렸다고 한다(마지막 이틀 한나절은 혼자서 흔들리다가 넘어졌다). 허칭스는 수백 피트에 달하는 엄청난 통나무가 잘려나가는 장면을 신성모독이라고 기록하고 있다. 사실 그들이 저지른 이 행동은 신성모독 이상의 행위였다. 그들은 쓰러뜨린 나무의 한 가지를 가지고 두

개의 볼링 레인을 만들었다. 또 다른 가지는 관광객들을 위한 무도회장의 바닥을 까는 데 사용하였다. 그 마루는 독립기념일 날 서른두 명이 네 개의 그룹을 만들어서 한꺼번에 추는 춤인 프랑스 무용 코틸리용을 추는 데 사용되었다. 그곳에 모인 군중 중 누구도 무슨 일이 있었는지 깊이 생각하지 않았을 것이다.

인간은 인간이 만든 아름다운 것들을 보호하기 위해서는 많은 노력을 기울인다. 국립문서보관소는 원형 천장 건물로 1톤의 폭탄도 견딜 수 있도록 설계되었다. 둘레는 3인치 두께의 방탄 유리를 설치했고 안전을 위해 곳곳에 보초병을 두었다. 그 누구도 이곳을 초록빛 자외선 차단기를 쓰지 않고는 들여다 볼 수 없다. 국립문서보관소의 상태를 잘 살펴보고 잉크가 흐려지는 것을 방지하기 위하여 매년 3천 3백만 달러가 사용된다.

만약 미켈란젤로(Michelangelo)가 '점박이 올빼미'의 그림을 그렸다면 과연 그 그림에 대하여 우리는 무엇을 하겠는가? 아마 우리는 이것이 세계에서 값을 매길 수 없는 귀중한 보물이라고 선언할 것이다. 그리고 그것을 보존하기 위하여 인간이 할 수 있는 모든 수단을 찾아 볼 것이다. 그 작품을 보존하기 위하여 때로는 전쟁도 불사할 것이다.

그러나 우리가 반 고흐(Van Gogh)의 작품이나 미켈란젤로의 작품에 대해 이야기 하는 중에도 하나님은 점박이 올빼미를 창조하신다. 그러나 우리는 때로 이 올빼미를 하찮고 가치 없는 것이라고 경멸을 한다. 우리가 성령님의 자유스러운 면을 두려워 하기 때문에 자연속에 내재되어 있는 자연스러움을 두려워 하고 회피하고자 하는 것을 아닐까?

1995년 봄, 나는 장로교도, 감리교도, 남부 침례교도, 연합 감리교도들이 협력하여 도시 전체를 성시화하는 부흥회 계획을 세워 달라는 요청을 받고 플로리다 주의 나폴리로 불리는 곳을 방문하였다. 계획에 관련된 네 명의 목사들과 함께 톰과 마샤 탤톤의 집에 머물렀다. 그들의 집은 멀래시스 습지 근처에 있었다. 이곳 약 23에이커 면적의 습지는 야생 생물, 야생화, 황무지가 천연 그대로의 보존되어 있는 아름다운 곳이었다.

  몇 달 지나지 않아 부흥회 건으로 다시 플로리다의 나폴리를 방문했을 때 나는 플로리다의 아름다운 풍경에서 일어난 일을 믿을 수가 없었다. 이 멀래시스 습지의 주인이 시에 이 땅을 공원으로 사용하라고 기증한 것이다. 그런데 그 시 고위 공무원들은 의심 많은 눈과 질투심이 가득한 귀와 굳게 경직된 마음을 가지고 세금을 받아낼 욕심으로 습지를 팔아버렸다. 그리고 얼마 후 개발을 위해 이 습지를 불도저로 밀어 버렸다. 공동묘지로 가는 길 말고는 이제는 톰과 탤톤의 집으로 가는 길이 없어졌다. 아름드리 나무들은 쓰러져 죽어가고 있었다. 독수리는 공포와 분노에 싸여 소리를 지르면서 하늘에서 '빙빙' 돌고 있었다. 땅거북은 목숨을 부지하기 위해 거대한 괴물을 피해서 도망가다가 다른 괴물에 의해 포장도로 위에 으깨져 있었다(여기서 괴물은 불도저 등의 기계를 말함). 붉은 여우는 갈 곳이 없어 근처를 정처 없이 뛰어다니고 있었다. 나는 소쩍새의 구슬픈 울음소리 때문에 밤새 잠을 이룰 수가 없었다. 소쩍새가 고통에 쌓여 우는 것 같았다. 소쩍새의 새끼들은 살해되었고, 보금자리는 짓밟혔다.

  그날 밤 탤톤의 집의 부엌에서 나는 한때 멀래시스 습지의 한 켠을 차지하고 있었을 작은 연못가에서 아이들이 둘러 앉아 기도하는 사진을 보았다. 내가 언제 이 사진을 찍었느냐고 묻자 마샤 탤톤은 불도저가 도착하기 전날 밤 그녀가 자신의 아이들과 친구들의 아이들을 불러 모아 찍은 것이라고 하였다. 그들은 멀래시스 습지까지 걸어갔다. 그곳을 마지막으로 보기 위해서였다. 습지를 떠나기 바로 전에 그들은 동그랗게 모여 하나님께서 이렇게 놀라운 장소를 선물로 주신 것에 감사기도를 드렸다. 연못에 대한 사랑의 표현으로 그들은 꽃잎을 따서 물에 띄워 보냈다.

  우리가 무너지지 않기 위해선 때론 스스로 무너져야 한다. 볼 수 있는 눈과 들을 수 있는 귀, 심장까지도 버려야 한다. 함께 있기 위해서는 따로 떨어져 있어야 하는 것처럼, 시력을 잃었을 때 참된 것을 볼 수 있고, 귀를 막아야 들릴 때가 있으며, 심장을 박동시키기 위해서 심장을 잃어야 할 때가 있는 것이다.

기적을 믿어라 9

살아가면서 스트레스를 받는 주요한 원인 중에 하나는 '불확실한 일' 곧 예측하기 힘든 '미지의 것'을 만나기 때문이다. 그러나 예수님은 예기치 않은 일을 만나는 것을 좋아하셨다. 하나님이 주는 놀라움과 삶의 신비로움을 사랑하셨다. 왜냐하면 예수님은 미지의 것들의 주인이시기 때문이다.

복음서를 보면 예수님은 두 가지 상반되는 경우에 분명하게 놀라움을 나타내셨다. 첫 번째, 예수님은 자기 사람들이 믿음이 없는 것에 놀라셨고(막 6:6), 두 번째, 군대 백부장의 큰 믿음에 놀라셨다(눅 7:9). 또한 예수님은 하나님의 나라를 밭에 숨겨진 보물을 찾는 것과 같고, 아주 귀한 진주를 발견하는 것과 같다는 비유를 하기도 하셨다.

예수 그리스도의 복음에는 예기치 못한 이야기, 놀이거리, 은유, 가르침으로 가득 차 있다.[1] 사람들은 예수님께서 태어나신 곳이 너무 초라해서 놀랐고, 그분의 가르침의 권위가 서기관과 같지 않음에 놀랐고(막 1:22), 관습에 얽매이지 않고 식탁에 앉는 것에 놀랐다(눅 14:10). 예수님은 비유로 많은 사람들을 놀라게 했다(막 6:2). 하나님이 함께 하시는 사람들이 마을 어귀, 길가, 산울

타리 등의 도처에서 모여든 기대하지 못했던 사람들인 것을 인해 사람들을 놀라게 하셨다.[2] 예수님은 어디서든 진실을 발견할 때마다 찬양함으로써 모든 사람들을 놀라게 했다. 예수님께서 자신이 죽을 장소와 방법을 정확히 예언한 것도 놀라운 일이다. 그리고 인류 역사상 가장 놀라운 것은 바로 죽은지 삼일 후에 부활하신 사건이다.

애니 딜라드(Annie Dillard)는 피츠버그에 살던 어린 시절에 자신의 소중한 동전을 어딘가에 숨겨 놓고는 누군가가 그것을 찾아가게 했다고 한다. 그녀는 단지 장난으로 그렇게 했었다. 때때로 그녀는 길 위에 분필로 큰 화살표를 그려서 '돈 있는 곳' 또는 '앞에 놀라운 일이 있음' 등의 글씨를 써서 사람들을 유도하곤 했다. 그리고 그녀는 숨어서 사람이 지나가기를 기다렸다. 그리고

> 작가에게
> 눈물이 없으면,
> 독자에게 눈물이 없고,
> 작가에게
> 놀라움이 없으면,
> 독자에게도
> 놀라움이 없다.
> - 로버트 프로스트

세상이 준 공짜 선물을 찾아가는 것을 지켜보곤 했다. 그녀는 나중에야 깨달았지만 세상에도 하나님의 너그러운 손이 던진 행운의 동전들이 상당히 뿌려져 있음을 알게 되었다. 그것은 하나님이 그려놓은 화살표인 표적을 따라가면 동전을 발견할 수 있는 것이다.[3]

그러나 사람들은 성인이 되면 오히려 예기치 못한 놀라운 일을 만나거나, 또는 할 일이 없는 시간이 생기면 초조해 한다. 사실 미래가 확실하게 보장된 사람에게나 또는 승진이 예정되어 있는 사람에게는 예기치 못한 일이 일어난다는 것은 위협적인 일이다. 그러므로 신앙생활을 할 때도 제도권 안에서의 통제가 보증되며, 아

무에게도 예기치 못한 놀라움을 일으키지 않고, 모든 것이 편안하며 모든 것이 분명한 교회를 선호한다.

성경은 예수님이 제자들에게 비유들을 해석해 주었지만 제자들은

> 반만 눈치 챌 수 있는 힌트,
> 반만 이해할 수 있는 선물,
> 그것은 성육신이다.
> -T. S. 엘리어트⁴⁾

종종 아무 것도 이해하지 못했다고 전한다(막 4 : 34). 예수님은 모든 것에 대한 해답을 쏟아내는 기계가 아니었다. 그리고 예수님은 모든 질문에 대답하지 않으셨다(예를 들면, 빌라도와의 대화를 보라). 예수님의 생각은 "모든 것을 안다고 해서 모든 것을 말할 필요는 없다"[5]는 것이었다. 예수님은 우리가 진리에 대해 논쟁할 것이 있도록 어느 정도 남겨 두셨다. 또한 예수님은 그분의 삶과 죽음을 사랑하는 아버지께 맡겨 놓았고, 하나님께서 계획해 놓으신 것이 무엇인지에 대해 기대하셨다.

오늘날 도시가 많은 문제에 빠지게 된 이유 중의 한 가지는 도시의 설계가 잘되어 있고 합리적이고 깨끗해서, 도시를 아주 매력 있게 만드는 뜻밖의 일을 경험할 수 있는 기회를 잃어 버렸기 때문이다. 예를 들어 구석진 코너에서, 옥상에서, 방구석에서 뜻밖의 일을 경험하는 것 말이다.

리차드 세네트(Richad Sennett)는 도시를 계획하는 사람들의 심리에는 도시를 '정화된 공동체'로 만들려는 경향이 있다고 말한다. 결국 이렇게 건설된 도시는 "예상하지 못한 일들이 벌어졌을 때 이를 담담하게 해결할 수 있는 경험과 기회를 잃어버렸기 때문에, 일반적으로 청소년기에 발달하는 능력 곧 예기치 못한 위험에 대처할 수 있는 능력을 상실하게 됐다"고 말한다.[6]

예수님은 예측할 수 없는 미래 곧 놀랍고 이상한 일들이 벌어질

> 만일 하나님을
> 웃게 하고 싶으면,
> 그분에게 당신의
> 계획들을 얘기하시오.
> - 전 뉴스앵커 존 찬셀러

수 있는 미래를 두려워하지 않으셨다. 오히려 그것들이 있으리라는 생각을 가지고 계셨다. 자신보다 앞서 온 모든 유대의 예언자들과 마찬가지로, 예수님은 자신이 어디로 가고 있는지, 어떻게 하나님이 자신을 그곳까지 인도하신 것과 자신이 도착한 장소에서 벌어지는 사건들을 보고 놀라워 하셨다. 예수님은 사람들이 자기를 버리고, 성령의 신비로움에 대한 선입견과 망상을 버렸을 때, 진실로 살아있는 것이라고 가르치셨다.

예수님은 십자가에서 "내 영혼을 아버지의 손에 맡깁니다"(눅 23 : 46)라는 마지막 말씀을 통하여, 자신의 삶과 죽음을 하나님께 맡기셨다. 하나님의 신비스러운 뜻에 놀라면서도 만족하셨을 것이다. 그러나 우리는 죽음을 두려워 한다. 또 뜻밖의 일을 두려워 한다. 죽음에 대해서 확신할 수 있는 두 가지가 있다. 첫째는 죽음 이후에는 알지 못하는 놀라움으로 가득 차 있다는 것이고, 둘째는 죽음은 우리가 원래 타고난 본질로 돌아간다는 것이다.

일생 또는 일 년, 한 달은 고사하고 이보다 훨씬 짧은 하루 동안에 무슨 일이 생길 것인지 누가 말할 수 있겠는가? 물리학의 양자론은 상상할 수 없을 만큼 신비하다. 신비함은 생의 본질 속에 자리잡고 있는 것이다. 당신이 신비로움을 인정하지 않는 것은 곧 당신이 타인을 인정하지 않는다는 것이다. 경이로움과 놀라움을 받아들이지 않는다면 당신은 미래도 받아들일 수가 없다. 어떤 분야에서 혁신적인 업적을 달성했던 사람이라 할지라도 다른 분야의 경이로움을 받아들이지 않는다면 구시대적인 사고방식을 갖고 있는 것이다. 예를 들면, 루터는 신학의 영역에서는 새로운 사고

방식과 놀라움을 받아들였지만, 천문학의 영역에서는 그렇지 못했다. 그는 지동설을 주장했던 코페르니쿠스를 미친 사람으로 생각했다.

> 그러므로 깨어 있으라.
> 어느날에
> 너희 주가 임할는지
> 너희가 알지 못함이니라.
> - 마태복음 24장 42절

소설가 페이 웰던(Fay Weldon)은 그의 작품에서 "예기치 않은 일을 하게 되면, 예기치 않은 일이 일어난다"라는 좌우명을 가진 등장 인물을 만들어 내기도 했다. 이와 반대로, 당신이 일생을 통하여 예상 가능한 일만 한다면 예상 가능한 일들만 일어나게 된다. 역설적이지만 스트레스를 없애는 주요 방법 중의 하나는 인생에서 얼마간은 뜻밖에 일이 일어날 수도 있다는 것을 인정하는 것이다.

언젠가 오늘날의 서구 문명에 대한 역사가 쓰여진다면, 가장 큰 업적 중의 하나로 높은 수준의 건강을 이룩한 것이 지목될 것이다. 현대 의학과 현대 임상실험은 신체의 각 부분을 전문적으로 세분화함으로써 크게 발전했다. 또 현대 의학은 신체의 각 부분이 몸 전체의 부분과 상호 영향을 미치면서 기능을 한다는 것을 강조하고 있다. 동시에 현대 의학은 우주가 인과관계로만 해석될 수 없다는 것을 인정한다. 그리고 의학계는 신체의 각 부분은 예측할 수 없는 방법으로 서로 연계되어 있으며, 상호의존적이고 서로 영향을 주고받는 체계임을 이해하게 되었다. 우리는 '복잡성 이론' (complexity theory)을 통하여, 사물들은 상호작용을 함으로써 상승 효과가 높아지고 또 다양하게 발달한다는 것을 알게 되었다.

물리학자들은 혼돈의 구조에 관하여 설명할 때, 우리가 생각해 왔던 것만큼 혼돈이 무질서한 것만은 아니라고 말한다. 오히려 혼돈도 나름대로의 질서와 형식을 갖추고 있다고 한다. 그러나 혼돈

> 세상은 우리가
> 예측 가능한 만큼만
> 이상한 것이 아니라
> 우리의 상상을 뛰어
> 넘는 만큼 이상하다.
> - J.B.S. 할든

의 질서와 형식은 우리가 예측할 수 있는 법칙이나 일차방정식으로는 풀 수가 없다는 것이다. 따라서 기상 학자가 날씨를 예견하지 못하는 것은, 스크린을 제대로 읽지 못했기 때문이거나 기초 정보의 분석이 충분치 못해서도 아니고, 컴퓨터의 성능이 떨어져서도 아니다. 날씨나 인생에는 혼돈의 체계가 바로 그 본질 속에 경이로움으로 내포되어 있기 때문에 기상 학자들은 명확하게 미래를 내다 볼 수가 없는 것이다. 심지어 오늘날에는 로봇조차도 규칙적으로 입력된 프로그램대로 작동하도록 설계하지 않는다. 이제는 예기치 못한 사태에도 대처하도록 설계한다. 이를 퍼지 컴퓨터라고 부른다(예를 들어 자동 세탁기를 만들어도 예전에는 좌로 한 번, 우로 한 번, 규칙적으로 번갈아 돌던 것을 퍼지 세탁기는 좌회전과 우회전을 규칙적으로 하는 것이 아니고 임의적으로 하도록 설계되어 있다).

1983년에 어떤 텔레비전 프로그램을 보았는데 그 해의 주제는 '기뻐하라' 였다. 텔레비전은 '무작정 기뻐하라'고 하는 것처럼 보였다. 그중에 하나가 기억이 남는데 어미 거위가 알에서 깨어나는 새끼 거위들과 함께 있는 장면이었다. 그러나 알을 깨고 나온 것은 거위 새끼가 아니라 악어였다.

악어가 당신의 인생에 슬며시 끼어 든 적이 있는가? 새끼 거위를 예상하고 있는데 악어라니? 이처럼 인생은 당신의 희망대로 이루어지지 않는다. 당신은 악어가 새끼 거위의 자리를 차지할 때조차도 무작정 기뻐할 수 있는가?

예수님은 미지의 것들에 대한 위험을 감수하고, 새로운 생각을 받아들이며, 예측할 수 없는 일이 자신의 삶으로 들어오도록 관대히 허용하여 그분을 따르는 제자들을 적잖이 당황하게 하였다. 아마도 예수님이 이렇게 할 수 있었던 것은 부모님의 이야기 즉 황금, 유향, 몰약 선물이 애굽으로 탈출할 때 자금이 되었던 일을 들으며 성령님이 행하시는 경이로운 일을 아셨기 때문일 것이다.

예수님은 하나님으로부터 오는 놀라움을 기대하는 법을 배웠고, 우리를 그분의 영적인 형제 자매라고 부르신다. 브루스 라손(Bruce Larson)은 익살스럽게 SOUL(Servants of an Unpredictable Lord)의 의미를 '예기치 않은 주님의 종들' 이라고 해석한다.[7]

언제든지 위험에 맞설 준비가 되어 있는 자는 마음에 자유가 있다. 양자역학의 세계에서 양자(quantum)는 없어졌다가 갑자기 나타나기도 하고 자연적으로 발생하기도 하며, 인과관계가 적용되기도 하고 창조력도 있다. 양자에 기초한 지식은 경이로움을 알 수 있게 도와준다. 물리학자 프리만 디손(Freeman Dyson)은 "오늘날 우리의 위대한 임무는, 세계의 시민으로서 예측할 수 없는 일들도 일어날 수 있도록 우리 사회를 조직하는 것이다"라고 주장한다.[8] 우리가 자연으로 돌아가야 하는 이유는 미지의 일들이 바로 그곳에서 일어나고 있고, 자연이 바로 경이로움을 접하는 곳이며, 자연에서 기적의 순간을 가장 잘 경험할 수 있기 때문이다.

예수님은 미지의 것들을 받아들이셨고, 혼돈의 가장자리에서 살아가는 것을 각오하셨으며 위험을 무릅쓰고 영원한 놀라움을 향하여 창문을 여셨다. 모더니즘 시대에 서양인들이 가장 즐겨하는 작별 인사말은 "조심하세요"였다. 포스트모던 시대에는 "모험을 해보세요"가 더 좋은 작별 인사일 것이다. 어쩌면 새로운 패러다임 시대에 지도자는 가장 좋은 인사말로 "조심하세요. 모험을 하세요. 그리고 동정심을 가지세요"라는 말을 해야 할 것이다.

철학자 윌리엄 제임스(William James)는 이렇게 말했다. "산다는 것은 매순간 위험을 무릅쓰는 것과 같다. 불확실한 것들에 대해 확신을 가질 때 종종 그것은 실현된다."[9]

다음 이야기를 살펴보자. 섬 하나가 있었는데 그 섬 사람들은 더 건강하고 더 좋은 생활을 할 수 있는 땅에서 살고 싶었다. 문제는 헤엄을 치거나 항해를 할 수 있는 실질적인 방법이 개발되지 않았거나, 있었어도 오래 전에 잊어버렸다는 것이다. 그래서 대부분의 섬 사람들은 바다를 건너 다른 곳으로 갈 생각을 하지 않았다. 반면, 어떤 사람들은 나름대로 문제의 해결책을 찾기도 했다. 몇몇 사람들이 수영과 항해 기술을 알아내었고, 또 가끔은 그들을 찾아와 배우는 사람이 있어서 다음과 같은 거래가 이루어졌다.

"나는 수영을 배워서 다른 곳으로 가려고 합니다."
"그것은 그리 어려운 문제가 아닙니다."
"그런데 양배추를 가져 가는 것이 문제입니다."
"양배추라뇨?"
"먹을 양식 말입니다."
"그곳에는 더 좋은 양식이 있어요."
"더 좋은 양식이 있다는 것이 확실하지 안잖아요. 난 양배추를 가져 갈 거예요."
"배추 일 톤을 지고 헤엄을 칠 수는 없어요. 그건 너무 무거워요."

"그러면 갈 수가 없겠군요, 당신은 짐이라고 하는데 나에게는 중요한 양식이요."

"당신이 말하는 양배추가 상징적으로 양배추가 아니라 역설 또는 파괴적인 생각이라고 한다면?"

"나는 내가 원하는 것을 이해하는 다른 선생에게 수영을 배워 양배추를 가져 갈 것이요."[11]

예수님이 '기적'을 행했다는 것에 거의 모든 학자들이 동의하고 있다. 1세기 말엽의 유대인 역사가 요세푸스(Josephus)는 예수님은 '놀라운 일을 하는 자'로서 알려진 것을 인정했다.

예수님께서는 기적을 사랑하셨다. 또한 그런 놀라운 능력을 사용하여 사람들을 보다 높고 깊은 차원으로 이르게 하셨다. 그러나 그런 행동이 사람들에게 오해를 줄 수 있다는 것도 분명히 알고 계셨다. 마귀의 행위도 기적처럼 보일 수 있다(막 3 : 22). 또 주님은 빌라도와 같은 사람들이 기적을 요구했을 때는 기적을 거부하셨다. 사역을 위해서 필요하실 때만 기적을 사용하신 것이다(눅 7 : 18~23). 치유사역을 하시다가 어떤 때는 예수님은 기적을 거부하기도 했는데 그분이 기적을 일으킬 수 없었기 때문이 아니라 때로는 기적을 일으키지 않는 것이 더 나았기 때문이다. 예수님은 사람들이 회개를 하기 위해서가 아니라 단지 고침을 받으러 온 것을 알았을 때 그들에게 아무에게도 말하지 말라고 하셨다. 한두 차례 이상 예수님은 자신의 기적에 관해서 침묵을 요구하셨고, 한 번은 기적을 요구받자 화를 내시기도 하였다. "악하고 음란한 세대가 표적(기적)을 구하나 선지자 요나의 표적밖에는 보일 표적이

> 내가 NBA를 이끌수 있
> 는 이유는 동료들에게
> 많은 도움을 받기 때문
> 이다. 그들은 자주 달
> 수 한다.
> -농구 스타 모세 말론

없느니라"(마 12 : 39). 마가복음 8장 11~12절에서는 기적을 거부하셨다. "어찌하여 이 세대가 표적을 구하느냐? 내가 진실로 너희에게 이르노니 이 세대에게 표적을 주시지 아니하리라." 이 말씀은 예수님께서 기적을 시험하는 자들에게 대단히 분노하신 것이다. 사실 성전 타락의 경우처럼 예수님의 분노를 자극하는 경우는 거의 없었다.

포스트모더니즘 문화를 여기 저기서 찾아볼 수 있는데 특히 기적을 믿는 사람들이 점점 많아지고 있다. 우리는 이제 막 기적을 믿기 시작했다. 1991년 10명의 미국인 중에 2명이 기적을 믿는다고 말했다. 그리고 1994년에는 갤럽과 USA투데이와 CNN의 여론 조사에 따르면 76%의 사람들이 천사를 확실하게 믿는다고 한다.[12] 포스트모던 문화는 끊임없이 신비로운 것을 찾는, 기적에 매우 목말라하는 '환상적인 문화'라고 불리워 왔다.[13]

토도로브의 정의에 따르면, 환상적인이라는 개념은, 세상은 모든 것이 합리적으로 일어나는 것으로 여겨지는 동시에 비합리적인 것도 가능하다는 것과 또 어떤 것은 강제적으로 발생하는 것도 있음을 인정하는 것이다. 포스트모던 시대 사람들은 모던 시대 사람들보다 하나님의 기적을 덜 부정하는 경향이 있다.

처음 5세기 동안 교부들은 기적을 사람의 경이로움을 불러 일으키는 것이라고 정의했다. 교회 역사가 로완 A. 그리어(Rowan A. Greer)는 기적은 신성을 보여주는 것이지 자연에 반대되는 비합리적이거나 미신적인 어떤 것이 아니라고 말했다.[14] 다른 교회 역사가는 예수님 당시의 기적은 종종 공포, 걱정, 심지어 죽음의 분위기 속에서 실행되었던 마술과는 전혀 다른 것이었다그 한다. 기적이란 믿음, 사랑, 회개와 같은 분위기에서 행해지는 것이다.[15]

이와는 반대로, 오늘날 교회는 마치 셜록 홈즈처럼 틀가능한 것은 모두 버리고, 가능성 있는 것만 믿는다. 교회가 홈즈의 방법을 선호하는 것은 모던 시대의 과학 만능주의의 영향 때문일 것이다. 이런 방법은 범죄의 미스테리를 푸는 데는 유용하지만 신성한 것이나 인생의 신비를 푸는 데는 맞지 않다.

성직자를 상징하는 로만 칼라를 기풍있게 세운 한 목사가 교인을 심방했다. 그 교인은 복지원에서 휠체어를 사용하여 살고 있었다. 심방을 마치고 돌아가기 전 목사는 그녀의 손을 부드럽게 잡고 기도하기 시작했다. 하나님께서 그녀와 함께 해주시고 힘과 위로를 베풀어달라는 간단한 기도였다. 그리고 마지막에 하나님께서 그녀를 고쳐 주실 것을 덧붙였다. 기도가 끝났을 때 그녀의 얼굴은 빛나기 시작했다. 그녀의 표정은 기쁨으로 점점 더 밝아졌다. 그녀가 말했다. "목사님, 저를 좀 도와 주시겠어요?" 목사는 그녀가 일어나는 것을 도와 주었다. 처음에 그녀는 뭔가 망설이는 듯 했다. 하지만 곧 비틀거리며 몇 발자국을 걸었다. 마침내 껑충껑충 뛰기 시작했고 소리를 지르며 춤을 추기 시작했다. 그리고 감격하여 울면서 하나님을 찬양했다. 복지원의 모든 사람은 새로운 기적을 보고 감동했다. 그런데 목사는 당황했다. 얼굴이 붉어져서 그의 자동차로 돌아와 문을 닫고, 운전대를 꽉 움켜쥐었다. 그리고 떨리는 목소리로 기도하기 시작했다. "주여, 이와 같은 일이 내게 다시는 일어나지 않게 하소서."[16]

오늘날 의학계에는 '대체 치료법'이 각광을 받고 있다. 그런데

> 우울증을 위한 병원이 다음 달 노르웨이의 베르겐에서 개원합니다. 이 병원은 닐케로는 그 병을 앓고 있지 않으면서 고통받는 사람들에게 도움을 줄 것입니다.
> – 뉴욕 타임즈 1995년 2월호

정작 교회는 원래 자신의 것이었던 대체 치료법을 개발하고 적용하는 것을 소홀히 하고 있으니 이 얼마나 아이러니한가? 1993년 출판된 뉴잉글랜드 의학저널에 의하면 매년 세 명의 미국인 환자 중에 한 명이 대체 의학으로 치료받는다고 한다.[17]

1990년에 미국인들이 대체의학 치료사를 찾은 횟수가 무려 4억 2천 5백만 번이나 되고 치료비로는 약 14조 달러를 지불했다고 한다. 그것도 아주 극히 일부만이 의료보험 혜택이 적용되는데도 대체 치료법이 인기를 누리고 있는 것이다. 대체 치료법에는 종류도 다양하다. 식이요법, 영양치료, 자연식 및 생식요법, 메가-비타민법, 생활습관 개선법, 마인드 콘트롤, 명상, 미술 치료법, 바이오피드백(생체자기제어법), 요가, 이미지 훈련법, 수소 치료법, 음악 치료법, 단전 호흡법 등이 있다.

의학계는 이제 대체의학의 메시지를 받아들이기 시작했다. 하버드, 스탠포드, 조지타운과 같은 의과대학들이 대체의학 과목을 개설하기 시작했고, 몇몇 의사들은 보완적 치료법으로 사용하고 있다. 이제 미 국립보건복지부에도 대체의학 사무소가 생기게 되었다.

현대는 기적의 시대다. 가수 폴 사이먼(Paul Simon)은 "지금은 기적과 신비의 시대다"라고 노래한다. 버니 시겔(Bernie Siegel)의 「사랑, 의학, 기적」(Love, Medicine and Miracles)이라는 책은 베스트 셀러가 되었다. 1991년 「생명」(Life)이라는 잡지의 커버스토리로 "당신은 기적을 믿는가?"라는 글이 실렸다. 1992년 미 에이즈 연구기관의 모토는 "기적은 일어난다"였다. 갤럽 조사에선 10명 중에 8명의 미국인이 하나님의 기적을 믿고 있다고 보도한다. 실제로 많은 기적이 일어나고 있으

> 나는 마구잡이로 사건이 일어난다고 생각하지 않는다. '예측할 수 없다'는 건은 현상만을 보고 평가하는 말이다.
> '마구잡이'라는 말은 기도하는 방법을 잃어버리고 철학적인 편견에 사로잡힌 사람들이 쓰는 말이다. 나는 '우연'을 믿지 않는다. 나는 다만 '섭리'와 '기적'을 믿는다.
> ―W.H.오덴[19]

며, 천사에 관한 책들은 날개돋힌 듯이 판매되고 있다. 그런데 아직도 교회는 '기적 자체' 보다는 '기적의 의미' 만을 찾고 있으니 얼마나 아이러니한가?

최근 뉴에이지가 매력을 끄는 이유 중에 한 가지는 치료, 기적, 신비, 표적, 경이로움 등을 통합적으로 다루는 지평을 개척하기 시작했기 때문이다.[18] 진 휴스톤(Jean Houston)은 '기쁨의 지름길 : 기적, 음악과 하나님의 웃음' 이라는 강습회를 성공적으로 치루었다.

학문의 영역에서조차 경이로움과 신비한 일을 개인적인 신념으로 갖고 있는 사람이 많다. 머시어 엘리아데(Mircea Eliada)는 인류학, 종교사, 동양학, 심리학, 소설 등 방대한 분야의 대가이다. 20세기의 지적 대가인 머시어 엘리아데는 다음과 같은 놀랄 만한 고백을 하였다.

우주는 수조 개의 은하로 이루어져 있다. 어쩌면 거기에 약 백만 개 정도의 생물이 사는 행성들이 있을지도 모른다. 하나님의 존재여부에 관

한 고전적인 찬반 논쟁들은 모두 나에게는 순진하고 유치하게까지 느껴질 때가 있다. 나는 우리들이 지금 당장 결론을 내기 위한 논쟁할 권리를 가지고 있다고 생각하지 않는다. 그 문제는 그냥 그대로 미해결된 채 남겨 놓아야 한다. 우리는 다만 꿈이나 환상에 기초한 확신 즉 개인적인 확신으로 만족해야 한다. 그것은 논쟁의 대상이 아니다.[20]

카린 그랑버그 미카엘슨(Karin Granberg-Michaelson)은 「공동체를 치료하는 법」(Healing Community)에서 새로운 패러다임을 가진 지도자와 공동체에 다음과 같은 질문을 던진다.

- 우리 자신과 우리 교회는 공동체를 치료하고 있는가?
- 하나님이 악한 사람과 맞서 논쟁하실 때 우리도 관여하는가?
- 우리는 사람들과 사회가 겪고 있는 아픔을 진단할 뿐만 아니라 치료할 수 있는가?
- 우리는 병든 사람과 사회에 대해 그들의 참된 병은 무엇이며 또 치료는 어떻게 해야 하는지 진단할 수 있는가?
- 우리는 병든 사람, 빈곤한 사람, 억압받는 사람들을 하나님의 치유하시는 능력으로 도울 준비가 되어 있는가?
- 우리는 치료와 화해와 온전함을 병들고 죽어가는 세상에 나타내시기 위하여 십자가에 달리시기까지 자신을 내어주셨던 주님과 함께 할 준비가 되어 있는가?[21]

지금까지 '기름부음'이 상징하는 것은 세상에서, 직장에서, 영적 전쟁을 치루도록 보냄 받았다는 의미이거나 목숨이 끝나는 날까지 소명을 위해 사는 것을 의미했다. 치유와 기름부음은 예배의

또 다른 형태가 될 것이다. 다시 말해서 기름부음은 '치유'를 상징하거나 '건강'을 상징하게 될 것이다.

성경공부, 환자를 위한 기도, 안수기도, 기름부음, 거룩한 교제, 치료의식, 음악사역(육체를 치료하는 의료적 문제로서 특히 음악을 사용하여 영혼을 치료하는 사역)은 교회가 사용할 수 있는 다양한 의식 활동이다. 예를 들면, 멤피스에 있는 그리스도 교회는 주일 밤에는 치료 예배를 드린다. 또한 「온전함과 치유의 사역」이라는 제목의 소책자를 발행하여 치유예배와 손을 얹어 축복하는 것과 기름붓는 것이 신학적으로 근거있다는 것을 알리고 있다.

속임수가 만연하고 희망을 둘 곳이 없는 세상은 이제 자신에게 경이감을 불어넣어 줄 무언가를 애타게 찾고 있다. 또한 지친 영혼과 상한 몸에 활기를 불어 넣어 줄 격려의 말을 기다리고 있다. 기적은 마치 경이로움의 한 자락을 비춰주는 별과 별 사이를 연결하는 빛들처럼, 이따금씩 약속의 땅으로부터 우리들에게 보내오는 신호이다.[22] 위대한 신학자 칼 라너(Karl Rahner)는 수년 전 독일 세미나에서 기적에 대하여 강의를 마친 후에, 한 학생에게 질문을 받았다. "교수님, 우리에게 기적의 예를 들어 주십시오." 라너 박사는 이렇게 대답했다. "단 한 가지 유일한 기적이 있습니다. 그것은 생명입니다."

그렇다. 생명이 존재한다는 것은 하나님이 우리에게 주신 최대의 기적이다. 사람에게 영혼이 있다는 것도 신비롭다. 종교에 대한 신앙심도 신비롭다. 부활은 수수께끼를 풀어 주지 못하고 신비감을 더해준다.

데인 펠란 스위트라는 세 살짜리 꼬마가 어느 해 크리스마스 때에 자기 부모를 놀라게 했다. 데인은 '크레이쉬'(creche : 역자주, 아기 예수가 구유에 누워 있고 요셉과 마리아가 둘러앉은 마굿간 모형)의 구유에 누워 있는 아기 예수에게 완전히 매료되었다. 아기 예수에게 반한 데인은 마침내 구유에 누워 있던 아기 예수를 훔쳐 집 주변에 숨기곤 하였다. 데인의 부모는 아기 예수가 사라졌다는 것은 알았지만 그때마다 어디에 있는지 전혀 알 수가 없었다. 한 번은 아기 예수를 부엌 싱크대 서랍의 숫가락통에서 발견했다. 한 번은 크리스마스 트리 위에서 무엇인가 떨어져서 가 보았더니 그곳에 아기 예수가 있었다. 어느 날 아침 데인의 아버지가 신발을 신으려고 하다가 신발 속에서 아기 예수를 발견한 적도 있다. "아기 예수를 원래 있던 자리에 놔두거라"라는 부모의 꾸중도 데인의 이런 행동을 막을 수는 없었다. 오히려 데인은 부모가 아기 예수를 찾아내는 데 너무 오래 걸린다며 일부러 아기 예수를 마루 한가운데 놓아 부모가 쉽게 발견할 수 있게 하기도 했다.

얼마나 많은 사람들이 놀라움으로 가득찬 경험을 하는 것을 두려워 하는가? 하나님은 끊임없이 예기치 못한 장소에서 자신을 보여주시고 계신다. 그리스도와 성령님은 말구유와 같이 우리가 예상하는 장소에만 계시지 않는다.

어떤 사람은 다른 사람이 믿어 주지 않을 것 같아서 기적에 대해 말하기를 두려워 한다. 그런 사람들에게 나는 이런 말을 하고 싶다. "기적을 숭배하지는 말라. 다만 기적을 믿어라."

한가한 시간을 10 가져라

'무들링'(moodling)이란 말을 들어본 적이 있는가? 그럼 재즈라는 말은 들어보았는가?

재즈가 아직 유행하지 않던 시절 위대한 트럼펫 연주자 루이 암스트롱(Louis Armstong)이 한 대학의 음악 워크샵에서 자신의 연습법, 기술, 레파토리, 아마츄어 시절 등에 대해서 강의를 하고 있었다. 그때 한 학생이 강의의 맥을 끊고 질문을 했다. "암스트롱 씨, 재즈가 무엇입니까?" 암스트롱은 잠시 생각했다. 그리고 부드러운 목소리로 대답했다. "젊은이, 만일 학생이 질문을 하려고 한다면 학생은 결코 재즈가 무엇인지 알 수 없을 것이네."

베자 성경 사본 D(Codex Bezae D)를 보면, 예수님께서도 당시의 사람들에게 비슷한 말씀을 하셨다. "같은 그날에, 예수께서 안식일에 일을 하는 한 남자를 보시고 말씀하셨다. 젊은이여, 만일 지금 네가 무슨 일을 하는지 알고 있다면, 너는 복 있는 자이니라. 그러나 네가 하는 일이 무엇인지 모른다면, 너는 저주받은 자이니라."[1]

당신도 무들링이 무엇이냐고 묻는다면 영원히 그 답을 얻지 못할 것이다. 무들링이란 이름은 단순하지만 뜻은 매우 복잡하다.

무들링의 의미는 정의를 내리기보다 묘사하는 것이 그 뜻을 이해하기에 쉬울 것이다.

 호숫가 나무 그늘 아래 누워서 흘러가는 구름을 지켜보는 것, 더운 욕조에 몸을 담그고 생각이 제 마음대로 흘러다니게 하는 것, 풍요로운 가을밤 보름달 아래서 그물 침대에 누워 잠을 자는 것, 말 등에 올라 앉아 들판을 천천히 가로질러 가는 것, 일을 마치고 집으로 돌아가는 길에 게으름을 피우는 것, 정원을 서성이다 깜짝 놀라서 경탄하는 것 등이 무들링이라고 하면 될 것이다.

 프랭크와 어니스트(Frank and Ernest)의 만화에 다음과 같은 내용의 그림이 있다. 성공으로 가는 길이라는 이정표가 있는 길을 따라 두 사람이 달려가고 있다. 그러나 그들의 앞쪽에 또 하나의 이정표가 있다. "단 멈출 준비가 되어 있어야 함"이라고 쓰여진 것이다.

 그렇다. 스피드가 숭배되는 세상이지만 우리는 느린 것이 아름답다는 것을 상기할 필요가 있다. 멈춰 서 있는 것은 아름답다. 안식은 아름답다. 그리고 무들링은 아름답다. 큰 것에만 상을 주는 세상이지만 우리는 작은 것이 아름답다는 것을 기억할 필요가 있다.

 옛 속담에 다음과 같은 말이 있다.

> 걱정은 적게, 희망은 크게
> 먹는 양은 적게, 씹기는 많이
> 한숨은 적게, 심호흡은 많이
> 미움은 적게, 사랑은 많이
> 그러면 좋은 것들은 너희 것이 되리라.

건강한 생활방식에는 적절한 휴식시간 즉 기분 전환할 수 있고, 조용히 돌아보는 시간의 여유가 필요하다. 식사 후에는 낮잠을 잔다든지 치자나무 기름으로 목욕을 한다든지 하는 그런 휴식이 주는 소중함을 예수님은 아셨다. 예수님은 정처없이 걸으시기도 하셨고, 이것 저것 생각하기도 하셨다. 요즘 말로 하면 쉬는 법을 아셨다.

예수님께서도 무들링을 하셨다. 예수님은 우리에게 무들링을 하는 법을 가르쳐 주셨다. "수고하고 무거운 짐 진 자들아 다 내게로 오라 내가 너희를 쉬게 하리라"(마 11 : 28).

현대 교회는 이 구절의 마지막 단어를 '쉬게 하리라'가 아니고 '일하게 하리라'라고 번역할지도 모른다. 현대인은 일에 중독된 사람이 많다. 그들을 '일중독자'(workaholic)라고 부른다. 그런 사람들에게 예수님께서 처음으로 주시는 선물은 '멈춤의 장소' 곧 '휴식의 장소' '우리 영혼이 안식할 만한 장소'이다. 모든 사람은 길을 잃은 사람들이다. 지쳐서 쓰러진 자이든, 성공을 하고도 외로운 자이든 할 것 없이, 자신이 처해 있는 장소가 제자리가 아니라고 느끼는 모든 사람들에게 예수님은 멈춰서야 할 장소를 제공하신다.

빌 모이어(Bill Moyers)와의 PBS 인터뷰로 유명한 조셉 캠벨(Joseph Cambell)은 그의 친구들의 대부분이 '황무지 같은 생활'을 했다고 고백했다. 친구들은 완전히 좌절되었다고 그는 말했다. 그들은 어디에서 생수를 얻을지, 모든 것을 푸르게 만드는 근원이 되는 그 생명수가 어디에 있는지조차 감지하지 못한 채 황무지에서 방황했다고 고백했다.

이 인터뷰를 들은지 얼마 되지 않아, 나는 토마스 울프(Thomas

Wolfe)의 소설 「허영의 불꽃」(The Bonfire of the Vanities)을 읽고 있었다. 주인공 중 한 명이 뉴욕의 월 스트리트 주식 시장의 주식 중개자인 셔먼 맥코이였다. 어느날 그가 뺑소니 운전자로 고소를 당했을 때 그는 지금까지 열심히 일해서 쌓아 올린 모든 것이 한꺼번에 무너져 내리는 느낌을 받는다.

재판장에서 그의 모든 삶이 드러나게 되었을 때, 그는 버림받았다는 깊은 상처를 입었다. 그리고 그의 변호사에게 이렇게 말한다. "결국… 나는 사고와 재판으로 내가 얼마나 인생을 빨리 달려왔는지를 깨달았소. 당신이 맺고 있는 모든 인연의 끈… 곧, 당신과 함께 초등학교에서 대학까지 다니던 동창들… 당신 클럽에 함께 다니는 사람들… 저녁을 함께 먹으러 나가는 사람들과의 유대관계를 소홀히 한 채 말이오. 그건 모두 한 가닥 실오라기 같은 거요. 당신의 삶을 묶어주는 모든 인연의 끈, 그것이 끊어졌을 땐… 결국 그게 전부인데 말이요. 그게 전부인데……."

위에 나온 두 사람 조셉 캠벨과 토마스 울프의 고백은 옳다. 당신의 포트폴리오(각종 유가 증권의 취합)가 얼마나 많은지, 당신이 가입한 여행 클럽이 얼마나 많은지, 또는 당신의 옷장에 얼마나 많은 유명 디자이너의 옷들이 있는지는 사실 중요하지 않다. 개인화 되고 관습화 된 사회에서는 똑같은 공포와 사실이 모든 사람을 위협하고 있다. 즉 소모되고 있다는 공포, 늙어가

> 만일 우리가 남 속에 평범한 것들을 날필 수 있는 날카로운 통찰력이 있다면 잔디가 자라는 소리와 다람쥐의 심장 뛰는 소리를 들을 수 있고 침묵의 반대 편에서 들리는 으르렁거림에도 반응할 것이다.
> — 조지 엘리어트[2]

고 있다는 공포, 건강과 가정을 잃고 있다는 공포, 혼자 남겨졌다는 공포, 죽어가고 있다는 공포, 외로움, 거절당하는 것, 허전함, 지치는 것 등이 모든 사람에게 동일하게 다가오는 것이다. 사물의 표면이 아름답더라도 모든 것의 이면에는 고뇌가 있는 것이다.

예수 그리스도는 당신이 황무지 같은 삶을 살든지 아니면 삶을 낭비하든지 또는 당신이 물질주의에 빠져있든지 마약에 중독되어 있든지간에 상관없이 당신에게 쉴 곳을 제공해 주신다. 당신의 가난하고 지친 영혼이 따뜻하게 쉴 수 있는 곳, 현재보다 더 나은 삶을 살 수 있다는 느낌이 드는 곳, 당신의 흩어진 삶을 추스려 볼 수 있는 곳, 지금까지 무엇을 위해 달려왔는지 알 수 있는 곳, 이제 잠시 멈춤이라는 단추를 누를 수 있는 곳…….

당신이 언제 그리고 왜 낮은 곳으로부터 높은 자리까지 왔어야 했는지를 깊이 생각하게 하는 곳,

당신이 점점 더 수단화 되고 점점 더 의미를 잃게 하는 세상이라는 회전 목마에서 내리게 하는 곳,

죽음이라는 벽에 '쾅' 부딪친 후 조각 조각을 주울 수 있는 곳,

당신이 생계를 위해서 매일 매일 올라가던 사다리에서 내려오게 하여 생을 위하여 올라가는 엘리베이터를 타게 하는 곳,

당신이 삶과 죽음을 두려워하는 '노인의 강 신드롬'을 극복할 수 있는 곳,

당신이 한 잔의 맥주와 한 번의 데이트가 최고라고 믿도록 만드는 선전 문구들로부터 탈출할 수 있는 곳,

당신이 우리 사회에서 가장 힘없고 가장 가난한 자들이 왜 가장 적은 급료를 받아야 하는지를 생각하게 하는 곳,

누군가가 당신의 것을 도둑질하고 있고, 당신이 갖고 있는 가장 귀한 것을 빼앗고, 당신의 삶을 도둑질하고 있다는 것을 깨닫게 하는 곳,

> 믿는 자는
> 다급하게 되지
> 아니하리로다.
> - 이사야 28장 16절

당신이 수천만 원을 벌어도 인생은 여전히 낙제 점수라는 사실을 깨닫게 하는 곳,

당신이 하나님은 일할 권리가 있다는 것과 올바른 일을 하는 것의 차이를 생각하게 하는 곳,

당신이 모든 것을 뒤집어서 생각할 수 있도록 하는 곳,

당신을 고단하게 만드는 생각들 "나는 부끄럽다" "나의 가계에는 저주가 흐른다" "나는 나면서부터 염세주의자다" "나는 결코 변할 수 없다" "나는 쓸모가 없다" "아무도 나를 사랑하지 않는다" "나는 덫에 걸렸다"는 생각을 버리게 하는 곳.

멈춰서는 장소를 갖는 것은 매우 중요하다. 그리고 무들링은 건강한 삶과 건강한 영성을 위하여 필수적이다.

내가 세상에서 가장 좋아하는 일터 중에 하나는 시카고에 있는 노동조합연맹이다. 이곳에서 나는 '나의 지도자'라고 부르는 로버트 넬슨(Robert Nelson)에게 자금과 친구를 불러모으는 기술을 개인적으로 배웠다. 그가 나에게 어떤 기증자에게 처음으로 전화 섭외를 해보라고 시키던 날 저녁, 나는 식당에서 좀 떨어진 구석에 있는 공중전화 박스가 있는 곳으로 갔다. 어두운 전화박스에 앉아서 불을 켜려고 했다. 할 수 있는 것은 다 했지만 스위치를 찾을 수가 없었다. 당황하기보다는 화가 났다. 나는 로버트에게 돌아와서 말했다. "어떻게 불이 들어오게 하는지 아세요?" 그는 "문을 닫

아 보았나요?"라고 웃으며 대답했다.

그의 말이 전적으로 옳았다. 불은 내가 문을 닫자마자 켜졌다. 불은 문을 닫기 전에는 들어오지 않도록 설계된 것이었다. 인생도 이 공중전화 박스와 같다. 인생은 당신이 멈춰 서지 않으면 무엇이 중요한지 모르게 된다. 문을 닫지 않으면 불은 들어오지 않는다. 만일 당신의 인생에 끄는 스위치가 없다면, 켤 수도 없는 것이다. 무들링은 불을 켜기 위하여 잠시 시간을 멈추게 하는 것이다. 그렇다. 그곳에 더 많은 인생이 있다. 당신이 멈춰 선 그 장소에 예수님이 계신다. 그리고 예수님을 만난 곳에서 새로운 삶이 시작된다.

> 당신에게 가장 소중한 보물은 무엇인가?
> 하나님이다.
> 이 보물은 당신 안에 있다.
> 이 보물은 멀리 있지 않다.

토마스 모어(Thomas Moore)는 그의 책에서 이렇게 쓰고 있다.
"수도사들이 노래 부를 때 때때로 그들은 음을 무시한다. 그리고는 한마디를 부르더라도 50개의 곡조를 넣어 풍성하게 하여 더욱 아름답고 화려한 곡이 되도록 한다. 이것을 '멜리스마'라고 한다. 평이한 곡과 같은 인생을 멜리스마적인 풍성한 삶으로 살아라. 그러면 우리는 경험했던 것들, 방문했던 장소, 만났던 사람들 혹은 추억들을 방문할 수 있을 것이며 가슴은 뛸 것이다. 순서대로 정해진 대로 사는 것도 삶의 한 형태로 생산적일 수 있다. 그러나 멜리스마를 위해 잠시 멈추는 것은 존재의 이유를 설명해 주는 것과 같다."

예수님도 때때로 일종의 멜리스마를 위해서 휴식을 하셨다. 그것은 바로 무들링이었다. 또 예수님은 우리들도 무들링을 하라고 부르셨다.[4]

예수님이 무들링을 했다는 것은 예수님께서 잠을 충분히 잤다는 것을 의미하는 것이 아니다. 물론 말 뜻 그대로는 그런 의미도 내포하고 있다. 하나님도 일주일에 하루는 쉬셨는데도 많은 사람들은 우리가 하나님보다도 낫다고 생각하는 것 같다. 그들은 일주일 내내 쉬지 않는다. 또 많은 고용주들은, 내가 개최한 '고용주들을 위한 여름강좌'에 참여했던 어떤 고용주와 같은 방식으로 사람을 고용하고 있다. 그 방식은 이것이다. "이봐요. 스위트 씨, 병석에서 전화를 할 수 있다면, 당신은 일하러 나올 만큼 충분히 건강한 거예요."

예수님은 상황에 따라 다른 행동을 하셨다. 그분은 언제 숨을 돌려야 하는지를 알고 계셨다. 예수님은 자신의 영과 심신을 언제 재충전, 재정비, 재창조해야 하는지 알고 계셨다. 그분은 언제 무들링을 해야 하는지 알고 계셨다. 또 지적으로 이성적으로 생각하기보다는 공손한 태도로 공상하기를 좋아하셨다. 그분은 우물가로 물을 길러 온 낯선 사마리아 여인과 대화를 하실 때도 전혀 서두르지 않으셨다(요 4 : 1~26). 그분은 자주 일상을 깨뜨리고 멈춰서서 들에 핀 백합화를 칭찬하거나(마 6 : 28), 지는 해를 바라보셨다(마 5 : 16, 5 : 45). 그분은 기도하기 위하여 광야로 들어가 휴식을 취하셨다(눅 5 : 16). 또한 친구들과 함께 휴가를 즐기셨다(막 8 : 27). 그렇게 함으로써 그분의 영혼과 육체를 소생시켜 온 밤을 새워 기도하셨다(눅 6 : 12). 예수님은 생각하지 않고 가만히 있는 법과 침묵하는 법을 아셨다.

성당에 사는 세 사람의 성직자를 묘사한 만화를 본 적이 있다. 그들은 하늘로부터 들려오는 목소리를 듣는다. 또 성당의 한쪽 높은 구석에서 비춰오는 한 줄기 빛을 본다. 그들 중에 한 명이 말했다. "나는 이것이 주님의 재림이라고 생각하네." 다른 성직자가 당황해서 말했다. "이제 우리는 무엇을 하지?" 세 번째 남자가 말했다. "몹시 바쁜 것처럼 보여 봐."

예수님은 바쁘게 보이신 적이 한 번도 없었다. 그분은 언제나 일거리를 가지고 계시지 않으셨다. 그분은 언제나 해야 할 말씀을 갖고 계시지도 않았다. 사실, 예수님은 많은 시간을 실제로 아무 것도 하지않고 지내시기도 했다. 할 일이 없을 때는 일하지 않으셨다.

예를 들면, 예수님은 낮잠 주무시는 모습을 숨기지 않으셨다. 주님은 어디서나 아무 때나, 그곳이 뒤집힐 것 같은 배 안이라 하더라도 주무실 수 있었다. 그분은 어떤 상황에서는 낮잠을 즐기는 것이 영적인 일이 될 수 있다고 믿으셨다.

때로는 아무 말씀도 안 하셨다. 때때로 침묵은 연설보다 훨씬 더 영적인 힘이 있다. 데릭 레이몬드(Derek Raymond)는 자서전 「숨겨진 파일」(The Hidden Files)에서 침묵에 대해 묘사하고 있다. "내가 거기에 도착하기 바로 전에야 지옥은 시끄러운 장소라는 것을 알았다. 선술집과 마찬가지로 지옥은 내면의 침묵을 감추도록 고안되었다. 반면에, 내 생각에 행복이란 침묵이 가장 좋은 것임을 아는 것이다."[6]

최근 역사 비평과 포스트모던 문학 비평은 침묵의 중요성을 조심스럽게 주목하고 있다. 비어있는 것이 종종 충만한 것을 분명하게 해준다. 세계의 모든 종교들은 침묵의 공간 또는 완충지대라는 것을 가지고 있다. 즉 일주일의 '제 7일'에 해당하는 것과 일년 중에 '사순절'에 해당하는 기간이 있다. 유대교와 기독교의 전통에서 안식일의 핵심적 의미는 하루를 유용하게 쉼으로써 나머지 6일 동안 일을 더 잘할 수 있게 하기 위함이다. 그러나 보다 더 중요한 핵심적 의미는 하루를 아무 것도 하지 않고 지냄으로써 우리 자신이 하나님이 아니라 하나님만이 참 하나님 되심을 다시 한 번 되새기기 위함이다. 세계는 우리를 중심으로 움직이는 것이 아니라. 우리가 없어도 세계가 존재한다는 것을 잊지 말아야 한다.

아르헨티나의 작가 안토니오 포르치아(Antonio Porchia)만큼 무들링에 대해서 잘 표현한 사람은 없다. "마음이 가득차 있어도 더 채우려 하고 마음이 비어 있어도 부족함을 느끼지 않는다. 누가 이 비밀을 이해할 수 있겠는가?"[7]

「맥」(Mac)이라는 영화에서 햇볕에 그을린 동생들 중에 한 명이 일주일에 7일을 일해야 된다고 주장하는 큰형에게 이렇게 불평을 터트린다. "태양조차도 매일 나오진 않는다구요."

사랑하고 동정을 베풀 때도 그것이 건강한 것인가를 먼저 생각해야 한다. 에빌린 언더힐(Evelyn Underhill)은 "많은 그리스도인들은 하나님께 예배하러 가기 때문에 오히려 하나님을 버리고 있다"고 역설적으로 말했다. 사람들이 여유가 없고 모든 것이 경직된 상태에서 시간에 쫓기면서 예배에 참석하는 것을 비꼰 말이다. 레슬리 웨더헤드(Leslie Weatherhead)도 같은 말을 했지만 좀더 신랄하게 비판했다. "하나님은 당신의 마음 자체를 원하시지 당신이 가진 풍부한 것을 원하시는 게 아니다." 바울도 종교의 형식은 가지고 있지만 그 힘을 잃어버린 사람들에게 비슷한 말을 하고 있다. 하나님은 우리가 예배 드리면서 우리를 완전히 태워서 바치길 원하셨지 무슨 문제를 태워서 바치라고 하시지는 않았다. 우리는 우리의 영혼을 적절히 돌보고 먹이는 무들링을 통해서 우리 자신을 하나님께 바칠 수 있다.

> 내가 침대 위에 눕지 않으면 회복될 수 없다. 마찬가지로 내가 우주 위에 누워야 회복될 수 있다.
> — 시인 페르난드 페소아[5]

나사렛의 설교가 밥 벤슨(Bob Benson)은 자녀들이 깨어 있든, 잠들어 있는 그들에게 입맞춘 후 잠자리에 드는 습관에 대해서 말을 했다. "어느날 저녁 나는 허리를 굽혀 아들 녀석인 패트릭의 뺨에 입을 맞추었어요. 그리고 재빨리 방을 나오려고 했지요. 나는 너무 피곤했거든요. 나는 그날 아침에 일어난 후로는 하루 종일 집을 떠나 있었기 때문이었지요. 그 순간 자는 줄 알았던 패트릭이 말을 했고 그 말이 나를 얼어붙게 만들었죠, 그래서 나는 다시 패트릭의 곁으로 돌아가지 않을 수가 없었어요. 아들은 이렇게 말했어요. "아빠는 왜 그렇게 순식간에 키스를 끝내세요?"[8]

우리는 왜 인생에서 가장 즐거운 순간들이 그렇게 빨리 지나가도록 방치하는 것일까? 우리는 왜 가장 소중한 사람들에게 건성으로 키스하는 것일까?

생태학자들은 오늘날의 소비적인 사회를 움직이는 모든 엔진을 끄는 '모든 것을 멈추는 주간'을 세계적인 행사로 실시할 계획을 세우고 있다. 그렇게 되면 우리는 보다 더 큰 기쁨과 천천히 입맞춤을 할 수 있을 것이며, 천천히 숨을 크게 들이 쉴 수도 있을 것이다. 지구라는 행성도 역시 숨을 들이 쉬고 키스받을 권리가 있

한가한 시간을 가져라 … 233

다.

　사실 포스트모던 시대에서도 분명히 예배를 인정하고 있다. 왜 냐하면 이 다원화 된 사회에서 미친듯이 달려가는 삶의 속도를 늦출 수 있는 힘은 오직 예배밖에 없기 때문이다. 그러므로 교회는 성도들의 삶의 모든 구석까지도 끊어지지 않게 연결해줄 수 있는 씨줄과 날줄로 잘 짜여진 새로운 예배형식을 만들어 내야 한다. 그것은 수고하지도 않고 길쌈도 아니하는 백합화의 생활에서 배워야 하는 예배형식이다.

　예수님은 자신의 삶을 언제나 자신의 힘으로 제어하려고 하지 않으셨다. 그분은 하루 24시간 내내 자신의 힘으로 수영을 하지 않으셨다. 그분은 힘들여 헤엄치는 대신 천천히 물 위를 표류하는 비결을 알고 계셨다. 예수님은 인생의 강에서 단지 수영만을 고집하지 않으셨고, 커다란 파도 위에서 균형을 잡으려고 애쓰지도 않으셨다. 단지 예수님은 많은 시간을 표류하는 데 할애하셨다. 이것이 바로 무들링의 기술이다.

　한 번은 내가 강의를 할 때 위와 비슷한 내용을 말하자 한 사람이 "목사님은 왜 예수님께서 물 위를 걸으셨는지 아세요? 아마 수영하는 법을 몰랐기 때문일 거예요"라고 농담을 했다. 그러나 예수님은 수영하는 법을 아셨지만 하지 않으신 것이다.

　예수님의 제자들은 표류하는 법을 배워야만 했다. 우리는 이제 막 배를 탄 구제불능의 풋내기 선원이거나, 아니면 물에 빠지지 않으려고 있는 힘을 다해 발버둥치는 사람이다. 우리는 우리 자신을 포기하고 물살이나 파도에 자신을 맡기려 하지 않는다. 우리는 가고 싶은 곳으로 가기를 원하며, 물살이나 파도가 데려다 주는 곳을 거절하려 한다.

우리는 물에서 자신을 가누는 데 익숙하지 못하다. 사실을 말하자면 우리는 물에 떠 있기 조차 힘들어 하면서도 마치 자신의 몸을 잘 가누고 있다고 착각하고 있는 것이다.

강의를 할 때마다 나는 학생들에게 모던 시대와 포스트모던 시대를 다음과 같이 비교하여 영적인 조직 검사를 시키곤 한다.

동력선으로 바다를 건너는 것을 선호하던 모던 시대의 방법과 탁 트인 수상에서 즐기는 카약(에스키모인의 수렵용 작은 배)을 사용하는 포스트모던 시대의 방법을 비교하여 보자.

모던 시대의 동력선에서는 사고의 체계가 상부에서 하부까지 조직되어 있고 지식의 단계가 체계화되어 있다. 그곳에서 당신은 수면 위로 떠다니게 되고 물로부터 보호 받는다. 당신은 당신이 지나가는 모습을 볼 수 있다. 그러나 이 비용은 매우 비싸다. 동력선은 모던 시대에 객관성(멀리 떨어져서 자세히 일하는)에 입각한 호화로움의 상징이었다. 그러나 거기에는 소리와 연료로 인한 낭비와 공해가 있다

이와 대조적으로 나무로 만든 배인 카약은 현란함도, 심지어 간단한 기계 장치도 없다. 카약을 탄 사람은 스스로를 해양 동물처럼 몸에 달라붙는 옷을 입어야 하며 물에 젖고 더러워지는 것을 감수해야 한다. 당신은 수면 위에서 배를 타는 것이 아니다. 당신은 물 속에서 배를 탄다. 있는 그대로를 가까이서 바로 보게 되고 충격 흡수도 없다. 전문가가 되는 것은 당신 스스로에게 달려 있다. 그것은 몇 마력의 엔진을 조정할 줄 아느냐 하는 문제가 아니다. 당신의 능력에 따라 바람과 물의 분위기와 기분을 읽으면 된다. 당신은 환경과 더불어 일을 하는 것이다.

가장 안전한 항해법은 두세 대의 보트가 함께 출발하는 것이다. 우정과 협동과 상호의존의 정신으로 무장된 단단한 팀워크 속에 개개인의 무한한 자유가 함께 존재한다. 카약을 하는데는 낭비도 공해도 없다. 카약에는 시끄러운 엔진 소리도 없다. 거기에는 자연의 소리를 통하여 영혼을 승화시키는 힘이 있다.

바다에서 타든지 혹은 강의 급류를 타든지 카약은 포스트모던의 세계에서 사는 것이 무엇인지를 대변하는 아주 좋은 상징 중에 하나이다.

나는 아이다호 주에 있는 스네이크 강에서 '급류타기 5대 규칙'을 배웠는데 이 규칙을 '인생 항해 영성의 5대 규칙'으로 바꿔 부른다.

1. 물살의 흐름에 맡겨라. 그리고 당황하지 말라.
2. 바위를 의지하라. 바위는 당신의 친구다.
3. 소용돌이 속에 빠졌을 때는 발을 먼저 밖으로 내밀어라.
4. 점점 더 악한 상황에 빠지면, 모든 것을 제멋대로 내버려 두라. 그러면 결국에는 이루리라.
5. 위험이 있기 때문에 당신은 여기에 있다. 그러므로 위험을 즐겨라.

위의 뜻은 결국 성령의 바람은 그분의 의지대로 분다는 것이다. 성령 안에서 살기 위해서는 성령의 바람에 올라 타야 한다. 우리가 결국 하나님이 연주하시는 가장 아름다운 찬양인 하늘의 음악 소리를 내는 악기가 될 때까지, 하나님의 성령의 바람이 우리를 관통하여 불도록 하라. 성령께서 움직이실 때, 우리가 할 수 있는 유일한 것은 하나님을 위한 것들로 변화되는 것이다. 그것은 성령께서 그리스도를 알도록 하기 위해 당신을 움직이고 연단하는 것이다. 당신은 하나님을 위하여 움직일 수 있으며 연단 받고 있는가? 당신이 성령의 지배를 받을 때 삶에는 좋은 일들이 많이 일어난다.

인생에서 가장 강한 것을 배울 수 있는 경우는 두 가지 상반되는 극단적인 상황에 처해 있을 때다. 즉 가장 경직되었을 때와 가장 이완되었을 때,

모든 것이 잘 정리되었을 때와 가장 혼돈스러울 때,

고집 세고 뻣뻣할 때와 부드럽고 유순할 때,

사건이 일어날 때와 사건이 일어나도록 방관할 때,

한 곳에 지속적으로 머무를 때와 여러 곳을 여행할 때,

세상을 자신의 목적대로 바꿀 때와 세상의 목적이 자신을 변화시키도록 내 맡길 때,

규칙적으로 살아가는 때와 자발적으로 살아가는 때,

조류에 대항하여 헤엄을 칠 때와 자신의 의지를 바다의 의지에 맡기고 파도가 안전하게 집으로 데려다 줄 것을 신뢰할 때, 바쁠 때와 무들링을 할 때다.

인생이란 목적 없이 계속 표류하는 것이 아니다. 또 영구적인 자유낙하도 아니다. 그렇다고 인생은 힘들여 뛰는 장거리 마라톤 경주도 아니며 장거리 수영도 아니다.

언제나 부딪히지 않으려고 바위를 세게 밀어낼 필요는 없다. 때로는 거대한 물줄기 아래에서도 한 잔의 물이면 족하다. 다음은 예수회 신학자인 토마스 그린(Thomas Green)의 말이다.

표류하는 비결은 스스로가 하고 싶어하는 모든 것을 다 배우지 않는 것이다. 우리는 우리의 코와 입이 바다 속에 빠지지 않으려고 머리를 물 밖으로 내 놓으려 한다. 그러나 우리의 머리를 들면 들수록 점점 더 균형을 잃게 되어 끝내는 코와 입에 물을 가득 머금게 되는 것이다. 만일 우리가 머리를 수면 위쪽으로 자연스럽게 돌리면, 물을 마치 베개처럼 베고 누울 수가 있다. 우리는 가라앉지 않는다. 우리는 표류하는 것이다.10)

> 우리는 통제력을 잃었다.
> - 경영이론가 제임스 C. 콜린스와 윌리엄 C. 라지어

물은 혼돈의 상징이다. 당신은 힘찬 바다, 통제할 수 없는 바다, 항상 변화하며, 항상 새로운 변화를 일으키는 바다와 같은 하나님의 한 부분이라는 것을 아는 것이 믿음이다.

믿음은 또한 바다를 만드신 하나님을 신뢰하는 것이다. 우리 자신들을 바다에 내맡기시고 우리를 잡아주시고 옮겨주시는 하나님을 믿는 것이다. 믿음은 우리가 바다를 신뢰하는 것처럼 그리스도를 신뢰하는 것이다. 그리스도는 당신이 물에 빠지는 것을 내버려두지 않으실 것이다. 하나님을 조금 신뢰하는 것은 쉬운 일이다. 그러나 하나님을 전적으로 신뢰하는 것은 어려운 일이다.

결코 인생을 포기해서는 안 된다. 그러나 우리는 때때로 굴복하고 생의 흐름에 자신을 맡겨야 한다. 시인 존 애쉬베리(John Ashbery)는 "때때로 너는 길을 잃을 것이다. 그러나 삶은 네가 어디에 있는지 알고 있다"11)고 했다.

때때로 당신은 길을 잃게 된다. 그러나 하나님은 당신이 어디에 있는 지를 알고 계신다.

오 예수님!
인생의 바다에서
나를 태우는 배가 되소서.
풍파없는 바다에서 바른 길을 이끄는
키가 되소서.
무서운 유혹이 나를 엎칠 때
내 노를 잡아 매소서.
성령의 순풍으로 내 항해의 돛을 부풀리어
날마다 날마다 순조롭게 하소서.
내 몸을 튼튼히 하사 인생의 항해에서
힘차게 노저어 가게 하소서.
아멘
- 멜라네시아 섬 주민의 기도문 중에서[12]

참고문헌

들어가는 말

1. "A Nation of the Quick and the Dead-Tired", News Week, 1995년 3월 6일자, 3. Lyn-Nell Hancock with Debra Rosenberg and others, "Breaking Point", News Week, 56~62.
2. Robert Anderson, Stress Power : How to Turn Tension into Energy(New York : Human Science Press,1978), 18.
3. Marcia Mogelonsky, "Cooking from Scratch Goes Full Speed", American Demographics, 1995년 3월호, 15.
4. Juliet B. Schor, The Overworked American : The Unexpected Decline of Leisure(New York : Basic Books, 1993).
5. 열 개의 이 항목들은 Diane Loomans with Julia Loomans, Full Esteem Ahead : 100 Ways to Build Self-Esteem in Childrens and Adults(Tiburon,Calif. : H.J.Kramer,1994),162.에서 참조한 것임.
6. A. E. Harvey, Jesus and the Constraints of History(Philadelphia : Westminster Press, 1982), 98~119.
7. Gerd Theissen, Sociology of Early Palestinian Christianity(Philadelphia : Fortress Press, 1978).
8. Alan Devoe, "Jesus and Little Lord Fauntleroy" American Mercuty, 1948년 11월호, 591.
9. John Dominic Crossan, ed. Sayings Parallels : A Workbook for the Jesus Tradition(Philadelphia : Fortress Press, 1986), 108.
10. Synder, "The Gospel as Global Good News", Journal of Theology 97(1993) : 31. Paul J. Achtemeier, "The Origin and Function of the Pre~Markan Miracle Catenae." Journal of Biblical Literature 90(1971) : 198~221, Gerd Theissen, The Miracle Stories of the Early Christian Tradition(Philadelphia : Fortress Press, 1983).
11. Rene Latourelle, "Authenticite historique des miracles de Jesus :

Essai de Criteriologie", Cregorianum 54(1973) : 225~62. Rabanus Maurus, : Christ the fair glory", The Hymnal of the Protestant Episcopal Church in the United States of America(New York : Oxford University Press, 1973), 123.

12. Leonard I. Sweet, Health and Medicine in the Evangelical Tradition(New York : Crossroad, 1992).

13. Morris Maddocks, The Christian Healing Ministry(London : SPCK, 1990)

14. Paul J. Kenkel, "Companies Sweeten Wellness Plans", Modern Healthcare, 1992년 11월 23일자, 49.

15. 목사들의 역할에 건강치료 분야를 포함하고 있는 신학대학 학생 회원의 숫자는 1992년에는 2,159개였고 1995년도에는 2,800개이다. 병원의 70%에서 목사들이 일하고 있다.

16. Ramsay MacMullen, Paganism in the Roman Empire(New Haven : Yale University Press, 1981), 49. R. M. Grant, Gods and the One God(Philadelphia : Westminster Press, 1986), 54~61, 95~98. 비교하라.

17. The Newe Testament, trans. William Tyndale(1525 : reprint, London : D. Paradine Developments, 1976).

18. R. D. Laing, The Role of Religion in Mental Health(London : National Association for Mental Health, 1967), 57.

19. 치료의식의 중요성을 알아보기 위해서 Jeanne Achterberg가 지은 ReVision 14(1992년 겨울호)의 "Ritual : The Foundation for Transpersonal Medicine"을 보라.

20. Faith Popcorn, The Popcorn Report : Faith Popcorn on the Future of Your Company, Your World, Your Life(New York : Doubleday, 1991), 62.

21. Ibid., 64.

22. Gustavus Emanuel Hiller, The Christian Family(Cincinnati : Jennings & Graham, 1907), 154~56.

23. Bede, Ecclesiastical History of the English People, ed. Bertram Colgrave and R. A. B. Mynors(Oxford : Clarendon Press, 1969), 464~69.

1장-많이 웃어라

1. John R. Kohlenberger III는 The NRSV Concordance Unabridged(Grand Rapids, Mich. : Zondervan, 1991)에서 신약에서만 기쁨이라는 단어는 57번, 흐느낌이라는 단어가 20번, 비탄하는 이라는 단어가 7번, 화라는 단어가 16번, 비탄이라는 단어가 17번 나타나며 반면에 슬픈이라는 단어는 2번, 슬픔이라는 명사형 단어는 나타나지 않는다고 한다.
2. Russell Watson, "A Lesser Child of God : The Radical Jesus Seminar Sees a Different Christ", Newsweek, 1994년 4월 4일자, 54.
3. The Penguin Dictionary of Modern Humorous Quatations, comp. Fred Metcalf(New York : Viking, 1986), 94.
4. Burton L. Mack, A Myth of Innocence : Mark and Christian Origins(Philadelphia : Fortress Press, 1988) Jerry Camery-Hoggatt, Irony in Mark's Gospel : Text and Subtext(New York : Cambridge University Press, 1992와 Paul D. Duke, Irony in the Fourth Gospel(Atlanta : John Knox, 1985)를 보라.
5. Pierre Teilhard de Chardin, Writings in Time of War(New York : Harper & Row, 1968), 124.
6. The Poems of Coventry Patmore, ed. Frederick Page(New York : Oxford University Press, 1949), 483.
7. J. Duncan M. Derrett, "The Lucan Christ and Jerusalem", Zeitschrift für die Neutestamentliche Wissenschaft 75 (1984) : 36~43.
8. Dennis Smith, "The Historical Jesus at Table", Society of Biblical Literature 1989 Seminar Papers, ed. David J. Lull(Atlanta, Ga. : Scholars Press, 1989), 476.
9. L. Paul Trudinger, "An Israelite in Whom There Is No Guile : An

Interpretative Note on John 1 : 45~51", Evangelical Quarterly 54(1982) : 117~20.

10. Robert W. Funk, "The Looking-Glass Tree Is for the Birds : Ezekiel 17 : 22~24; Mark 4 : 30~32", Interpretation 27(January 1973) : 3~9.

11. Dan Otto Via, Jr., The Parables : Their Literary and Existential Dimension(Philadelphia : Fortress Press, 1967), 162~76.

12. John Dominic Crossan, ed. Sayings Parallels : A Workbook for the Jesus Tradition(Philadelphia : Fortress Press, 1986), 92.

13. Jakob Jonsson, Humour and Irony in the NewTestament(Leiden : Brill, 1985). Paul D, Duke, Irony In the Fourth Gospel(Atlanta : John Knox, 1985); James M. Dawsey, The Lukan Voice : Confusion and lrony in the Gospel of Luke(Macon, Ga. : Mercer University. Press, 1986); Colin Brown, "The Gates of Hell and the Church", Church, Word, and Spirit : Historical and Theological Essays in Honor of Geoffrey W. Bromiley, ed. James E. Bradley and Richard A. Muller(Grand Rapids, Mich : Eerdmans, 1987), 15~43.

14. Samuel Beckett, Murphy(London : John Calder, 1952), 65, Stephen D. Moore, Mark and Luke in Postsructuralist Perspectives : Jesus Begins to Write(New Heaven : Yale University press, 1992), 83쪽에서 재인용.

15. Moore, Mark and Luke in Poststructuralist Perspectives, 83.

16, George Howard, "The Meaning of Petros-Petra", Restoration Quarterly 10(1967), 217~21. Chrys C. Caragounis, Peter and the Rock(New York : Walter de Gruyter, 1990).

17. "Humor and Wit" The Anchor Bible Dictionary, ed. David Noel Freedman(New York : Doubleday, 1992) 3 : 325~33.

18. Harvey Cox, The Feast of Fools : A Theological Essay cn Festivity and Fantasy(Cambridge, Mass. : Harvard University Press, 1969).

19. Ishmael Reed, "The Reactionary Poet", New and Collected

Poems(New York : Atheneum, 1988), 159.
20. David Steele, Slow Down, Moses(Minneapolis : Augsbury, 1990), 9.
21. Lovett H. Weems, Jr., Church Leadership : Vision, Team, Culture and Integrity(Nashville : Abingdon Press, 1993), 15. William Faulkner, Light in August(New York : Modern Library, 1950), 426.
22. Joey Adams, Live Longer Through Laughter : How to Use a Joke to Save Your Mind, Your Marrige, Your Election, Your Party, Your Speech, Your Business, Your Friends(New York : Stein and Day, 1984), 30.
23. Umberco Eco, Misreadings, Trans. William Weaver(San Diego : Harcourt, Brace, Jovanovich, 1993).
24. Rabo Karabekian in Kurt Vonnegut, Bluebeard(New York : Delacorte Press, 1987), 69.
25. Williams James, "What Is an Emotion?" Mind 9(1884) : 188~205.
26. "Twelve Ways to Have More Fun", University of Texas Lifetime Health Letter, 1992년 9월호,3.
27. William F. Fry, Jr., "Laughter and Health", Medical and Health Annual 1984(Chicago : Encyclopedia Britannica, 1984), 262.
28. Ronald S. Laura and Bob Wolff, "Not Just for Laughs : Humor Can Relieve Stress and Prolong Life", Muscle & Fitness 53(1992년 12월 호) : 148~53.
29. Tilden Edwards, Sabbath Time(Nashville : Upper Room, 1992) : 64.
30. Margaret Brodkin, Every Kid Counts : 31 Ways to Save Our Children(San Francisco : Harper SanFrancisco, 1993), 17.
31. Norman Cousins, Anatomy of an Illness as Perceived by the Patient : Reflections on Healing and Regeneration(New York : Norton, 1979). 32. Kaye Ann Herth, "Laughter : A Nursing RX", American Journal of Nursing 84(1984) : 91~92. Vera Robinson, Hum or in the Health Professions(Thorofare, N. J. : Charles B. Slack, 1977).

33. Communication Briefings, 12 : 6(1993년 3월호) : 4쪽에 보도된 내용.

2장-친구를 사귀어라

1. Elisabeth Moltmann-Wendel, "The Women's Jesus" in A Land Flowing with Milk and Honey(New York : Crossroad, 1986), 117~34.
2. Rebert K. Barnhart, The Barnhart Dictionary of Etymology(New York : H. W. Wilson Co., 1988), 409, 380.
3. Nicholas Peter Harvey, Morals and the Meaning of Jesus : Reflections on the Hard Sayings(Cleveland : Pilgrim Press, 1993.), 94.
4. Ibid., 84~85.
5. Ivan Illich, Tools for Conviviality(New York : Harper & Row, 1973).
6. Charles A. Tindley, "Stand By Me", The United Methodist Hymnal(Nashville : The United Methodist Publishing House, 1989), 512.
7. 베드로 복음서에 대해서는 John Dominic Crossan, The Cross That Spoke : The Origins of the Passion Narrative(San Francisco : Harper & Row, 1988), 165~66쪽을 보라.
8. Raymond Brown, The Death of the Messiah : From Gethsemane to the Grave(New York : Doubleday, 1994), 910~32.
9. "Time Porn"라는 구절은 Colin McEnroe 의 the Hartford Courant에서 처음 사용하였다.
10. Pierre Babin, The NEW ERA in Religious Communication(Minneapolis : Fortress Press, 1991), 93.
11. The Gospel of Thomas : The Hidden Sayings of Jesus, trans. Marvin Meyer(San Francisco : Harper SanFrancisco, 1992), 61. 2 Clement 9 : 10~11.
12. Francis Bacon, "Of Friendship", The Works of Francis Bacon, Lord Chancellor of England, a new ed. by Basil Montagu(London : William Pickering, 1835), 1 : 91.

13. James S. House, Karl R. Landis, Debra Umberson, the review article "Social Relationships and Health", Science, 1988년 7월 29일자, 540~50. "Social Support : How Family and Friends Influence Your Health", University of Texas Lifetime Health Letter, 1995년 2월호. 1, 8.
14. Gary Smalley & John Trent, The Hidden Value of a Man : The Incredible Impact of a Man on His Family(Colorado Springs : Focus on the Family, 1992), 136~37에서 인용함.
15. John R. O'Neil, The Paradox of Success : When Winning at Work Means Losing at Life(New York : G. P. Putnam's Sons, 1993), 111.
16. James Osterhaus, Bonds of Iron : Forging Lasting Male Relationships(Chicago : Moody Press, 1994).
17. Deborah Tannen, You Just Don't Understand : Women and Men in Conversation(New York : Morrow, 1990).
18. Mike Corell, "How to Find Guys to Hang Around and Do Stuff With", Wall Street Journal, 1994년 5월 9일자, A-1.
19. Judy Foreman, "It's True : Friends Can Save Your Life", Denver Post, 1992년 10월 18일자. 38A. Nicholas R. S. Hall, Julie A. Anderson and Maureen P. O'Grady, "Stress and Immunity in Humans : Modifying Variables", Handbook of Human Stress and Immunity, ed. Ronald Glaser and Janice K. Kiecolt-Glaser(San Diego : Academic Press, 1994), 188~91.
20. Sheldon Cohen and others, "Chronic Social Stress, Affiliation and Cellular Immune Response in NonHuman Primates", Psychological Science, 1992년 9월호, 301~4.
21. "The Mind, The Body, and the Immune System : Part II", Harvard Mental Health Letter, 8(1992년 2월호) : 3.
22. David Spiegel and others, "Effect of Psychosocial Treatment on Survival of Patients with Metastic Breast Cancer", Lancet, 1989년 10

월 14일자, 888~91.
23. Rey C. Martinez, "The ABCs of Men's Health", Men's Health, 1995년 9월호, 106.
24. Kent and Barbara Hughes, Liberating Ministry from the Success Syndrome(Wheaton, Ill. : Tyndale, 1991), 147~49.
25. Michelle Ventor, Acts of Faith, ed. Ivanla Vanzant(New York : Fireside, 1993), 7월 15일 편.
26. The New York Times에 의해 인용되었고, Chuck Shepherd가 사용했던 "News of the Weird", Charlottesville[Wirginia] Weekly, 1995년 3월 28일 ~ 4월 3일자.
27. Charles Misner, Origins : The Lives and Worlds of Modern Cosmologists, ed. Alan Lightman & Roberta Brawer(Cambridge, Mass. : Harvard University Press, 1990), 247.
28. Richard Preston, "Crisis in the Hot Zone", New Yorker, 1992년 10월 26일자, 62.
29. Timothy C. Morgan, "The War Against HIV", Christianity Today, 1994년 4월 4일자, 73.
30. Leonard I. Sweet & K. Elizabeth Rennie, "Waiting Rooms", Homiletics, 1993년 10~12월호, 43~46.
31. Charles Handy, The Age of Paradox(Boston : Harvard Business School Press, 1994), 21.
32. Thomas Moore, Meditations : On the Monk Who Dwells in Daily Life(New York : HarperCollins, 1994), 83.
33. Sarah Dunn, The Official Slacker Handbook(New York : Warner, 1994), 6.
34. 이러한 경향은 Joseph R. Domingeuz와 Vicki Robin에 의해 시작되었고 그들의 베스트셀러인 Your Money or Your Life : Trans forming Your Relationship with Money and Achieving Financial Independence(New York : Viking, 1992)가 사회를 변화시키고 있다.

35. Randall Rothenberg, "What Makes Sammy Walk?" Esquire, 1995년 5월호, 72~79.
36. Juliet Schor, "Why(And How) More People Are Dropping Out of the Rat Race", Working Woman, 1995년 8월호 14.
37. Dorothy and Jerome Singer, The House of Make-Believe : Play and the Developing Imagination(Cambridge, Mass. : Harvard University Press, 1990).
38. Ted Hughes, "Thrushes", Faber Book of Modern Verse, ed. Michael Roberts, 3d. ed.(London : Faber & Faber, 1965), 398.

3장-동심의 세계로 돌아가라

1. Stanley Kuntz, Next-to-Last Things : New Poems and Essays(New York : Atlantic Monthly Press, 1985),119.
2. Robert Wuthnow, Christianity in the 21st Century(New York : Oxford Uniersity Press, 1993), 195.
3. Wendell Berry, Sex, Economy, Freedom & Community : Eight Essays(New York : Panteon Books, 1993), 14.
4. "The U.S. Is Killing Its Young", Utne Reader, 1994년 5, 6월호, 42.
5. Laurie Goodstein, "When Day Care and 'Traditional' Values Collide", Washington Post Weekly 11(1994년 10월 31일자) : 34.
6. Jim Gorman이 Ecunet[database online]에서 말했고 1994년 9월에 열린 모임인 "Bottom Drawer"에서와 화일 이름인A000000T. MSG.에서 인용함
7. John Bradshaw, Homecoming : Reclaiming and Championing Your Inner Child(New York : Bantam, 1990).
8. bid.
9. Eric James, Word Over All(London : SPCK, 1992), 46.
10. John Dominic Crossan, ed. Sayings Parallels : A Workbook for the Jesus Tradition(Philadelphia : Fortress Press, 1986), 117.
11. 도마복음 21 : 1~2

12. Michael McCoy, The Child in Our Midst(Johannesburg, South Africa, 1987), 49.
13. Shunryu Suzuki, Zen Mind, Beginner's Mind(New York : Weatherhill, 1970), 21~22.
14. Andre Malraux, Man's Fate(La Condition Humaine)(New York : Harrison Smith and Robert Haas, 1934), 359~60.
15. George William Russell, "Germinal", Collected Poems by A. E.(London : Macmillan, 1935), 401.
16. Philip D. Schroeder, "From Illustration to Animation : Modeling a Paradigm Shift in Worship and Homiletics Through Children's Sermons"(D. Min. diss.,United Theological Seminary, 1995), 40.
17. Brendan Kennelly, Journey into Joy(Newcastle up on Tyne, England : Bloodaxe, 1994).
18. Horace Bushnell, Work and Play : or, Literary Varieties(New York : Charles Scribner, 1864), 21~22.
19. 마 18 : 3.
20. David Bohm and F.David Peat, Science, Order, Creativity(New York : Bantam, 1987), 48.
21. Roger von Oech, A Whack on the Side of the Head : How to Unlock Your Mind for Innovation(New York : Warner, 1983), 97.
22. Dorothy G. Singer and Jerome L. Singer, The House of Make-Believe : Children's Play and the Developing Imagination(Cambridge, Mass. : Harvard University Press, 1990), 199~229.
23. Rubem Azevedo Alves, "Play or How to Subvert the Dominant Values", Union Seminary Quarterly Review 26(1970) : 49.
24. W. Andrew Ford, Composer to Composer(London : Allen & Unwin, 1994),36.
25. W. Robert McClelland, Worldly Spirituality(St. Louis : CBP Press, 1990), 56.

26. Mikos Kazantzakis, Report to Greco(New York : Simon & Schuster, 1965).

4장-매일 조금씩 걸어라

1. 고전 9 : 17
2. 고전 9 : 24, 27과 빌 3 : 13과 대조해 보라. 스포츠에 대한 더 알아보기 위해서는 살전 2 : 19, 갈 2 : 2, 빌 4 : 1, 골 2 : 18, 엡 6 : 12을 참조하라.
3. "sports", "sport", "physical education : "play"를 구별하여 정확히 알고자 하면 Robert J. Higgs가 지은 Sports : A Reference Guide(Westoprt, Conn. : Greenwood Press, 1982), 6.을 참고하라.
4. Health magazine, the Walking Health Information Card Supplement to Health(P.O. Box 56863, Boulder, CO 80322~6863).
5. W. Kip Wiscusi, Smoking : Making the Risky Decision(New York : Oxford University Press, 1993).
6. University of Texas Lifetime Health Letter, 1994년 9월호, 6.
7. University of Texas Lifetime Health Letter에서 "Heart Beat"라는 기사에서 실린 내용임.
8. 당신에게 맞는 산책 프로그램을 알고 싶으면 Rockport Walking Test, c/o The RockportWalking Institute, 72 Howe Street, Marlboro, MA 01752로 연락하라.
9. Journal of the American Geriatrics Society와 University of Texas Lifetime Health Letter, 1994년 5월호에 발표된 연구물을 참조하라.
10. Joannie M. Schrof, "Brain Power", U. S. News & World Report, 1994년 11월 28일자, 94.
11. Joan Puls, Seek Treasures in Small Fields(Mystic, Conn. : Twenty-Third Publications, 1993), 38.
12. Larry Laudan, The Book of Risk(New York : John Wiley & Sons, 1994), 45, 56.
13. Lyle Schaller, The Seven-Day-a-Week Church(Nashville : Abingdon

Press, 1992), 163.
14. "NB" column, TLS : Times Literary Supplement, 1994년 2월 4일자, 14.
15. Henty Miller, The Complete Book of Friends(London : Allison & Busby, 1988), 209~14.
16. Ed Ayres, "Breaking Away", World Watch, 1992년 1, 2월호.
17. U.S. census data, 1990.
18. 1993년 미국 통계청의 보고에 따르면 미국인의 1%만이 자전거를 타고, 88%가 차를 타고 출근한다.
19. New York Times, 1994년 12월 9일자, 16.
20. Jan Larson, "The Bicycle Market", American Demographics, 1995년 3월호, 42~50.
21. John Naisbitt, Trend Letter, 1995년 3월 30일자, 8.
22. Marcia D. Lowe, "Bicycle Production Rises Agiain", World Watch, 1994년 9, 10월호, 38.
23. Kevin W. Wildes, "In the Name of the Father", New Republic, 1994년 12월 26일자, 21~25.
24. Church Leadership : Vision, Team, Culture and Integrity(Nashville : Abingdon Press, 1993), 53.
25. Max Williams의 허락을 받고 인용.
26. "NB" column, TLS, 1993년 3월 26일, 14.
27. Walker Percy, Sign-Posts in a Strange Land(NewYork : Farrar, Straus & Giroux, 1991), 302.
28. Bernard Brandon Scott와의 개인적인 대담 내용.
29. Jim Corbett, Goatwalking(New York : Viking, 1991), 4.
30. Leonard I. Sweet & K. Elizabeth Rennie, "Goatwalking to Bethlehem", Homiletics, 1993년 9, 10월호, 39~42.
31. Steve Hawthorn & Graham Kendrick, Prayer Walking(London : Kingsway, 1990) Leonard I. Sweet & K. Elizabeth Rennie, "Prayer-Walking", Homiletics(1994. 10, 11월호), 23~26.

32. Robert Winterhalter & George W. Fisk, Jesus' Parables : Finding Our God Within(New York : Paulist Press, 1993), 58.
33. Lonnie Collins Pratt, "Why Pray When You Don't See Answers", Discipleship Journal, 1994년 1, 2월호, 78.
34. Thomas Keating, Intimacy with God(New York : Crossroad, 1994), 115.
35. Ysenda Maxtone Graham, The Church Hesitant : A Portrait of the Church of England Today(London : Hodder & Stoughton, 1993), 207.

5장 - 좋은 생각을 하라

1. Julius Wellhausen, Einleitung in die drei ersten Evangelien(Berlin : Georg Reimer, 1905).
2. 도마복음 89장에 의하면, 예수님이 말씀하시길 "왜 컵의 바깥 부분만을 닦느냐? 안을 만든 사람이 밖도 만들었다는 것을 알지 못하느냐?"고 하셨다. The Gospel of Thomas : The Hidden Sayings of Jesus, trans. Marvin Meyer(San Francisco : Harper SanFrancisco, 1992), 59.
3. Moshe Mykoff, The Empty Chair : Finding Hope and Joy : Timeless Wisdom from a Hasidic Master, Rebbe Nachman of Breslov(Woodstock, Vt. : Jewish Lights Publishing, 1994).
4. Christine Gorman, "Why, You Don't Look a day Over 100!" Time, Special Issue "beyond the Year 2000 : What to Expect in the New Millennium," fall 1992, 55.
5. Stanford 대학의 David Spiegel은 "Psychosocial Intervention in Cancer," Journal of the National Cancer Institute 85(1993년 8월 4일자) : 1198에서 이렇게 경고했다. 그의 책 Living Beyond Limits(New York : Times Books, 1993)을 보라.
6. 1993년 PBS 특집 "Healing and the Mind with Bill Moyers"에 방송되었던 것. Healing and the Mind(New York : David Gruber Porductions, 1993) 제목의 비디오로 나왔다.

7. Peter Steinfels, "Psychiatrists' Manual Shifts Stance on Religious and Spiritual Problems," New York Times 1994년 2월 10일자 A16면을 보라.
8. Mind, Body Medicine : How to use Your Mind for Bettr Health, ed. Daniel Goelman and Joel Gurin(Yonkers, N. Y. : Consumer Reports Book, 1993). "Can Your Mind Heal Your Body?" Consumer Reports 58(1993년 2월호) : 107~15.
9. 사실, 이 부분은 하나님의 입장이 아닌 인간의 입장에서 분류한 것이다. 사실 하나님이 사상과 사랑이나 힘을 소유하신 것이 아니라, 하나님 자체가 사상이고 힘이고 사랑이다.
10. Delia Cioffi와 James Holloway, "Delayed Costs of Suppressed Pain," Journal of Personality and Social psychology 64(1993년 2월호) : 274~82.
11. Blair Justice는 그의 Who Gets Sick? How Beliefs, Moods, and Thoughts Affect Your Health(Los Angeles : Jeremy Tarcher. 1988)에서 이 사상에 대해 되풀이 해서 다루고 있다.
12. Anthony Thiselton과 Robert Carroll은 이런 종류의 언어를 수행문(그 문장을 발하는 것이 그 문장이 나타내는 행위의 수행이 되는 문장)이라고 부른다. 언어의 기원에 대해서는 Giambattista Vico의 견해에 다른 사람이 많다(예를 들어 Herold Bloom). Walter Benjamin은 심지어 언어를 마술적이라고 부른다. W. Menninghaus, Walter Benjamin's Theorie der Sprachmagic(Frankfurt am Mainz : SuhrkampVerlag, 1980)을 보라.
13. Carl Sagan, "Scam or Miracle?" Parade Magazine, 1994년 12월 4일자, 9.
14. John Locke, Essay concerning Human Understanding, 2. 10. 5, in The Works of John Locke(London : Printed for W. Otridge and Son, 1812), 1 : 130~31.
15. Jonathan Edwards, Treatise on Religious Affections,abridged by John Wesley, in Wesley's A Christian Library (London : J. Kershaw, 1827), 30~321.

16. 이 생각은 Catharine MacKinnon의 논쟁에서 나온 생각이다. 논쟁에 의하면 포르노는 그 자체로 강간이다. 왜냐하면 말하는 것이 행하는 것이고 말이나 그림이 그 자체로 폭력이 될 수 있기 때문이다. Catharine Mackinnon, Only Words(Cambridge, Mass. : Harvard University Press, 1993), 29를 보라.
17. Buck Anderson, "Rediscovering the Lost Art of Meditation," Kindred Spirit 18(1994년 겨울호) : 10~12.
18. Michael Marriott, "Living in 'Lockdown'," Newsweek,1995년 1월 23일자, 56~57.
19. Current Thoughts & Trends, 1995년 3월호, 13면에서 인용.
20. Michael Medved, "Pop Culture and Your Kids," Lutheran Witness 113(1994년 5월호) : 3~6.
21. Carl M. Cannon, "Honey, I Warped the Kids," Mother Jones, 1993년 6, 7월호, 16~17.
22. Paul Farhi, "TV Violence Adds Punch to the Overseas Market," Washington Post Weekly, 1995년 2월 13일자,21.
23. L. Rowell Huesmann, "Cross-National Commonalities in the Learning of Aggression from Media Violence," in Television and the aggressive Child : A Cross~National Comparison, ed. Huesmann and Leonard D. Eron(Hillsdale, N. J. : Erlbaum Associates, 1986), 244,Dorothy G, Singer and Jerome L. Singer, The House of Make-Believe : Children's Play and the Developing Imagination(Cambridge, Mass. : Harvard University Press, 1990), 257.
24. Betsy McAlister Groves and others, "Silent Victims : Children Who Witness Violence," JAMA : Journal of the American Medical Socieity 267(1993년 1월 13일자), 262.
25. Brandon S. Centerwall, "Television and Violence," JAMA : 267(1992년 6월 10일자) : 3061.
26. Brandon S. Centerwall, "Exposure to Television as a Risk Factor for Violence," American Journal of Epidemiology 129(1989) : 643~52.

27. Ibid., 3062.
28. Ibid., 3059.
29. Senators Ernest Hollings와 Daniel Inouye는 지정된 시간을 제외하고는 텔레비전에 폭력물이 방영되지 않도록 해달라는 것을 공동으로 요청한바 있다.
30. John Dominic Crossan, Saying Parallel : A Workbook for the Jesus Tradition(Philadelphia : Fortress Press, 1986), 37.
31. "The Mind-Body Connection : Emotions and Disease," University of Texas Lifetime Health Letter, 1994년 2월호, 1, 6, 8을 보라.
32. 이 말에 대해서는 도마복음 3장의 "Knowing Oneself"를 보라. "네 자신을 알게 되는 때 살아계신 하나님의 자녀임을 이해하게 될 것이다. 그러나 자신을 알지 못하면, 빈궁함에 처하게 될 것이다. Harold Bloom이 번역한 도마복음 23쪽을 보라.
33. Mark Matousek, "Savage Grace," Common Boundary, 1993년 5, 6월호, 22~31.
34. Cornell 대학 심리학자 Allice M. Isen이 그렇게 논쟁함.
35. Robert Ornstein과 David Sobe, The Healing Brain(New York : Simon & Schuster, 1987), 159~60.
36. Allan Luks 와 Peggy Payne이 자세히 연구한 책 The Healing Power of Doing Good : The Health and Spiritual Benefits of Helping Others(New York : Fawcett Columbine, 1992).
37. 심리학자 Harville Hendrix 의 연구를 보라. 예를 들어, Getting the Love you Want(New York : Harper Collins), 1990, and Keeping the Love You Find(New York Pocket Books), 1992].
38. 이 정의에 대해서는 Neil Solomon의 Sick & Tired of Being Sick & Tired(New York : Wynwood Press, 1989) : 37~38에 자세히 설명되어 있음.
39. 면역체계가 과잉반응하는 것을 알레르기라 부르고, 면역체계가 반응하지 못하는 것을 에이즈라고 부른다.

40. Redford B. Williams와 Virginia William, Anger Kills : Seventeen Strategies for Controlling the Hostility That Can Harm Your Health(New York : Random House, 1993). xⅲ.
41. James and Evelyn Whitehead의 책, Shadows of theHeart(New York : Crossroad, 1994), 13.
42. 이 연구는, American Journal of Cardiology에 보도된 것으로 University of Texas Lifetime Health Letter, 1992년 11월호 5쪽에 요약된 것이다.
43. Fred McCarthy, "Telltale Heart," Omni, 1994년 3월호, 30.
44. 르네상스 시대 예술가들은 예수님의 성적인 면에 관심을 보였다.
45. Daile Boulis는 "하나님이 분노와 슬픔을 인정하셨다"고 말했다.
46. "Sunbeams," The Sun, 1994년 2월호. 40쪽.
47. Willimas and Williams의 Anger Kills를 보라.
48. "Taking Hopeless to Heart," Science News, 1993년 7월 31일자, 79쪽.
49. Marvin Stein, Andrew H. Miller, and Robert L. Trestman, "Depression : the Immune System, and Health and Illness," Archives of General Psychiatry 48(1991년 2월호) : 171~77. Andrew H. Miller, ed., Depressive Disorders and Immunity(Washington D.C. : American Psychiatric Press, 1989).
50. "The Mind, the Body, and the Immune System : Part 2, "The Harvard Mental Health Letter 8(1992년 2월호) : 3.
51. Erwin Schrodinger, What Is Life? The Physical Aspect of the Living Cell and Mind and Matter(London : Cambridge University Press, 1969), 145.
52. K. A. Fackelmann & J. Raloff, "Psychological StressLinked to Cancer," Science News, 1993년 9월 25일자, 196.
53. 1995년 설교 "The Spiritual Renewal of America"의 마지막 부분 권고의 말에서 한것. Breyfogel Chape, United Theological Seminary, Dayton, Ohio.
54. "Associations Between Dimensions of Religious Commitment and

Mental Health Reported in the American Journal of Psychiatry and Archives of General Psychiatry, 1978~1989," American Journal of Psychiatry 149(1992년 4월호) : 557~59.

55. National & International Religion Report 6(1992년 11월 2일자) : 4면.
56. Arthur A. Stone, Laura S. Porter, John M. Neale, "Daily Events and Mood Prior to the Onset of Respiratory Illness Episodes : A Non-replication of the 3-5Day 'Desirability Dip,' British Journal of Medical Psychology 66 (1993), 383~93.
57. Joachim Jeremias, The Eucharistic Words of Jesus(Philadelphia : Fortress Press, 1977), 54~55.
58. Deryck Cooke, The Language of Music(London : Oxford University Press, 1959).
59. Music and Miracles, comp. Don Campbell(Wheaton, Ill. : Quest Books, 1992).
60. Solomon, Sick & Tired of Being Sick & Tired, 92.
61. Karen Granberg-Michaelson, Healing Community(Geneva : WCC Publications, 1991), 7.
62. Bernie S. Siegel, Love, Medicine, and Miracles : Lessons Learned About Self-Healing from a Surgeon's Experience with Exceptional Patients(New York : Harper & Row, 1986), 181.
63. Eric R. Ram in Health, Healing and Transformation : Biblical Reflections on the Church in Ministries of Healing & Wholeness(Monrovia, Calif. : World Vision International, 1991), 103.
64. Michael Talbot, The Holographic Universe(New York : HarperCollins, 1991), 51.
65. The Holy Scriptures According to the Masoretic Text (Philadelphia : Jewish Publication Society of America, 1942).
66. Morris Maddocks, The Healing Ministry, 2nd ed.(London : SPCK, 1990), 234.

67. "Unless a man be within the sanctuary, he lacks the bread of God, for if prayer of one or two has such might, how much more has that...of the whold Church? "Ignatius to the Ephesians,"The Epistles of Saint Ignatius, in The Apostolic Fathers, trans. Kirsopp Lake(Cambridge, Mass. : Harvard University Press, 1949), 2 : 179.

6장 - 식탁으로 초대하라

1. Gillian Feeley-Harnik의 논문, The Lord's Table : The Meaning of Food in Early Judaism and Christianity(Washington,D. C. : Smithsonian Press, 1994).
2. John Dominic Crossan, Jesus : A Revolutionary Biography(San Francisco : Harper SanFrancisco, 1994).
3. 이 말은 여러 자료에서 얻은 내용이다.
4. 눅 10 : 7, 10 : 38~42, 11 : 37~44, 13 : 29, 14 : 1~6, 14 : 7~14, 14 : 15~24, 15 : 23, 16 : 19~31, 19 : 5~1 을 보라.
5. 행 4 : 32~35, 9 : 19, 10 : 9~16 10 : 23, 10 : 48, 11 : 3,16 : 34, 20 : 7, 11, 27 : 33~38을 보라.
6. Otto Betz, "Was John the Baptist an Essene?" in Understanding the Dead Sea Scrolls : A Reader from the Biblical Archaelolgy Review, ed. Hershel Shanks(New York : Random House, 1992), 205~14.
7. Dennis E. Smith, "The Historical Jesus at Table," Society of Biblical Literature 1989 Seminar Papers (Atlanta : Scholars Press, 1989), 467.
8. Martin E. Marty의 Context, 1994년 11월 15일자, P 6에서 인용. 남부 침례교협의회의 전회장이었던 Allen은 며느리와 손자를 에이즈로 잃었다. 손자는 에이즈 양성반응자이며, 또 다른 손자는 동성연애자로 알려져 있다.
9. Norman Perrin, Rediscovering the Teaching of Jesus(New York : Harper & Row, 1967), 102~8.
10. Peter Farb and George Armelagos, Consuming Passions : The Anthropology of Eating(Boston : Houghton Mifflin, 1980), 4, 211.

John Dominic Crossan, Jesuss, A Revolutionary Biography (San Francisco : HarperSanFrancisco, 1994), 68에서 인용.

11. Feeley-Harnik, The Lord's Table, 72.
12. Ibid.
13. Mary Louise Bringle, "Swallowing the Shame : Pastoral Care Issues in Food Abuse," Journal of Pastoral Care 48, 1994년 여름호, 135~44. The God of Thinness : Gluttony and Other Weighty Matters (Nashville : Abingdon Press, 1992).
14. "Losing Weight : The Truth Is Hard to Swallow" Health Letter 10, 1994년 4월호, 1.
15. June Cotner, The Graces : Prayers and Poems for Everyday Meals and Special Occasions(San Francisco : HarperSanFrancisco, 1994), 7.
16. J. Raloff, "Diet Changes May Buy Cancer Patients Time" Science News, 1992년 11월 14일자, 324.
17. 예수님이 채식주의였다는 주장에 대해서는, Rynn Berry, Famous Vegetarians and Their Favourite Recipes : Liver and Lore from Buddha to Beatles(Los Angeles : Panjandrum Books, 1989), 21~27 참조. 예수님이 채식주의자가 아니었다는 주장은, Roger T. Beckwith의 글, Revue De Qumran 13, 1988, 407~10 참조.
18. Lewis G. Regenstein, "The Religious Basis for Vegetarianism" Replenish the Earth : A History of Organized Religion's Treatment of Animal and Nature-Including the Bible's Message of Conservation and Kindness toward Animals(New York : Crossroad, 1991). 176~77.
19. Joan Franks, "One Woman's View from 40" Utne Reader, 1990년 1,2월호, 84.
20. 사 65 : 25와 비교하라. John Wesley, Sermons on Several Occasions, New York : J. Soule and T.Mson, 1818, 2 : 113, 167~69.
21. 예언서, 시편, 잠언의 고기 먹는 것에 대한 언급은, 암 6 : 4, 사 7 : 21~22, 22 : 13~14, 겔 47 : 12, 레 7 : 16, 21, 16 : 13, 19, 엘 2 : 19, 시 5 : 6~10,

50 : 9~10, 13 잠 23 : 20~21을 참조.
22. Jeremy Rifkin, Beyond Beef : The Rise and Fall of the Cattle Culture(New York : Dutton, 1992)를 보라.
23. Marc Reisner and Sarah Bates, Overtapped Oasis : Reform or Revolution for Western Water(Washington, D. C. : Island Press, 1990), 32~33.
24. Francis X. Clooney, "Vegetarianism and Religion" America, 1979년 2월 24일자, 133.
25. 소를 사육하기 위해서 1973~74년까지 4천 8백 3십만 톤의 곡식이 소요되었다고 한다. UNICEP와 농산부는 전세계 기아 를 해결하려면 1천만 톤의 곡식이 필요하다고 추정했다. Stanley C. Baldwin, "A Case Against Waste and Other Excesses" Christian Today, 1976년 7월 16일자, 1066, 1068을 보라.
26. 변화의 씨앗이란 말은 Gabriel Howearth의 글, catalog to 621 Old Santa Fe Trail, No. 10과 Santa Fe, NM 87501에서 인용.
27. Paul Theroux, Millroy the Magician(New York : Random House, 1994), 28.
28. Ibid., 216.
29. Ann Misch, "Richer Diets Risk Breast Cancer," WorldWatch, 1992년 11, 12월호, 35~36.
30. "Keeping Cancer at Bay with Diet," John Hopkins Medical Letter : Health after 50 6, 1994년 4월호 : 1.
31. K. A. Fackelmann, "Dietary Fat Predicts Breast Cancer's Course," Science News, 1993년 1월 9일자, 23.
32. "Andrew Linzey Replies," Christian Century 1991년 12월 11자, 1181을 보라. 동물의 권리에 대한 신학적인 기초에 대해서는, Christian Century, 1991년 10월 9일자, 906~9 참조.
33. Paul Beckett, "Eat Pounds of Meat, Drink Gallons of Ale and Be a Very Merry Monk," Wall Street Journal, 1994년 11월 23일자, B1면.

34. William H. Drummond, The Rights of Animals and Man's Obligation to Treat Them with Humanity(London : J. Mardon, 1838), 30~31.
35. Jim Corbett, Goatwalking(New York : Viking, 1991), 44.
36. Bob Schwartz, Diets Don't Work, Galveston(Tex. : Breakthru Pub., 1982), 151~68.
37. Paul and Linda McCartney, "If It Has a Face Don't eat It!" in The Way Ahead : A Visionary Perspective for the New Millennium, ed. Eddie and Bobbie Shapiro, (Rockport, Mass. : Element, 1992), 133.

7장 – 하루하루를 축제처럼

1. 이 번역에 대해서는 신학자 John Scotus Erigena의 "the only philosophical alternative in the West to the Aristotelian scholasticism of St. Thomas Aquinas," in The Voice of the Eagle : Homily on the Prologue to the Gospel of St. John, trans. with an introduction and reflections by Christoper Bamford(Hudson, N.Y. : Lindisfarne Press, 1990) 33.
2. C. S. Lewis의 글, George Macdonald : An Anthology(London : Geoffrey Bles, The Centenary Press, 1946), 19에서 인용.
3. Sheldon Vanauken, A Severe Mercy (San Francisco : Harper & Row, 1977), 189쪽
4. Ignazio Silone의 생각에 대해서는, The Story of a Humble Christian (New York : Harper & Row, 1968), 16, 30~32.
5. Robert N. Bellah and others, The Good Society(NewYork : Knopf, 1991), 206.
6. 이 부분은 웨스터민스터 문답의 첫 번째 질문에 대한 답이다. Alexander Whyte, A Commentary on the Shorter Catechism (Edinburgh : T. & T. Clark, n.d.), 1.
7. Augustine의 진술 : "I would state firmly : You are only partly drawn by your will. You are more drawn by total pleasure."
8. Herman Arndt, Why Did Jesus Fast?(Cincinnati : Printed for the

Author, 1922), 9.
9. John Dominic Crossan, ed. Sayings Parallels : A Workbook for the Jesus Tradition(Philadelphia : Fortress Press, 1986), 119.
10. Abel Stevens, History of the Methodist Episcopal Church in the United States of America(New York : Nelson & Phillips, 1864), 2 : 134.
11. Tertullian이 지은 De Jejuniis를 보라. 영어 제목은, "On Fasting : On Opposition to the Psychics," in The Ante-NIcene Fathers이다. Translations of the Writings of the Fathers down to A.D.325, ed. Alexander Roberts and James Donaldson(Grand rapids, Mich. : Eerdmans 1972), 4 : 102~14.
12. 막 9 : 29.
13. John Piper, Desiring God(Portland, Ore. : Multnomah Press, 1986).
14. Robert Farrar Capon, An Offering of Uncles : The Priesthood of Adam and the Shape of the World(New York : Sheed and Ward, 1967), 90.
15. H. L. Mencken, Minority Report : H. L. Mencken's Notebooks(New York : Knopf, 1956), 214.
16. Jonathon Green의 The Cynic's Lexicon(New York : St. Martin's Press, 1984), 47에서 인용.
17. A. De La Pena, The Psychobiology of Cancer(Westport, Conn. : Greenwood Press, 1983).
18. A. J. P. Taylor, Letters to Eva : 1969~1983, ed. Eva Haraszti Taylor(London : Century, 1991), 12.
19. Piper의 Desiring God, 203에서 인용.
20. Robert Williams의 Just As I Am : A Practical Guide to Being Out, Proud, and Christian(New York:Crown Publishers, 1992). Williams는 종종 영국 성공회의 첫 동성연애자로 불리운다.
21. Raymond E. Brown, New Testament Essays(Milwaukee : Bruce Pub.

Co., 1965), 167.
22. David Lowes Watson의 말.
23. Elizabeth Barnes, The Story of Discipleship(Nashville : Abingdon Press, 1995), 60.
24. Ibid., 67~68.
25. John Dominic Crossan, Jesus, a Revolutionary Biography(San Francisco : HaperSanFrancisco, 1994), 54.
26. Nag Hammadi Codex 3, 5 : The Dialogue of the Savior, Stephen Emmel, ed.(Leiden, Netherlands : Brill, 1984), 83.
27. Michael Curtin, The Plastic Tomato Cutter(London : Abacus, 1993), 12.
28. Graham Greene의 The Heart of the Matter(New York : Viking, 1948)의 권두언.
29. Joseph Grassi, The Secret Identity of the Beloved Disciple(New York : Paulist Press, 1990), 88~9
30. E.P. Sanders, Jesus and Judaism(Philadelphia : Fortress Press, 1986), 177.
31. Emma J. and Ludwig Edelstein, Asclepius : A Colleciton and Interpretation of the Testimonies(Baltimore : Johns Hopkins Press, 1945), 2 : 175.
32. Edgar Hennecke, New Testament Apocrypha, ed. Wilhelm Schneemelcher, trans. R. McL. Wilson(Philadelphia : Westminster Press, 1963), 1 : 148.
33. Jane Schaberg, the Illegitimacy of Jesus : A Feminist Theological Interpretation of the Infancy Narratives(San Francisco : Harper & Low, 1987).

8장 - 가끔씩 일상을 벗어나라

1. 프로이드의 신경정신증 즉 노이로제에 대해서는 Roy Porter의 A Social

History of adness : The World Through the Eyes of the Insane(New York : Weidenfeld and Nicolson, 1987), 214의 마지막 장, "The Therapeutic God"을 보라.
2. 어떻게 주변 환경이 사람의 생각과 감정과 행동에 영향을 미치는가에 대해서는, 탁월한 분석 Winifred Gallagher, The Power of Place : How Our Surroundings Shape Our Thoughts, Emotions, and Actions(New York : Poseidon Press, 1993)을 보라.
3. John Dominic Crossan, ed. Sayings Parallels : A Workbook for the Jesus Tradition(Philadelphia : Fortress Press, 1986), 123.
4. Breech의 The Silence of Jesus : The Authentic Voice of the Historical Man(Philadelphia : Fortress Press, 1983).
5. Thich Nhat Hanh, Touching Peace : Practicing the Art of Mindful Living(Berkeley, Calif. : Parallax Press, 1992), 1.
6. 중세시대 사람들은 "book of creation"이나 "the book of nature"를 신성한 텍스트로 여겼다.
7. Nancy Marx Better, New York Times, 1991년 8월 25일자, Sec. 3, 25.
8. Jean Shinoda Bolen, Crossing to Avalon(San Francisco : HarperSanFrancisco, 1994), 28.
9. William A. Quayle, Out-of-Doors with Jesus (New York : Abingdon Press, 1924), 9.
10. Wendell Berry, Sex, Economy, Freedom & Community(New York : Pantheon, 1993), 103.
11. William George Roll, "Memory and the Long Body", in Research in Parapsychology 1988, ed. L. Henkel and R. Burger(Metuchen, N. J. : Scarecrow Press, 1989), 68.
12. Geoffrey R. Lilburne, A Sense of Place : A Christian Theology of the Land(Nashville : Abingdon Press, 1989), 96.
13. Stephen D. Moore, Mark and Luke in Poststructuralist Perspectives : Jesus Begins to Write(New Haven : Yale University Press, 1992), 24.

14. 예수님의 세례 장면에서 성령님은 비둘기같이 임하였다고 기록되어 있다(마 3 : 16, 막 1 : 10, 요 1 : 32, 눅 3 : 21).
15. John A. Sanford, Mystical Christianity (New York : Crossroad, 1993), 244.
16. Nigel Rees, Epitaphs : A Dictionary of Grave Epigrams and Memorial Eloquence(New York : carroll & Graf Publications, 1993), 240.
17. 예수님은 바리새인과 사두개인들을 "독사의 자식들"(마 3 : 7)이라고 불렀다. 또한 마 12: 34과 23: 33을 보라. 세례 요한도 세례를 받으러 온 무리들에게 "독사의 자식들"(눅 3 : 7)이라고 불렀다.
18. Gore Vidal, Live from Golgotha(New York : Random House, 1992), 118.
19. Richard Sorabji, Animal Minds and Human Morals : the Crigins of the Western Debate(Ithaca, N. Y. : Cornell University Press, 1994).
20. Mary Lee Daughtery, "Serpent-Handling as Sacrament," Theology Today, 232~42를 보라.
21. "A Friend Indeed," Harvard Health Letter, 19(1993년 12월호) : 1~3.
22. Judith M. Siegel, "Stressful Life Events and Use of Physician Services Among the Elderly : The Moderating Role of Pet Ownership," Journal of Personality and Social Psychology 58 (June 1990) : 1081~86. Companion Animals : In Sickness and in Health," Journal of Social Issues 49 (1993년 봄호) : 157~67.
23. The Delta Society에 대해 더 알고 싶으면, 206-226-7357로 전화하거나 P.O.Box 1080, Renton, WA 98057-9906로 편지 하라. PAWS(Pets Are Wonderful Support)는 정보를 제공하고, 에이즈에 걸린 사람들을 돕는다. 정보를 원한다면, 415-241-1460으로 전화하거나 539 Castro Street, San Francisco, CA 94114로 편지하라.
24. Dayton Daily News, 1994년 11월 13일자, CALVINAND HOBBES ⓒ Watterson. UNIVERSAL PRESS SYNDICATE의 허락을 받아 재판. 판권 보유.

25. David Attenborough, Life on Earth : Natural History (Boston : Little, Brown and Company, 1979), 20.
26. Jurgen Moltmann, "Christ in Cosmic Context," in Christ and Context, ed. Hilary Regan and Alan J. Torrance(Edinburgh : T. & T. Clark, 1993), 180~91.
27. 요 12 : 32. 그리스 단어인 이것은 "모든 남자"나 " 모든 사람"으로 번역된다. 실제로 의미하는 바는 "모든 것들" 혹은 "모든 길"이다.
28. Fred Krueger, "Why Ecology Is a Christian Issue," Green Cross, winter 1995, 16~17.
29. Common Boundary, 1995년 3, 4월호, 41.
30. Robert Ornstein and Paul Ehrlich는 이 문제에 대해 New world, New Mind : Moving Through Conscious Evolution(New York : Doubleday, 1989)에서 지적하고 있다.
31. Crossan, Sayings Parallels, 145. 이 말에 대해서는 도마복음 91장에 잘 나와 있다. "당신은 하늘과 땅의 상태를 보고 알 수 있을지 모르나 당신 앞에 있는 한 사람은 알지 못한다. 또한 지금 순간이 어떤 때인지도 알지 못한다.
32. John Montague, "A Severed Head," pt. iv of The Rough Field(Dublin : Dolmen Press, 1972), 30.
33. Larry Wlborn 교수가 롬 1 : 18 하반절을 번역함.
34. 1992년 8월 10일자, Jacques-Yves Cousteau가 The Cousteau 의회로 보낸 자금 모금 편지 3쪽을 보라.
35. Paul Hawken, "The Ecology of Commerce," Resurgence, 1993년 3, 4월호, 12.
36. 앞이마 진드기에 대해 더 알고 싶다면, Edward O. Wilson, the Diversity of Life(Cambridge, Mass. : Belknap Press, 1992), 177~78을 보라.
37. Sigmund Kvaloy, "Inside Nature," Resurgence, 1992년 11, 12월호, 10.
38. Albert J. LaChance의 Embracing Earth : Catholic Approaches to Ecology (Maryknoll, N.Y. : Orbis Books, 1994).
39. Gerard Manley Hopkins, "Inversnaid," The Book of Catholic

Quotations, sel. and ed. John Chapin(New York : Farrar, straus and Cudahy, 1956), 913.

40. Hutchings' California Magazine을 보라. Simon Schama의 "God's First Temple", Times Literary Supplement : TLS, 1995년 3월 10일자, 16.

9장 - 기적을 믿어라

1. Gerard Hughes, God of Surprises(Boston : Cowley Publications, 1993)을 보라.
2. Bernard P. Prusak의 이 구절은 "'The Son of Man Came Eating and Drinking' : An Overview of Christological Perspectives on the Incarnation," Who Do People Say I Am? ed. Francis A. Eigo(Villanova, Pa. : Villanova University Press, 1980), 32~35.
3. Annie Dillard, "Seeing," in Pilgrim at Tinker Creek (NewYork : Harper's Magazine Press, 1974), 14~15.
4. T. S. Elliot, "Dry Salvages," Four Quartets, In Eliot, The Complete Poems and Plays (New York : Harcourt, Brace & Co, 1952), 136.
5. Seymour Chatman, Stephen D. Moore의 책, Mark and Luke in poststructuralist Perspectives : Jesus Begins to Wirte(New Haven : Yale University Press, 1992), 138.
6. Richard Sennett, The Uses of Disorder : Personal Identity and City Life(New York : Knopf, 1970), 96.
7. Bruce Larson, Living Beyond Our Fears(New York, Harper & Row, 1990), 123.
8. Freeman Dyson, From Eros to Gaia(New York : Pantheon, 1992), 70.
9. William James, "Is Life Worth Living?" The Will to Belive and Other Essays in Popular Philosophy(New York : Langmans Green, 1897), 59.
10. Idries Shah, The Sufis,(Garden City N. Y. : Doubleday, 1964), 1~10, 9~10.

11. National & International Religion Report, 1995년 1월 9일자, 6면.
12. Theodore Roszak의 에세이 "In Search of the Miraculous," Harper's, 262(1981년 1월호), 54~62.
13. Rowan A. Greer, The Fear of Freedom : A Study of Miralces in the Roman Imperial Church(University Park : Pennsylvania State University Press, 1989)를 보라. Everett Ferguson, Review of The Fear of Freedom, Church History 60, 1961, 64에서 인용.
14. Rene Latourelle, The Miracles of Jesus and the Theology of Miracles(New York : Paulist Press, 1988), 324.
15. Barry P. Boulware의 설교, "When God Prayed to God," 1992년 3월 8일자 설교.
16. David M. Eisenberg and others, "Unconventional Medicine in the United States : Prevalence, Costs, and Patterns of Use," New England Journal of Medicine 328, 1993년 1월 28일자 : 246~52.
17. John Cornwell, Powers of Darkness, Powers of Light : Travels in Search of the Miraculous and the Demonic(New York : Penguin, 1992).
18. W. H. Auden, "Concerning the Unpredictable," introduction to Loren Eiseley's The Star Thrower (New York : Harcourt, Brace, Jovanovich, 1978), 17.
19. Eliade의 1965년 7월 23일자, 쓰인 글. Journal II 1957~1969, Fred H. Johnson, Jr번역(Chicago : University of Chicago Press, 1989), 267을 보라. Fragmentsd'un Journal,(Paris : Editions Gallimard, 1973), P 229~571에 실렸음.
20. Karin Granberg-Michaelson, Healing Community, (Geneva, Switzerland : WCC Publications, 1991), 14
21. Latourelle, The Miracles of Jesus, 331.

10장-한가한 시간을 가져라

1. John Dominic Crossan, ed. Saying Parallels : A Workbook for the Jesus Tradition(Philadelphia : Fortress Press, 1986), 211.
2. George Eliot, Middlemarch : A Study of Provincial Life(New York : Knopf, 1930), 171.
3. Gordon MacDonald, Christ Followers in the Real World(Nashville : Oliver-Nelson, 1989), 177.
4. Thomas Moore, Meditations : On the Monk Who Dwells in Daily Life (San Francisco : HarperSanFrancisco, 1994), 44.
5. Fernando Pessoa, "Selected Poems 중에서 I Have a Terrible Cold" (NewYork : Penguin, 1987), 122.
6. Derek Raymond, The Hidden Files(London : Little Brown & Co., 1992), 119.
7. Antonio Porchia, Voices : Aphorisms, sel. and trans. W.S. Merwin(New York : Knopf, 1988), 32.
8. Bob Benson, "See You At the House", The Stories Bob Benson Used to Tell, (Nashville : Generoux, 1986), 124.
9. James C. Collins and William C. Lazier, Beyond Entrepreneurship, (Englewood Cliffs N. J. : Prentice Hall, 1992), 216.
10. Thomas H. Green, When the Well Runs Dry(Notre Dame, Ind : Ave Maria press, 1979) 143.
11. John Ashbery, "More Pleasant Adventures" in Ashbery, A Wave(New York : Viking Press, 1984), 16을 보라.
12. Joetta Handrich Schlabach, Extending the Table : A World Community Cookbook(Scottdale, Pa. : Herald Press, 1991), 47.

최고 의사 예수의 10가지 처방

저　자　레오날드 스위트
발행인　김명철
편　집　김은옥 박상란
표　지　황지은

재판 2쇄 발행　2002년 12월 10일

발행처　도서출판 예향
주　소　인천광역시 부평구 십정동 417-3호
http://www.ubook.co.kr
E-mail　ubook@ubook.co.kr
전　화　032-423-9796
팩　스　032-428-1928

　등록 제117호(1993. 9. 4)

* 파손된 책은 교환해 드립니다.
* 무단 표절 및 무단 복제를 금합니다.